三國深喉嚨

劉燁 山陽 著

趣聞×懸案×八卦×史料

深度追蹤被改寫的三國真面目

最有趣的懸案八卦×最細緻的史料比對×最豐富的內容選材

▲三國演義的作者是誰？國文老師也不知道！

▲劉備到底是「真皇叔」還是「假貴族」？

▲人設崩壞：關羽其實不會耍大刀！

▲曹操在赤壁吃大敗仗，不只是因為火燒連環船！

崧燁文化

序言

要說中國四大名著影響最為深遠的，首推《三國演義》。《三國演義》取材於三國歷史，但歷史在小說中只不過是一個框架，一個時空斷限。至於裡面的人物已經被重新塑造，事件也已經被重新安排。它不再像歷史典籍那樣真實地記錄歷史，而是根據作者的創作意圖和喜好去虛構歷史，把作者對歷史人物的愛憎、對歷史規律的把握和對歷史精神的闡釋全都融合到一起。《三國演義》中的史實經過、人物功過、人物性格、時間、地域等或是不準確，或是弄錯，或是有意虛構，或是過分渲染，因而似真非真。對此，清代史學家章學誠概括為「七分事實，三分虛構。」實際上，《三國演義》中許多精彩的故事情節都是虛構的。例如，張飛怒鞭督郵、孟德獻刀、溫酒斬華雄、虎牢關三英戰呂布、關公約三事、躍馬檀溪、火燒博望坡、舌戰群儒、智激周瑜、草船借箭、苦肉計、龐統授連環、諸葛祭風、華容道、三氣周瑜、割鬚棄袍、落鳳坡、諸葛亮智取漢中、玉泉山關公顯聖、八陣圖、七擒孟獲、空城計、火燒上方谷等。

《三國演義》這種虛實錯雜交融的寫法，很容易使讀者將史實與「小說家言」混淆在一起，有的讀者甚至把小說當成正史來看，認為看過《三國演義》之後，對三國歷史就有了比較深入的了解。但是對比一下《三國志》，整個《三國演義》就會大變味了。對於歷史的認識，不能僅僅停留在演義的水準，而是要以客觀求實的態度，還原歷史的真實面目。為了「核實」《三國演義》中的「虛構」成分，筆者參考了西晉著名史學家陳壽所著史書《三國志》以及其他一些資料而編撰了此書。

本書共分為《三國演義》成書、版本及作者；還原《三國演義》中人物的真實面目；波瀾壯闊的三國戰爭；揭開《三國演義》中事件的真相；《三國演義》的懸案解讀；《三國演義》中的醫學問題；流傳千古的三國故事；《三國演義》中的巫術文化；《三國演義》中的女性人物；《三國演義》中的氣象故事；《三國演義》中的計謀良策；《三國演義》中的千古憾事等十二章，力求從多個方面和角度為廣大讀者還原一個真實的三國。本書的最大特點是涉及的方面極為廣泛，資訊量很大，觀點新穎鮮明，論述清新平和。特別適合讀過《三國演義》後想進一步了解真實三國歷史的讀者，或者將《三國演義》與本書相互參照閱讀，會進一步認識歷史的真實與藝術的真實兩者之間的區別。

目錄

《三國演義》成書、版本及作者

《三國演義》是如何成書的？ 002
《三國演義》成書於什麼時候？ 003
羅貫中是《三國演義》的作者嗎？ 006
羅貫中是哪裡人？ 007
「演義」之名是怎麼來的？ 009
羅貫中《三國演義》是否宣揚正統？ 010
《三國演義》的版本有多少？ 012
《三國演義》的素材是從哪裡來的？ 014
毛評本《三國演義》究竟成於誰之手？ 016
如何看待毛評《三國演義》？ 018
李評本《三國演義》是偽作嗎？ 019

還原《三國演義》中人物的真實面目

誰是「酸棗會盟」的主盟人？ 023
周瑜真的是量窄之人嗎？ 024
真實的張昭什麼樣？ 026
劉備真是「皇叔」嗎？ 028
關羽和張飛的出身如何？ 030
歷史上的趙雲什麼樣？ 031
趙雲是不是劉備的「四弟」？ 032
趙雲形象為什麼會超過關羽、張飛？ 034
歷史上的馬超什麼樣？ 035
龐統是死於落鳳坡嗎？ 038
蜀漢後主劉禪是庸主嗎？ 039
諸葛亮出山以前有何經歷？ 040
歷史上的諸葛亮什麼樣？ 042
諸葛亮為何娶醜女？ 043
「怒鞭督郵」者真是張飛嗎？ 045
張飛有藝術才華嗎？ 046
真實的諸葛瞻是怎樣的？ 048
劉備何時收劉封？ 049
劉備的江山是哭出來的嗎？ 051
劉表真的是「虛名無實」嗎？ 052
「蜀中無大將、廖化作先鋒」有道理嗎？ 055
譙周是否賣國求榮？ 056
三國時的人如何評價曹操？ 058

花臉奸臣的曹操是如何形成的？ 060
曹植的後半生過得如何？ 062
黃忠是老將嗎？ 063
魯肅是個平庸之輩嗎？ 065

波瀾壯闊的三國戰爭

十八路諸侯討董卓是真的嗎？ 069
赤壁之戰是諸葛亮指揮的嗎？ 071
諸葛亮對「夷陵之戰」是何態度？ 072
司馬懿曾經「五路伐蜀」嗎？ 074
取漢中是諸葛亮之功嗎？ 076
諸葛亮真的「六出祁山」嗎？ 077
諸葛亮北伐因何失敗？ 079
姜維到底幾伐中原？ 081

揭開《三國演義》中事件的真相

「徐庶走馬薦諸葛」的故事可信嗎？ 085
誰先提出「三分天下」？ 086
「舌戰群儒」史有其事嗎？ 088
孫堅是否「匿璽背約」？ 089
關羽「降漢不降曹」是真的嗎？ 091
關羽的武器是青龍偃月刀嗎？ 093
「方天畫戟」是呂布的兵器嗎？ 095
誰是「桃園三結義」的大哥？ 096
蔡邕緣何被殺？ 098
馬超因何起兵反曹？ 099
「割鬚棄袍」實有其事嗎？ 101
魏延真的想謀反嗎？ 103
夏侯淵到底怎麼死的？ 105
曹操「義釋張遼」符合史實嗎？ 107
是諸葛亮害了馬謖嗎？ 108
趙雲「單騎救主」是真的嗎？ 110
張飛大鬧長坂橋史有其事嗎？ 112
「借荊州」是真是假？ 114
張飛夜戰馬超是否屬實？ 116
劉備是否封過五虎大將？ 117
華佗曾為關羽「刮骨療毒」嗎？ 118
曹操為何殺楊修？ 119
曹操因何殺孔融？ 121
關興、張苞真的為父報仇了嗎？ 123
陶謙是否三讓徐州？ 124

陶謙把徐州讓與劉備，歷史上有無其事呢？……125
諸葛瑾曾勸說孔明歸附孫權嗎？……126

《三國演義》的懸案解讀

關羽死後是否身首異處？……130
貂蟬究竟是什麼人？……131
八陣圖遺址在哪裡？……133
七十二疑塚孰真孰假？……135
劉備的陵墓在何處？……136
關羽有沒有後代？……138
周瑜的真墓在哪裡？……139
諸葛亮故居在哪裡？……141
古戰場赤壁在哪裡？……143
「東臨碣石」的碣石今何在？……144
諸葛亮有沒有寫過〈後出師表〉？……146

《三國演義》中的醫學問題

諸葛亮為何英年早逝？……150
劉備的帝王相是病態嗎？……151
曹操的頭風是哪一種疾病引起的？……152
麻沸散是一種什麼藥？……154
關雲長中了什麼毒？……156
華佗真的可以做顱腦手術？……157
孔明為何能罵死王朗？……158
是什麼病要了姜維的命？……159
張飛打鼾是一種病態嗎？……160
張飛真的「睡不闔眼」嗎？……161
美髯公留鬍鬚值得效仿嗎？……162
是嫉妒心理殺死了周瑜嗎？……163
真的可以「望梅止渴」嗎？……164
赤壁之戰曹軍得了什麼病？……166
魏延真有「反骨」嗎？……168

流傳千古的三國故事

「桃園三結義」的故事是真是假？……171
「三英戰呂布」是否確有其事？……172
劉備「三顧茅廬」還是諸葛亮「毛遂自薦」？……174
是不是陳宮「捉放曹」？……177
諸葛亮真的「揮淚斬馬謖」嗎？……178
「溫酒斬華雄」的是關羽嗎？……179
諸葛亮「草船借箭」是真的嗎？……181

「七擒孟獲」是否真有其事？……182
關羽「千里走單騎」實有其事嗎？……184
誰是「單刀會」中的孤膽英雄？……186
諸葛亮是如何「收姜維」的？……187

《三國演義》中的巫術文化

諸葛亮身上為何巫術色彩那麼濃？……191
諸葛亮的法術是跟誰學的？……193
「錦囊妙計」與巫術有關係嗎？……194
神祕的八陣圖是怎麼回事？……196
木牛流馬究竟是巫術還是科技？……198
諸葛亮手中的羽毛扇與巫術有關嗎？……199
于吉緣何被殺？……201
關羽「顯聖」與呂蒙之死有關係嗎？……203
「左慈戲曹」有根據嗎？……204
「五丈原禳星」是巫術嗎？……206

《三國演義》中的女性人物

董貴妃是董承的妹妹嗎？……210
糜、甘二夫人的命運如何？……211
貂蟬「巧施連環計」於史有據嗎？……212
那麼，貂蟬巧施連環計於史有據嗎？……213
貂蟬下落如何？……214
孫夫人為劉備殉情了嗎？……215
吳國太究竟是什麼人？……216
二喬的一生幸福嗎？……218
甄氏是怎樣一個女人？……220
蔡文姬是紅顏薄命嗎？……222

《三國演義》中的氣象故事

諸葛亮真的可以借東風嗎？……225
水淹七軍是天助關羽嗎？……226
諸葛亮如何利用氣象知識「草船借箭」？……228
陸遜如何利用天氣火燒蜀軍？……229
對流雨如何壞孔明計？……230
曹操凍土築城真有神助？……231

《三國演義》中的計謀良策

火燒博望坡是諸葛亮的功績嗎？……234
司馬懿是如何韜光養晦的？……235
「空城計」是真還是假？……237
黃蓋的苦肉計實有其事嗎？……239

諸葛亮如何智激孫權？……240
司馬懿忍辱負重拖死諸葛亮是真的嗎？……242
曹操如何利用關羽的頭顱妙施反間計？……244
劉備託孤是權謀還是真心？……245
諸葛亮曾「智激周瑜」嗎？……246
龐統真的「巧授連環計」嗎？……248
張郃是被諸葛亮用計射死的嗎？……249
曹操「復仇東伐」的藉口成立嗎？……251

《三國演義》中的千古憾事

「大意失荊州」完全是關羽的責任嗎？……254
令人扼腕的「華容道」確有其事嗎？……256
曹操是因何痛失西川的？……257
「活仲達」真的被「死諸葛」嚇跑了？……260
「蔣幹中計」事屬有據嗎？……261
姜維是真的降魏嗎？……263
諸葛亮為何不用「子午谷奇謀」？……265
孫權「任賢舉能」是否善始善終？……266
「成也王允，敗也王允」有道理嗎？……268
曹操是否應該「得隴望蜀」？……271
「賠了夫人又折兵」史有其事嗎？……273

《三國演義》成書、版本及作者

《三國演義》是中國古代小說史上長篇小說的開山之作，在中國文學史上占有重要的地位。它不是由某一個文人獨立創作的，其成書過程很漫長，而且成書後在流傳過程中出現了許多刻本、抄本和譯本，所以這就使得《三國演義》的成書、版本及作者等問題顯得撲朔迷離。

《三國演義》是如何成書的？

三國事件最早的記載是學者的「正史」。如兩晉人陳壽所著的《三國志》，便是二十四史中的一部。但是，作為小說的《三國演義》並不是由某個人獨立創作完成的，它的成書過程十分漫長。

三國的故事在民間流傳，至少在晚唐時就已開始。晚唐大詩人李商隱有一篇〈驕兒詩〉，上面記載了當時講三國的故事：「或謔張飛胡，或笑鄧艾吃。」宋代時，說書唱戲很發達，因為三國故事十分生動，自然就成了藝人們喜歡採用的素材。北宋時，有個專門說「三分」的專家霍四究，很受人歡迎。說「三分」也就是講說「三分之國」的故事。又據《東坡志林》載，王彭嘗云：「徐巷中小兒薄劣，其家所厭苦，輒與錢，令聚坐聽說古話。至說三國故事，聞劉玄德敗，頻蹙眉，有出涕者。」這裡值得注意的是，宋代民間說三國故事已經表現出「尊劉貶曹」的鮮明傾向。宋元時代三國故事更被大量地搬上舞台。《宋史．范純禮傳》及南宋姜白石〈觀燈口號〉等詩歌中都有演出三國戲的記載。金元演出的三國劇目至少有《三戰呂布》、《赤壁鏖兵》、《隔江鬥智》等三十多種，在這些劇本中，繼續表現了「尊劉貶曹」的傾向。元代還產生了一部《全相三國志平話》，此書是民間傳說中三國故事的寫定本。它分上中下三卷，每卷分上下兩欄，上欄圖像，下欄正文。從評話的內容和結構看，已初具《三國演義》的規模。不僅擁劉反曹的傾向極為鮮明，而且劉、關、張等人都富有草莽英雄氣息，張飛的形象最活躍、最具生氣，諸葛亮的神機妙算也寫得十分突出。全書內容大半是不同於正史的附會和傳說，像司馬仲相斷獄的因果報應故事，張飛毆打常侍段珪、殺定州太守，以及劉、關、張太行山落草等，情節都很離奇。但是描寫大多粗枝大葉，文詞鄙陋不通，人名地名也多謬誤，似乎還是未經文人潤色的民間藝人的作品。

以上這些說唱和本子，基本上都是擁戴劉備、張飛一行而反曹操的，雖然簡陋粗糙，卻為更齊備完整的《三國演義》的誕生奠定了基礎。羅貫中正是透過改編、整理這諸多的故事資料，並參閱陳壽正史而寫出影響深遠的《三國志通俗演義》的。這本書最早的刊本是嘉靖本，全書二百四十則（節）。自從《三國志通俗演義》問世之後，新的刊本也紛紛上市。一般都以嘉靖本為底本，做了些插圖、考證、評點和文字上的增刪，以及卷數和回目上的整理工作。古人沒有「版權」一說，因而怎麼改、怎麼出都沒關係。有的就將嘉靖本的兩「則（節）」，合併成了一回，最終形成了後來的一百二十回的架構。

清朝康熙年間，毛宗崗以嘉靖本《三國志通俗演義》為底本，經過辨正史實、增刪文字、改回目為對偶，使全書水準又一次提高，封建「忠」、「義」思想也有所強化。這就是後來通行的一百二十回本。

《三國演義》成書於什麼時候？

長期以來，學術界公認《三國演義》成書於元末明初。一九八〇年代後，一些學者不滿足於「元末明初」的籠統提法，對《三國演義》的成書年代作了進一步的探討，提出了五種有代表性的觀點：

一、宋以前說

持此觀點者主要是周邨。他提出了三條論據：

①該書在《玉泉山關公顯聖》一節中有「迄至聖朝，贈號義勇武安王」一句，而關羽封贈義勇武安王是在北宋宣和五年（西元一一二三年），因而此句「只能是宋人說三分的口吻」。

②該書「記有相當多的關索生平活動及其功績」，而「關索其人其事，輾轉說唱流傳時代，應早在北宋初，也可能更早於北宋初年，在唐五代間。而這也可能是《三國演義》成書遠及的時代。」

③該書的地理釋義共十四條，計十七處，其中十五處可以推斷宋代地名；其中也有兩處是明初的地名，但這可能是傳抄、傳刻過程中後來加上的。此說完全忽視了《三國演義》吸取元代《三國志平話》和元雜劇三國戲內容的明顯事實，也完全脫離了中國古代小說發展的歷史狀況，因而難以成立。

二、元代中期說

袁世碩認為，該書用三百三十多首詩來品評人物，收束情節，與宋元間的平話很近似。且引用時或言唐賢，或言宋賢，不言「元賢」，實是元人口吻；書中小字注釋中所提及的今地名，除了個別幾個筆誤外，幾乎全與元代行政區名稱相符。

因為其中江陵、建康、潭州均為元天歷二年（西元一三二九年）以前的舊地名，因此將作注的時間斷在此年，再往後延伸十幾年，基本上可以確定此書成於元中期，大約是西元一三二〇至一三四〇年代，章培恆也持此觀點。

三、元末說

陳鐵民認為：嘉靖本《三國志通俗演義》無疑是今存最早、最接近原著面貌的刻本，利用其注釋來考證《三國演義》的成書年代是可靠的。根據嘉靖本注釋中有評論和異文校記，以及有不少錯誤等情況判斷，這些注釋有的作於元末，有的作於明初。既然有的注釋作於元末，那麼《三國演義》的成書年代自然也應在元末；即使根據一些作於明代洪武初年的注釋，也可推知《三國演義》成書應在元末，因為只有在《三國演義》寫成並流傳之後，才有可能出現《三國演義》的注釋。

周兆新指出：聯輝堂本《三國志傳》中有「聖朝封贈（關羽）為義勇武安王」一語，湯賓尹本《三國志傳》亦有相似語句，兩本在提到「聖朝」之前，均曾提到「宋朝」，二者對比，可見「聖朝」不可能指宋朝；而明初洪武至永樂年間均無封贈關羽之事，可見「聖朝」也不可能指明朝。

這樣，它只能指元朝。元文宗天歷元年（西元一三二八年）曾加封關羽為「顯靈義勇武安英濟王」，結合《錄鬼簿續編》的記載，《三國演義》當成書於元代後期。

四、明初說

歐陽健認為《三國演義》成書於明初。他不認同袁世碩斷書中小注年代於天曆二年（西元一三二九年）以前，認為地名情況複雜。他認為羅貫中在明初開筆，第十二卷寫作不早於洪武三年（西元一三七〇年），全書初稿完成於西元一三七一年以後。任昭坤認為：《三國志通俗演義》裡敘述描寫的火器，絕大多數在明初才創製，或才有那個名稱，這證明《通俗演義》成書於明初。《通俗演義》描述的火器，使用者都是孔明，可見在作者心目中，只有孔明那樣智慧超群的人才能創製使用先進火器，這說明作者所處時代是以冷兵器為主的時代，這也與明初的兵器實際狀況相吻合。

五、明中葉說

張國光認為，《三國志通俗演義》以《三國志平話》為基礎寫成，而元刊《三國志平話》為新安虞氏至治年間（西元一三二一年～一三二三年）所刊五種平話之一，篇幅僅有八萬字，文筆粗糙簡陋，《三國志通俗演義》篇幅為其十倍，筆法成熟，從發展過程看，必遠遠產生於平話之後。張國光因此認為，「此書的撰成，既不會是元代，也難以肯定是明初，其時當在明中葉。為此書寫序的庸愚子（蔣大器）很可能就是它的作者。」他估計由於蔣大器寫序後無錢刻書，過了二十年才由修髯子印行。張志合認為，從文學史發展的情況來看，在元末明初那樣的文學氛圍中，尚無可能產生出像《三國志通俗演義》和《水滸傳》這樣大部頭的傑作。他根據明代成化年間刊行的說唱詞話《花關索傳》和明代前期著名劇作家朱有燉的雜劇《義勇辭金》，均看不到《三國志通俗演義》的影響這一現象，認為《通俗演義》的成書年代應在明代中葉。李偉實也認為《三國志通俗演義》成書於明代中葉。

羅貫中是《三國演義》的作者嗎？

《三國演義》是中國古代小說史上長篇小說的開山之作，在中國文學史上占有重要的地位，它是中國最早出現的歷史演義小說。如果提出「《三國演義》的作者是誰」這樣一個問題，相信學生都會脫口而出：「羅貫中！」因為嘉靖壬午本《三國志通俗演義》上明標為「羅貫中編次」，這一說法也早已為學術界所認同，而且現在市場上發行的《三國演義》作者署名都是羅貫中，所以這一觀點也就深入人心，婦孺皆知了。其實，中國古典小說名著大都有著作權歸屬問題，如《水滸傳》、《西遊記》、《金瓶梅》、《封神演義》、《醒世姻緣傳》、《紅樓夢》等作者為誰，長期以來爭論不休，《三國演義》也不例外。

有的學者撰文指出，《三國演義》的最初寫定者應是南方人，它是一部「集體創作」的不朽傑作，而羅貫中充其量只能算是這集體中的一員而已。持這種觀點的學者認為，中國國家圖書館珍藏的明代黃正甫刊本《三國志傳》，是現在所見到的明清時期《三國演義》所有刻本中的最早刻本。這個版本上自始至終沒有題寫作者的名字，可見羅貫中創作《三國演義》這一傳統說法不可靠。《三國演義》作為中國最早出現的長篇小說，實際上是由從北宋到明中葉的說書藝人在口耳相傳的過程中不斷豐富和完善起來的，該書在明中葉被一個沒有留下姓名的文人整理寫定。黃正甫刊本《三國志傳》中「黃權」這個名字在書中第一次出現時被誤寫為「王權」，「黃」、「王」同音而造成字誤，是南方方音所致，證明這個最初寫定者是南方人。關於羅貫中，明初無名氏的《錄鬼簿續編》中有他的記載，該書作者與羅貫中有交往，記載說羅貫中是「太原人」，卻沒有提到他叫「羅本」，只說他「樂府隱語極為清新」，寫過三種雜劇，根本沒有提到他創作《三國志通俗演義》等小說。

也有的學者依然認為羅貫中是《三國演義》的作者。現存最早的《三國志演義》刻本是嘉靖壬午本，而不是明末天啟年間的黃正甫刊本。在嘉靖壬午本的上面，明確地題署著兩行字：「晉平陽侯陳壽史傳後學羅本貫中編次」。第一行字，說明小說的素材來自什麼地方；第二行字，向讀者指出作者是誰。這就證明羅貫中千真萬確地是《三國志演義》的作者。

那麼，《三國演義》的作者到底是誰呢？胡適先生一九三〇年代曾在他所作的《三國演義序》中說：「《三國演義》不是一個人作的，乃是五百年的演義家的共同作品。」他所說的「五百年」，應當是從北宋到明中葉這段時間；他所說的「演義家」也應當是指如宋人霍四究這樣的一代又一代的說書藝人。《三國演義》中的精彩故事都是經這些說書藝人在口耳相傳的過程中不斷豐富和完善起來的。到了明中葉，整個三國歷史的系列故事已經相當完善之後，有眼光的書商看到了其中的商機，便與某個熟悉三國故事的文人聯手，參閱《資治通鑑》等史書，對這些三國故事進行系統的整理，寫成了這部「通俗演義」式的「三國志傳」，然後付梓刊行。這就是說，像《三國演義》這樣的巨著，其中精彩的片段，都應當是由那些說書藝人創作出來的。胡適先生說，「《三國演義》的作者、修改者、最後寫定者，都是平凡的陋儒，不是有天才的文學家，也不是高超的思想家。」

羅貫中是哪裡人？

羅貫中是中國文學史上最傑出的作家之一，其作品《三國演義》可謂家喻戶曉。但是，對於他的生平，人們所知甚少。

關於羅貫中的籍貫，自明清以來，主要有四說：

①太原人，即今山西太原人。主要見於明無名氏《錄鬼簿續編》：「羅貫中，太原人。」

②東原人，即今山東東平人。庸愚子《三國志通俗演義序》稱「東原羅貫中」，《三國演義》的多種明刻本亦署名「東原羅貫中」。

③杭人，錢塘人，越人，即今浙江杭州人。如郎瑛《七修類稿》稱為「杭人羅貫中」，田汝成《西湖遊

覽志餘》稱為「錢塘羅貫中」，周亮工《因樹屋樹影》稱為「越人羅貫中」。

④ 廬陵人，即今江西吉安人。

自西元一九五〇年後，尤其是一九八〇年代以來，學術界對這個問題的看法逐漸集中到前兩種意見。其中③、④兩說雖然也有文獻可證，但是均屬「故老傳聞」性的記載，近世學者多不重視。因此，關於羅貫中籍貫的討論，實際上只集中在「東原說」和「太原說」兩家。

「太原」說的主要根據是《錄鬼簿續編》中有關羅貫中的記載。一九三一年，鄭振鐸、馬廉和趙斐雲三位學者訪書寧波，發現了天一閣舊藏明藍格抄本《錄鬼簿．錄鬼簿續編》，其中有羅貫中小傳。書中提到，「羅貫中，太原人，號湖海散人。與人寡和。樂府隱語，極為清新。與余為忘年交。遭時多故，各天一方，至正甲辰復會。別來又六十餘年，竟不知其所終。」近世通行的各種文學史、小說史教科書，大都根據這一記載定羅貫中為「太原人」，即指山西太原，並據此推定他的生卒年約在西元一三一〇年至一三八五年之間。由於羅貫中的傳世資料不多，且大多為羅氏百餘年之後人所追記，因此這篇為羅貫中同時代人且又為「忘年交」所作的小傳就成了迄今最早、最全面、最權威的資料，因而成為「太原」說的主要立論依據。

「東原」說的主要根據是《三國演義》現存最早版本嘉靖元年（西元一五二二年）刊本卷首庸愚子（蔣大器）於弘治七年（西元一四九四年）所作「序」和萬曆及後眾多《三國志傳》刊本及其他署名為「羅貫中」的小說的題署。如最早版本之一刊於嘉靖二十七年（戊申，西元一五四八年）的葉逢春本題「東原羅本貫中編次」；其次，見明刊《三國演義》最早的序文，即嘉靖壬午（嘉靖元年，西元一五二二年）刊《三國志通俗演義》首載別號庸愚子的金華人蔣大器所寫的序中稱「東原羅貫中」是該書作者。這兩種最早的版本以不同方式表明其作者為「東原羅貫中」，後出各版本均無異辭，據此，我們可以相信，《三國演義》作者為「東原羅貫中」，至少這是明清出版界公認的事實。

除了《三國演義》，還有《水滸傳》（一百一十五回本）、《隋唐兩朝志傳》、《殘唐五代史傳》、《三遂平妖傳》等四部小說也署名羅貫中。這四種小說除《殘唐五代史傳》不提羅貫中籍貫，其他也均題有「東原羅貫中編輯」類字樣。這四部小說作「東原羅貫中」的署名即使不盡可信，卻都能從不同角度間接地造成旁證作用，加強了《三國演義》作者為「東原羅貫中」的可信性。

一九九〇年代中期曾湧現出一批「東原」說的積極支持者。劉華亭、楊海中、杜貴晨等在前輩研究的基礎上，結合新發現的文獻資料——酈道元《水經注》卷八「濟水」條的記載，認為《錄鬼簿續編》之「太原」乃「山東太原」，也即山東東平。中國學術界權威學者如北京大學王利器教授、中國社科院文學研究所羅爾綱研究員、上海著名學者何滿子、山東大學袁世碩教授等都持這一觀點，並且在中國已採納於大學通編教材《中國文學史》。

「演義」之名是怎麼來的？

考查起來，「演義」一詞的歷史是很久遠的。《後漢書》一百一十三卷《逸民列傳．周黨傳》敘，周黨於光武引見時，伏而不謁，博士范升奏毀曰：「伏見太原周黨、東海王良、山陽王成等，蒙受厚恩，使者三聘，乃肯就車。及陛見帝廷，黨不以禮屈，伏而不謁，偃蹇驕悍，同時俱逝。黨等文不能演義，武不能死君，釣采華名，庶幾三公之位。」「演」有「闡發」的意思，以組詞方式來看，「演……義」就是「演」經書之「義」的略稱；所謂「文不能演義」，是指斥周黨不能「闡發」經中之「義」。推而廣之，凡是闡發六經之義的作品，都可以稱為「演義」。如《春秋演義》，即「演」《春秋》之「義」；又有《三經演義》（三經，《孝經》、《論語》、《孟子》）、《尚書演義》、《周易演義》、《詩演義》等，性質都與此相似。《春秋》為六經之一，《三國志》為四史之一，都是公認的良史。既然《春秋》有「義」可「演」，《三國志》自然也有「演義」的資格和價值。羅貫中發現《三國志平話》的「瞽傳詼諧之氣」，癥結就在於拋棄了史書之「義」，全憑說話人隨口亂道，他以「《三國志》演義」為書名，就是要闡發《三國志》蘊含的大義。夢藏道人《三國志演義序》曰：「羅貫中氏取其書演之，更六十五篇為百二十回。合則聯珠，分則辨物，實有意旨，不發躍如。其必雜以街巷之譚者，正欲愚夫愚婦，共曉共暢人與是非之公。」這就清楚地說明了「《三國志》演義」的涵義。「其書」指的就是《三國志》，共六十五篇；《三國演義》根據其內容而演為一百二十回。「實有意旨」、「人與是非之公」指的就是所演之「義」。

將通俗小說稱之為「演義」始於《三國志通俗演義》，而近人把「演義」與「歷史演義」作為同一內涵也是由此而來。庸愚子於弘治七年（西元一四九四年）撰《三國志通俗演義序》，其中說：「若東原羅貫中，以平陽陳壽《傳》，考諸國史，自漢靈帝中平元年，終於晉太康元年之事，留心損益，目之曰《三國志通俗演義》。文不甚深，言不甚俗，事紀其實，亦庶幾乎史，蓋欲讀誦者，人人得而知之，若《詩》所謂里巷歌謠之義也。」嘉靖元年（西元一五二二年），司理監刊出《三國志通俗演義》，立刻在社會上產生了很大影響，「演義」一詞也隨之流行。

羅貫中《三國演義》是否宣揚正統？

《三國志演義》的作者非常強調劉備屬於漢朝劉姓皇帝的血統，不厭其煩地處處加以點明。在書裡，劉備一方的人物總是一而再、再而三地提到這一點，用以抬高自己「主公」的身分，進而擴大影響，爭取地位。呂布請劉備飲酒的時候，說了一句：「賢弟不必推讓。」張飛聽了，便嗔目大叱說：「我哥哥是金枝玉葉，你是何等人，敢稱我哥哥為賢弟！」張松路過荊州時，龐統對他說：「吾主漢朝皇叔，反不能占據州郡；其他皆漢之蟊賊，卻都恃強侵占地土；唯智者不平焉。」諸葛瑾到荊州索討長沙、零陵、桂陽三郡時，關羽說：「荊州本大漢疆土，豈得妄以尺寸與人？」言下之意是，大漢疆土，只有姓劉的可以占領。劉備得到漢中以後，諸葛亮、法正等人勸他即皇帝位，繼而又勸他暫為漢中王，劉備再三不肯，張飛便大叫說：「異姓之人，皆欲為君。何況哥哥乃漢朝宗派！莫說漢中王，就稱皇帝，有何不可！」漢朝宗派，這正是稱帝的一個重要根據。

不但劉備手下的文官武將是這樣的宣傳，就是劉備本人也「當仁不讓」，動輒便向人宣揚自己的家世。初與張飛相見，劉備就說：「我本漢室宗親，姓劉名備。」在互通姓名的時候，按理重點應在姓名，然而這裡強調的卻是上半句。當督郵詢問「劉縣尉是何出身」的時候，劉備連忙回答：「備乃中山靖王之後。」劉備引兵襲許都時，半路遇見曹兵，便打馬而出，在門旗下對曹操大罵：「汝托名漢相，實為國賊！吾乃漢室宗親，奉天子密詔，來討反賊！」在三顧茅廬的時候，劉備也先後打著這個招牌。第一次叩柴門時，對童子說：「漢左將軍宜城亭侯領豫州牧皇叔劉備特來拜見先生。」二訪不遇，留書自稱「漢朝苗裔」。見到孔明以後，在下拜時自稱：「漢室末冑，涿郡愚夫。」

劉備和他手下的人之所以如此，是有原因的。漢末，天下紛亂，群雄並起，各人懷著做皇帝的野心，紛紛割據自立。他們之中，有的是名門之後，例如所謂「四世三公，門多故吏」之類，有的則是兵強糧足，有的更進一步「挾天子以令諸侯」。劉備和他們比較起來，未免相形見絀。第一，他出身貧賤，書上描寫其「家貧，販屨織蓆為業」，處處被人瞧不起。第二，起初，他既無軍隊，又無土地，一會兒逃到這裡，一會兒又投奔那裡，過著顛沛流離的生活，也因此常常受人輕視。為了加強自己的號召力，使自己的名字與其他那些軍閥們的名字同列一起，以便作為將來奪取天下的資本，劉備就不得不為自己抬出一塊招牌：「漢室苗裔。」他倚靠著這塊招牌來和別人對抗，而且，這塊招牌確實在政治上起了莫大的作用。從此，劉備獲得了群眾，獲得了幹將良謀，建立了威信，赤手空拳打出了蜀漢的天下。當然，不能否認，劉備處事也確有被封建社會裡的人認為是「仁」、「義」的地方，但明顯可以看出，劉備之所以「得人心」，起作用較多的還在於他是漢朝皇帝的叔父。因為劉備的所謂「仁」和「義」，在書裡描寫得並不成功，劉備的形象也是比較蒼白無力的。

雖然在《三國志演義》裡，有些地方流露了正統觀念，但這些地方與人物性格的刻畫、故事情節的發展幾乎沒有關聯。例如，劉備襲取涪水關以後，進取雒城，劉璋派劉璝、冷苞、張任、鄧賢領兵前去抵擋。按照書裡的敘述，兩軍交戰的時候，劉璋軍隊被稱為「川兵」，劉備軍隊則被稱為「漢軍」。劉備此時並未稱帝建國，怎麼能把他的軍隊稱為「漢軍」呢？又如，敘述魏、吳事件，卻用蜀漢的年號紀年。同時，我們顯然也可看出，書裡被大力歌頌的英雄人物也以蜀漢方面居多。

這些地方都表明，作者主觀上也存在濃厚的正統觀念。《三國志演義》的作者是一個生長在封建社會中的作家，他的思想上有封建道德觀念和封建的歷史觀，例如正統觀念。他寫的是一部以三國這個封建時代各個割據集團之間的矛盾和抗爭為題材的歷史小說。既然當時有三個集團鼎立，互相爭戰，作者在描寫它們的時候，有所選擇和偏袒，有所擁護和反對，這也是比較自然的事情。而其中的一個集團又確實是曾以「正統」作為自己的招牌，於是作者思想裡的正統觀念就和這合上了拍。《三國志演義》的作者之所以有「尊劉貶曹」的態度，主要的原因即在於此。至於《三國志演義》作者以前的大多人之所以「尊劉貶曹」，也可用此來說明。當然，也不能否認，《三國志演義》作者以前的大多人的看法在某種程度上對《三國志演義》「尊劉貶曹」的態度產生了影響，而《三國志演義》的這種態度又對在它以後的大多人的「尊劉貶曹」的觀念或多或少地產生了影響。

《三國演義》的版本有多少？

自從明代羅貫中的《三國演義》問世以來，流傳廣泛，各式各樣的版本層出不窮，明代刻本就有二十多種，清代刻本則有七十多種。可以說，《三國演義》版本之多，是其他古代小說所無與倫比的。這大概與當時的歷史背景有關。

一九八〇年代以來，特別是西元一九八七年一月，《三國演義》學會在昆明舉行首屆《三國演義》版本研討會以來，中外學者對《三國》版本的研究付出了很大的努力，取得了明顯的進展。其實，在龐大的《三國演義》版本體系中，影響最大的是嘉靖元年本（即俗稱「羅本」）和毛綸、毛宗崗評改本（即「毛本」）。後來中國各出版社出版的《三國演義》，沿用的就是這兩個體系。

著名作家、文學史家鄭振鐸發表《三國演義的演化》（《小說月報》二十卷十號）和《羅貫中及其著作》（《青年界》一卷一期，一九三一年三月），提出嘉靖壬午本《三國志通俗演義》為《三國演義》的最早刊本，其作者為羅貫中。此說一直延續了多年。西元一九九五年，學者張志和在中國國家圖書館發現了《明書林黃正甫刊〈三國志傳〉》版本。這個版本雖曾收入孫楷第先生的《中國通俗小說書目》中，但從未引起研究者的關注。張志和先生將《明書林黃正甫刊〈三國志傳〉》與嘉靖壬午本《三國通俗演義》進行了對勘，得出結論，這個原刻於福建的嘉靖黃刊坊刻本至少比嘉靖壬午本《三國志通俗演義》早二十年，這個本子被一些學者認為是早於明代其他《三國志傳》的「最初整理寫定」本和各種《三國演義》刊本的祖本。同時，張志和先生的結論對作者是否為羅貫中提出了質疑。

據研究者調查，在現存的明代版本中，存世最多的當數萬曆至天啟年間的各種《三國志傳》本，世稱「俗本」。根據比較，研究者認為，這些版本雖晚於嘉靖壬午本《三國志通俗演義》，但其所宗祖本刊刻的年代要早於嘉靖壬午，也就是說流傳於世的《三國志傳》本應早於嘉靖壬午本《三國志通俗演義》。也有研究者認為，《三國志平話》刻本出現四十年之後羅貫中才開始創作《三國志傳》，而後其他各種志傳刻本都以羅著為宗，因此可以斷定，《三國志平話》刻本要早於志傳本。《三國志通俗演義》正是在各種志傳本基礎上產生的。

近年來，國外一些《三國演義》學者研究成果頗豐。值得注意的是，英國學者魏安對現存《三國演義》各種版本進行了細膩研究，包括先後考查了二十六種不同的非毛評版本，其中包括被認為刊行年代可能早於其他版本的上海圖書館所藏殘頁，及西班牙愛思哥利亞修道院圖書館藏嘉靖二十七年葉逢春本

《三國志傳》，卷端書名《新刊通俗演義三國史傳》等。魏安透過研究認為，元末明初，羅貫中寫成原本《三國演義》，經過流傳，演化為現存各種版本的共同祖本：元祖本。其正文為十卷，卷首有總歌。

總之，《三國演義》版本繁多，源流複雜，各種研究雖然取得一些成果，但尚有許多問題有待澄清。同時，這也從一個側面體現了中國歷史文化的源遠流長和博大精深。

《三國演義》的素材是從哪裡來的？

《三國演義》是長篇小說，但原來的故事卻是零星存在的。這些零星材料如何最終組織成長篇巨著，實是一個有趣的過程。《三國演義》的取材，既有直接取自《三國志》的，也有間接取自《三國志》的注文以及其他六朝文獻的史料，更多的則是後世充實的故事材料。尤其是元代戲劇作品，已將三國故事貫串成有血有肉的生命。

西晉陳壽編撰《三國志》，南朝劉宋時裴松之引書四百餘種為之注。我們知道，魏晉六朝品評人物風氣盛行，品評人物總是根據具體事蹟；後來，《世說新語》更是載有不少魏晉時期各種人物的妙人妙事。品評人物風氣流傳一時，影響所及，許多人對於其中人物的言行十分熟悉。在談說過程中，一方面興趣濃厚不減，而口耳相傳之間又增添講者的主觀意見和個人色彩，對於人物和事件的描述刻畫遂有越來越精彩的現象。例如，兩晉南北朝記敘、描寫、歌詠三國故事和人物的文獻有三十多種。而且，就現存文獻而言，實際一定不只此數。

唐代論述三國的詩文多達一百四十多篇，宋代則約有八十篇。這些也都是指今日所知資料而言，當時出現而遺佚的必定更多。元朝除詩文外，元雜劇以三國故事入戲的有六十多本，這是因為一是當時三國故事個別片段已發展得很成熟，能編為戲本，二是戲比詩文流傳更廣泛，影響更大，與小說發展互相促進，互為因果。而宋以來流傳的說三分，則成為平話小說《三國志平話》和《三分事略》，更成為《三國演義》小說的基礎。

概括而言，三國故事的形成經過，可以分為下述四個階段：

第一階段是陳壽《三國志》成書以前的記載，大部分是史料，包括歷史人物的出身、言行等記錄和傳說。陳壽《三國志》錄取其中一部分做材料，編撰正史，但更多的材料則遺留在文人筆下或民間。

第二個階段是《三國志》成書後初期，尤其是東晉、南北朝，因為離三國不遠，仍有大量文獻和民間傳說流行，但故事內容已開始出現增添或轉變的情形。

第三個階段是唐、宋時代文人的歌詠和說故事者的敷演，前者可使故事傳說走向理趣，後者則使零星故事組合成較長的單元。

第四個階段是元劇作品。元代許多劇作家都嘗試將三國故事敷寫成情節精彩的劇本。就以呂布和貂禪的故事為例，現存的劇本有無名氏《錦雲堂暗定連環計》、鄭光祖《虎牢關三戰呂布》、武漢臣《虎牢關三戰呂布》（殘缺）、于伯淵有《白門斬呂布》。另外，元南戲有《貂蟬女》（殘缺）。由此可見，元劇作家對三國故事發揚光大作出了傑出的貢獻。

第五個階段是羅貫中的成書。《三國志通俗演義》一書「據正史」、「採小說」、「證文辭」、「通好尚」，尤其是博採各種典籍包括史注、筆記、傳說、平話、劇本、詩文等，共治一爐，成為巨著。這當中彙集了千千萬萬人的心血，在羅貫中以前，對故事文字和情節方面進行修改加工的無名作者，也同樣功不可沒。羅貫中可以說是後期一個集大成者。

毛評本《三國演義》究竟成於誰之手？

《三國演義》之有毛批，如同《水滸傳》之有金批，也是此本一出，舊本盡廢；而毛氏批語也隨著這個評改本廣為流傳，產生了極大的影響。但是，這部評改本及其批語究竟出自誰手，卻還是一樁未了的懸案。通行的說法是毛宗崗所為。一九八〇年代以來，黃霖、陳洪等經過詳細的考察，用大量的事實證明：這項工作實際上是毛宗崗和他的父親毛綸共同完成的，而主角當屬毛綸。

毛綸在《第七才子書》（《琵琶記》）的總論中講：「羅貫中先生作通俗三國志，共一百二十卷，其紀事之妙，不讓史遷，卻被村學究改壞，予甚惜之。前歲得讀其原本，因為校正，復不揣愚陋，為之條分節解，而每卷之前，又各綴以總評數段。且許兒輩亦得參附末論，共贊其成。書即成，有白門快友，見而稱善，將取以付梓，不意忽遭背師之徒，欲竊冒此書為己有，遂使刻事中擱，殊為可恨。今特先以《琵琶》呈教，其《三國》一書，容當嗣出。」這段話把問題講得很清楚：

① 毛綸託言古本，對《三國演義》進行了全面的修訂加工，包括文字的潤飾（所謂恢復「紀事之妙」）、回目的整理等。而由於他託言古本，自稱「校正」，所以有了後人的「箋注」之說。

② 毛綸在修訂加工的同時，對全書作了評點，回前總評多出其手。而毛宗崗只是被允許「參附末論」。

③ 曾有某門徒「竊冒」此修訂評點本為己有，以致引起一些糾紛，使毛綸的刊刻工作受阻。此外，毛綸的同鄉好友尤侗在《第七才子書序》中也指出：毛綸在評點該書時，「授管於郎君序始氏，使其校訂，參贊其成焉。」由此可見，《三國演義》、《琵琶記》的評點，是由毛綸即興口述評論意見，由毛宗崗記錄下來，有時毛宗崗也加入一些自己的看法，最後整理完篇。

關於毛綸的生平，資料不多。我們只知道他在當地文壇有一定聲望，本名綸，字德音，大約在五十歲前後雙目失明，乃更號為聲山。《堅瓠補集》收有他六十歲時汪嘯尹的祝壽詩，其中兩首云：「兩字飢寒一腐儒，空將萬卷付嗟吁。世人不識張司業，若個纏綿解贈珠。」「久病長貧老布衣，天乎人也是耶非！止余幾點窮途淚，盲盡雙眸還自揮。」據稱，「四詩（原為四首）絕非祝嘏常套，先生所以獨喜之歟。」可見，這兩首詩所描寫的「久病長貧」的生活、自負才學而又終生不遇的命運，都是毛綸一生的真實寫照。

關於毛宗崗的生平，資料同樣不多。浮雲客子在《第七才子書序》中稱讚他「予喜其能讀父書，以為有子若此，尊人雖失視，可無憾焉。」可見毛宗崗繼承家學淵源，而且是毛綸的一個很好的助手。他與褚人獲為好友，《堅瓠集》收有多篇他的文字，如〈戒角文〉、〈貓彈鼠文〉、〈詠羹鶴鷊鶴〉、〈詩隱美女〉、〈焚書自嘆〉等，〈堅瓠三集〉並由他作序。除這篇序言外，其餘多為遊戲文字，如康熙三十九年住宅失火，所藏書籍俱焚，他作〈臨江仙〉詞云：「焚硯雖然常發憤，並書焚去堪傷。從今遣悶更無方，將何來下酒，一斗竟荒唐。」看來也還有些疏狂意態。

毛氏父子共批《三國演義》，而以毛綸為主，這在清代本不成問題。清刻《三國演義》卷首多題署「聲山別集」，有些本子則更明確，如乾隆三十四年世德堂本扉頁題「毛聲山批點三國志」。到了晚清，一些人弄不清「聲山別集」的含義，便將評點者獨歸於毛宗崗，如邱煒萲《菽園贅談》已有「《三國演義》是茂苑毛序始手批」的說法。其後因這種說法比較簡明，遂紛紛沿襲，幾乎成為定論。

發生這個誤會還有另一個原因，便是毛批本的題署比較複雜，無論是康熙初刻本，還是乾、嘉時的覆刻本，題署都是：

聖嘆外書茂苑毛宗崗序始氏評
聲山別集吳門杭永年資能氏定

這就涉及到了四個人，毛氏父子均列名於上的原因已見上述，所謂「聖嘆外書」則是毛宗崗的偽造，其目的是借重金氏大名來營造一種「名人效應」，招攬讀者。至於杭永年，情況就比較複雜。清人劉廷璣在《在園雜志》中就曾提出毛評本《三國演義》是杭永年「訪聖嘆筆意批之」，影響極大。聯繫毛綸提到的背師之徒竊稿冒名一事，其間似有蛛絲馬跡可尋。這個背師之徒是誰，毛綸沒有明言，但根據各種蛛絲馬跡推測，很可能就是那個不見首尾的神祕人物杭永年。毛綸所謂「且許兒輩亦得參附末論」，「兒輩」說明幫助他做評點工作的並非毛宗崗一人，那麼此人的名字出現在評點本上也是合理的。毛綸在世時，因深恨此「背師之徒」，該書未能刊行；他去世後，由毛宗崗主持付梓，署名上取了個「折衷方案」，把參與其事的三個人都刻到扉頁上，結果卻將後人引入迷津。

如何看待毛評《三國演義》？

自《三國演義》成書以來，修改一直在繼續。其中，毛本改動最大，並成為了《三國演義》的定本。那麼，我們應該如何看待毛氏父子修改《三國》的工作呢？

較之於嘉靖本，毛本的改動主要表現在兩方面：一是「尊劉貶曹」思想傾向的強化；一是藝術上的精雕細刻。關於前者的評價，貶多於褒；至於後者，則是褒多於貶。

劉敬圻認為：「毛氏把《三國演義》雕飾成了精緻的藝術品，從這個意義上說，其功大於過；然而，經毛氏修訂後，這部書固有的封建正統思想愈加濃重而顯豁了，從這個意義上說，則又過大於功。」她的觀點代表了主流的看法。雖然大多數學者都不太認同毛氏的思想傾向，但均肯定毛氏的修改提升了《三國演義》的藝術品質。正如黃霖所言：「假如從藝術角度來衡量毛本的功過得失，毫無疑問是得多於失，功大於過。」

另外，還有兩種意見，一是總體上肯定毛氏的修改，一是認為毛氏改得不好。李慶西針對劉敬圻的文章特別指出：「毛氏的藝術加工首先是服從藝術規律，並沒有為了往作品裡面塞進某些觀念的東西而破壞人物形象的整體性。」常林炎則認為李文對毛氏修改的肯定還不夠徹底，沒能從思想上加以肯定。其他如劍鋒（霍雨佳）、秦亢宗等，也對毛改作出了全面的肯定。寧希元卻從整體上否定了毛氏的修改，他說：「毛本雖有不少可取之處，但整個來說是失敗的。」並建議根據嘉靖本重新校理一部接近於原書的《三國演義》定本。

長期以來，毛氏因其強化《三國演義》「尊劉貶曹」的思想傾向而一直遭到批判。然而，從一九八〇年代起，不少學者認為這一傾向的背後有著複雜的社會、歷史、文化的根源，應該重新加以認識。蕭相愷就指出，聯繫毛氏所處的時代來看，毛氏表面上只是在為蜀漢爭正統，譴責曹魏的僭國，實際上卻是在譴責清政權，在悼念亡明。另外，身為儒者的毛氏，身處明末清初，目睹並體味到「人生亂世」的苦痛和不幸，所以還反映出民本思想。杜貴晨、黃中模基本也都持這種觀點。研究者如果從自己的時代立場及標準出發去評判毛本，易陷入偏頗的結論，只有從毛本產生的時代去考察，才會正確地理解毛氏父子評改思想的歷史複雜性。

李評本《三國演義》是偽作嗎？

李贄，字卓吾，號宏甫，別號溫陵居士，明代思想家、文學家，泉州晉江（今屬福建）人。曾任雲南姚安知府，未幾辭官，講學各地，後因「敢倡亂道，惑世誣民」罪名下獄，自殺而亡。其論學受王守仁和禪學影響，公開以「異端」自居，主張重視功利，認為「穿衣吃飯即是人倫物理」；反對封建傳統教條，認為「天下萬物皆生於兩，不生於一」（《夫婦論》）；認為《六經》、《論語》、《孟子》等儒家經典只是當時弟子的隨筆記錄，並非「萬世之至論」，反對「咸以孔子之是非為是非」。

《李卓吾先生批評三國志》一百二十回本（簡稱「李卓吾評本」）就其思想傾向而言，更接近毛評本《三國演義》。所以，學術界一般認為，李卓吾評本是毛本《三國演義》的唯一祖本。李卓吾評本與毛本不僅故事情節相似，而且李卓吾評本的不少批語直接地表示了評者對小說人物形象的態度，毛氏父子也正是在此基礎上對《三國演義》重新作了修改和評點。一句話，研究毛本《三國演義》不能忽視李卓吾評本。

那麼，李卓吾評本《三國演義》是否為偽作呢？時人大致有兩種截然對立的觀點：一種觀點肯定李卓吾評本《三國演義》出於李卓吾之手。丘振聲《三國演義縱橫談》一書即持此說。丘先生認為，李卓吾所評點的《水滸傳》和《三國演義》，一向為人們所重視。李卓吾開啟了中國古代評點小說的先河，後來的毛宗崗、金人瑞以及脂硯齋等評點名家，與李卓吾的評點活動可謂一脈相承。丘先生還具體分析了李卓吾評本《三國演義》的兩個突出特點：其一，「奪他人之酒杯，澆自己之壘塊」，即藉評點小說中的人物形象發表自己的思想觀點，抨擊社會中的醜惡現象；其二，重視藝術分析。

另一種觀點認為是偽託。和李卓吾評本《水滸傳》一樣，李卓吾評本《三國演義》早即有人疑是後人偽託，並非出自李卓吾之手。今人沈伯俊、黃霖先生都認為，所謂「李卓吾評本」乃是葉晝所偽託。黃先生在他的《有關毛本三國演義的若干問題》文中，從以下幾個方面論說了此觀點：

其一，當時人就有懷疑。葉晝，與之同時代的錢希育說他「落魄不羈人」，「真滑稽之雄也」，死於天啟年，是李卓吾的晚輩、毛綸父子的上輩。此人曾偽託李卓吾之名評點過《水滸傳》、《西遊記》等多種小說戲曲。李卓吾評本《三國演義》係葉晝偽託之作，當時人即有懷疑。毛宗崗父子在其書《凡例》中說：「俗本謬託李卓吾先生批閱，而究竟不知出自何人之手。」後來又有人進一步指出，毛本一百零五回總評處提到「近日梁溪葉仲於二語」，一百一十七回總評處又出現了「梁溪葉仲子曰」。黃先生認為，此「葉仲子」即指葉晝。

其二，所謂李卓吾評本《三國演義》「尊劉貶曹」傾向有模糊感，除了受葉晝思想影響之外，還與葉晝的批評方法有關。周亮工《書影》說葉晝：「多讀書，有才情，留心二氏學，故為詭異之行，跡其生平，多似何心隱。」由此看來，在他腦袋裡確實很有一些與正統的儒家思想不合拍的地方。這特別表現在葉晝非常討厭所謂「假道學」，痛恨道學家只會空談而無實際本領。在批評方法上，葉晝評《三國演義》基本上是在原本基礎上略加批點，而不注意將原本修改，同時，評論時常常隨便借題發揮，以致在有些地方使人難以明白他對人物究竟是什麼態度。而毛氏父子，雖然和葉晝一樣生活比較貧困，一生未曾入仕，但他們以「儒者」自居，思想比較正統，為人比較嚴肅，並不如葉晝那樣放蕩不羈、言行詭異，有點離經叛道，毛本《三國演義》占主導地位的還是正統的封建思想。

在明清小說批評史上，李卓吾是一個頗有政治、藝術眼光的評點家。論時代，李卓吾評本在嘉靖本之後，毛宗崗父子評點《三國演義》是在李卓吾評本基礎上進行的。然而，今之學者研究毛本，多直接與嘉靖本對比而跨過了李卓吾評本，顯然有些不妥！

還原《三國演義》中人物的真實面目

《三國演義》刻畫了近一千兩百個人物形象，其中最為成功的有諸葛亮、曹操、關羽、劉備等。魯迅在評《三國演義》時說：「至於寫人，亦頗有失，以致欲顯劉備之長厚而似偽，狀諸葛之多智而近妖。」此批評是很中肯的。《三國演義》雖以歷史為題材，但它畢竟不是史書而是文學作品，它經過了藝術加工，其文有不少虛構之處。

誰是「酸棗會盟」的主盟人？

《三國演義》第五回的前半部分〈發矯詔諸鎮應曹公〉，說的是曹操到陳留郡招募義兵，向各州郡發出矯詔（假託皇帝的名義發出詔書），要求各州郡起兵討伐董卓。渤海太守袁紹收到矯詔，前來與曹操會盟。共有十七鎮諸侯起兵響應。這十七鎮是：後將軍南陽太守袁術、冀州刺史韓馥、豫州刺史孔伷、兗州刺史劉岱、河內太守王匡、陳留太守張邈、東郡太守橋瑁、山陽太守袁遺、濟北相鮑信、北海太守孔融、廣陵太守張超、徐州刺史陶謙、西涼太守馬騰、北平太守公孫瓚、上黨太守張楊、長沙太守孫堅、渤海太守袁紹。加上曹操，一共是十八鎮諸侯，各帶兵馬投洛陽而來，在關外安營紮寨。在推舉盟主時，曹操說：「袁本初四世三公，門多故吏，漢朝名相之後裔，可為盟主。」袁紹再三推讓，大家都說：「非本初不可。」袁紹才答應了。於是築壇結盟，袁紹上台，讀盟詞，歃血。至此，這個討伐董卓的關東軍事聯盟，算是正式形成了。

但考諸史籍，《三國演義》的這段記載與史實有較大的出入。據《後漢書》和《三國志》記載，各州郡起兵後，駐紮在不同的地方：袁紹、王匡屯兵河內，孔伷屯兵潁川，韓馥屯兵鄴縣，袁術屯兵南陽，張邈、劉岱、橋瑁、袁遺屯兵酸棗，並沒有像《三國演義》所說的那樣，都在洛陽外圍會合。這年春天，劉岱、孔伷、張邈、橋瑁、張超等五人在酸棗會盟，廣陵功曹臧洪在其中起了很大的作用。將要盟誓時，刺史、太守們互相辭讓，誰也不敢先登壇主盟，都推薦臧洪，臧洪便整衣升壇，歃血宣讀盟詞。他辭氣慷慨，涕泣橫下，聞其言者，無不激動。《三國志．臧洪傳》記載：「乃設壇場，方共盟誓，諸州郡更相讓，莫敢當，咸共推洪。洪乃升操盤歃血而盟曰：『漢室不幸，皇綱失統，賊臣董卓乘釁縱害，禍加至尊，虐流百姓，大懼淪喪社稷，翦覆四海。兗州刺史岱、豫州刺史伷、陳留太守邈、東郡太守瑁、廣陵太守超等，糾合義兵，並赴國難。凡我同盟，齊心戮力，以致臣節，殞首喪元，必無二志。

有渝此盟，俾墜其命，無克遺育。皇天后土，祖宗明靈，實皆鑑之！』洪辭氣慷慨，涕泣橫下，聞其言者，雖卒伍廝養，莫不激揚，人思致節。」

臧洪所宣讀的誓詞，與《三國演義》所記的誓詞基本相同，字句只有微小的差異，可見《三國演義》取材於史書，而又用移花接木的手段，把主持盟會的人偷換成袁紹了。本來《後漢書．袁紹傳》說：在酸棗會盟時，袁紹並不在那裡，眾人「遙推」袁紹為盟主；而《三國演義》卻寫道：「紹整衣佩劍，慨然而上，焚香再拜。其盟曰：（盟詞略）讀畢，歃血。眾因其辭氣慷慨，皆涕泗橫流。」其實這都是臧洪的事，而與袁紹毫不相干。

實際上，這次酸棗會盟是不算太成功的。且不說呼聲最高的袁紹沒有親自出席主持，就是那些出席的刺史、太守也都是膽小之輩，他們懼怕董卓，誰也不敢帶頭登台主持，以免落一個「首犯」的罪名。經過一番你推我讓之後，才把一個不夠級別的廣陵郡功曹推上了台。當然，臧洪是一個深明大義而又非常勇敢的人，他的表現是很出色的。

周瑜真的是量窄之人嗎？

歷史小說《三國演義》對三國歷史文化的普及起了十分重要的作用，但它三虛七實的描寫也迷惑了不少讀者對歷史真相的了解。其中對周瑜的描寫，就與史實有很大的出入，這是小說在人物刻畫上與歷史真實性大相逕庭最突出的例子。

《三國演義》把周瑜描繪成心胸狹窄、妒賢忌能的典型，他發現諸葛亮的才智超過自己，便想方設法謀害，欲除掉孔明而後快，結果其計謀被諸葛亮一一識破，自己反中了諸葛亮的謀算，一而再、再而三地被氣得吐血，臨到絕命之時仍發出「既生瑜，何生亮」的仰天長嘆。小說對瑜、亮二人在赤壁之戰前後一連串的鬥智、鬥法寫得絲絲入扣，極為生動，從人物塑造的角度講是相當成功的，但從歷史的真實性講，則完全屬於子虛烏有，純粹是小說家的藝術創作。

那麼，歷史上的周瑜到底是怎樣一個人呢？

周瑜字公瑾，東吳四英將第一位，廬江舒城人。幼年與孫策相識，結為生死之交。後孫策脫離袁術自立後，周瑜主動投奔孫策，在孫策平定江東的戰爭中造成了謀士和武將的雙重作用，用計謀收服了太史慈。孫策平定江東後，周瑜任水軍都督。西元二〇〇年，孫策早逝，臨死前對孫權說「外事不決問周瑜」。孫權繼位後，也十分信任周瑜。西元二〇八年，孫權西征黃祖，周瑜立下了大功。西元二〇八年，曹操南下，目標直指江東，孫權戰和未定。周瑜及時從鄱陽湖趕回，正確分析了曹操遠來的種種弊端，使孫權決定與曹操一戰。周瑜身為水軍大都督，用火攻之計大破曹操，這就是有名的赤壁之戰。赤壁之戰後，周瑜攻打南郡時身中毒箭，但還是拚死取下了南郡。隨後周瑜割長江南岸給劉備，但劉備至京口見孫權，要求得到整個荊州，孫權同意，因此，周瑜只得退往柴桑郡養傷，在生病期間周瑜提醒孫權要提防劉備。西元二一〇年，周瑜領兵攻打西川，行至巴丘城時箭傷發作，英年早逝，年僅三十六歲。孫權聞訊後，立即素服迎接周瑜靈柩回柴桑。

歷史上的周瑜風姿英發，心胸廣闊。程普早年跟隨孫堅攻城拔寨，受過傷，立過功，年紀又比周瑜大，也有計謀，因此瞧不起周瑜，甚至經常凌辱他。按理，論資歷，周瑜也很早就跟隨孫氏，並不比程普差；論功勞，他從孫策破笮融、敗劉繇、劉勛，討江夏、定豫章，也赫赫在冊；論職務，他是都督，程普是副都督。不過，他始終不與程普計較，謙讓以待，折節相容。後來，連程普也不得不敬服他。程普對人說：「和周公瑾交往，就好像飲美酒佳釀，不知不覺即被陶醉。」對此，孫權也有同感。有一次，劉備自京口回荊州，孫權和張昭、魯肅等人設宴送別，待張昭、魯肅先走了，孫權留下劉備說話，談到周瑜，他十分感嘆，說：「周瑜這個人，文韜武略，是萬人之英，看他器量廣大，恐怕不會久為人臣。」他認為周瑜這種大政治家的氣量，不是普通人臣能做到的，認為這是一種帝王之量。到宋代時，世人還是很喜歡周瑜，這一點從蘇軾的〈念奴嬌〉一詞中就可以看出。但到了元代以後，人們就逐漸對周瑜進行醜化，到《三國演義》成書時，周瑜就完全成了另一個人了。作者把周瑜寫得那樣驕矜忌刻，是為了襯托諸葛亮的過人見識和寬廣胸懷。不過，作者這樣寫也給我們留下了另一種類型的不朽的藝術典型，一種才大器窄的典型。

真實的張昭什麼樣？

在《三國演義》中，張昭是一個頗受貶抑的人物。在一般讀者的心目中，他總是給孫權出餿主意，似乎是一個目光短淺、胸襟狹隘的平庸之輩。其實，歷史上的張昭乃是那個時代的一個傑出人物。羅貫中之所以對他作了帶有醜化色彩的描寫，主要是因為他在赤壁大戰前夕曾勸孫權歸順曹操。對於剛剛敗退到夏口、立足未穩的劉備集團來說，如果孫權降曹，則再無退路，根本無力抗拒曹操的數十萬大軍，很可能就此覆滅。所以，宋元以來「擁劉」的通俗文藝作家、民間藝人，包括羅貫中，都對張昭大為不滿。對於孫權集團來說，舉兵抗曹並無必勝的把握，奉江南而歸降則可受到優待。在此之前，劉琮不戰而降，拜青州刺史，封列侯（《三國演義》寫劉琮被曹操命人追殺，係出虛構）；在此之後，張魯戰敗而降，拜鎮南將軍，封閬中侯，都是證明。所以，張昭之議，實在是為了維護孫權集團的利益，正符合「各為其主」的信條；當然，這也會使孫權失去稱王稱帝的可能。而對於整個中國歷史來說，如果孫權當時歸順曹操，將大大有利於曹操早日統一全國，實在應該算是一件好事。

平心而論，張昭不僅是東吳的開國元勛，而且其眼力、膽識、威望，都堪稱東吳文臣之首。當孫策開創江東基業之初，即以張昭為長史、撫軍中郎將，「文武之事，一以委昭。」（《三國志．吳書．張昭傳》）儘管史書對張昭的具體功績記載不詳，但二十出頭、忙於征戰的孫策多方仰仗其輔佐是毫無疑問的。所以孫策特別尊重張昭，「待以師友之禮。」（《張昭傳》注引韋昭《吳書》）建安五年（西元二〇〇年），年僅二十六歲的孫策遇刺身危，臨終把十八歲的孫權連同孫氏基業一併託付給張昭，慨然叮囑道：「若仲謀不任事者，君便自取之。」（《張昭傳》注引《吳曆》）此時，孫氏基業尚屬草創，強敵在北，人心未寧，孫權與文官武將們尚無君臣之固，孫權本人既缺乏治軍理民的經驗，又沉浸在乍失長兄的巨大悲痛之中，而周瑜尚在外地，如果張昭懷有二心，孫氏危矣！然而，張昭不負孫策信賴，當機立斷，馬上立孫權為主；同時，一面上奏東漢朝廷，一面命令各地將校各奉職守，還親自扶孫權上馬巡軍，從而迅速穩定了局勢。可以說，張昭幾十年不懈的、忠心耿耿的輔佐，對於東吳政權的建立和鞏固起了重要作用。

尤其值得一提的是，張昭為人剛直不阿，寧折不彎，常常犯顏直諫，使孫權這位雄主也敬憚不已。孫權好田獵，常冒險射虎。張昭諫曰：作為君主應「駕御英雄，驅使群賢」，而不應馳逐於原野，校武於猛獸。

孫權創業之時尚能從諫如流，但即東吳皇帝位後，便對張昭冷眼相看。戰前張昭主和，孫權當時只批評他「幾誤孤大事」，卻一直耿耿於懷。孫權稱帝後大會群臣，盛讚周瑜、魯肅力主抗曹之功。張昭不失時機地舉笏致賀，未及出言，孫權就說：「如張公之計，今已乞食矣。」可見，孫權早就對張昭不滿。但張昭忠誠未減，剛正如初。他對孫權說：「昔太后、桓王不以老臣屬陛下，而以陛下屬老臣，是以思盡臣節，以報厚恩……志在忠益，俾命而已。若乃變心易慮，以偷榮取容，此臣所不能也。」君臣衝突最嚴重的一次是西元二三二年十月，遼東太守公孫淵叛魏臣吳，孫權大喜，遣使大加封賞。張昭等認為其降有詐，諫阻孫權。孫權不能忍受，按刀大怒說：「吳國之士入宮則拜孤，出宮則拜君，孤之敬君亦為至矣，而數於眾中折孤，孤嘗恐失計。」張昭淚流滿面，重念太后、孫策遺詔顧命之言，據理力爭。孫權當時雖「擲刀致地，與昭對泣」，但仍拒諫不納。張昭稱疾不朝。孫權知其所以，益「恨之，土塞其門」。張昭更為氣憤，便從裡面也以土封門，表示絕不再出。不久，公孫淵殺吳使。事實證明張昭判斷準確，孫權後悔不納張昭之言，故「數慰謝昭」。張昭不出，孫權「過其門呼昭」。張昭辭以疾篤。孫權放大火燒其門逼他出來，張昭仍不出，孫權急忙救火，久候門外。張昭終被兒子扶出，「權載以還宮，深自克責。」

正因為張昭忠心為國，剛直不阿，舉國上下對他都心存敬畏，孫權也常說：「孤與張公言，不敢妄也。」

劉備真是「皇叔」嗎？

「劉皇叔」之說，並非始於《三國演義》，在《三國志平話》中，劉備就被稱為「劉皇叔」了。《三國演義》在此基礎上，為了突出劉備的正統地位，對他的皇族身分更加不遺餘力地渲染和強調。但即便是根據《三國演義》所寫，也有人對此不以為然。如第二回：「督郵問曰：『劉縣尉是何出身？』玄德曰：『備乃中山靖王之後，自涿郡剿戮黃巾，大小三十餘戰，頗有微功，因得除今職。』督郵大喝曰：『汝詐稱皇親，虛報功績！目今朝廷降詔，正要淘汰這等濫官汙吏！』」又，第四十三回，諸葛亮去柴桑，在「舌戰群儒」的場面上，陸績在座上問諸葛亮說：「曹操雖挾天子以令諸侯，猶是相國曹參之後。劉豫州雖云中山靖王苗裔，卻無可稽考，眼見只是織蓆販屨之夫耳，何足與曹操抗衡哉！」

上面所引的兩段話，都不見史書的記載，是《三國演義》的作者所設計的對方的反詰之辭。那麼劉備真的是漢獻帝的「皇叔」嗎？

要弄清楚這個問題，關鍵是要分別查明劉備和漢獻帝的世系。先說劉備。《三國志．蜀書．先主傳》明言劉備是漢景帝之子中山靖王劉勝的後代，出自劉勝之子劉貞一支，但對此後的世系卻沒有交代，便徑直寫到劉備的祖父劉雄、父親劉弘。對於史籍的上述記載，古代的史學家就產生過懷疑，如給《資治通鑑》作注的元人胡三省就說過：劉備「自祖父以上，世系不可考。」《三國演義》第二十回倒是提供了一份完整的劉備家譜，其中開列了從漢景帝、劉勝直到劉弘的十八代祖先。照此說來，劉備就是漢景帝的十八代玄孫了。但是，有學者認為，《三國演義》提供的這份家譜「真假雜糅，大部分是靠不住的」；「劉貞這個支系很早就沒落了，經歷過兩漢之間的改朝換代和一次又一次的政治風暴之後，更是家世衰微，譜牒不明。」所以，劉備究竟是漢景帝的第多少代玄孫，至今還是個未知數。在古書上還有另一條資訊，據《典略》記載說：劉備是臨邑侯支屬。《典略》一書是三國魏人魚豢所撰，魚豢和劉備是同時代的人，所以這種說法是有一定的原始性的。按：臨邑侯劉讓是常山憲王劉舜之後，劉舜和中山靖王劉勝都是景帝的兒子，而其後代則屬於不同的支系了。

再看漢獻帝。東漢自和帝劉肇以後，皇帝大多短命，而又往往無子，太后及其娘家的外戚們為了長期把持政權，總喜歡用支系的幼兒來繼承皇位，因而堂兄弟相承、叔侄相承屢見不鮮。漢獻帝的父親漢靈帝，就是在漢桓帝死後，以支屬入繼大統的；而他本人又是在其兄漢少帝被廢後即位的。這樣一來，弄得世系紛紜，一般人很難理清頭緒。不過，細加排比梳理，仍然可以推算出漢獻帝劉協是漢光武帝劉秀的第八代玄孫，也就是漢景帝的十四代玄孫。羅貫中與在他之前的許多民間藝人一樣，出於「尊劉」的心理，覺得堂堂漢昭烈帝如果譜系不明，未免太不像話，所以想方設法要把劉備中斷了的家譜銜接起來。然而，他根本沒有認真推算漢獻帝的世系，只是信筆寫來，隨便給劉備加上一個「皇叔」的頭銜，大概是因為劉備比漢獻帝年長二十歲吧。而按照他拿出的家譜，劉備卻要比漢獻帝低好幾輩！

至此，我們可以作出這樣的結論：從史實的角度來看，劉備與漢獻帝的輩份關係尚難斷定。所謂「皇叔」，其實是羅貫中虛構的頭銜，而且虛構有誤。

關羽和張飛的出身如何？

在民間，說書唱戲，對關羽、張飛的刻畫歷來不少，史書也多有記載。作為英雄，他們就像天空中兩顆璀璨奪目的星斗被人們仰慕和頌揚。可是關羽和張飛的出身如何？史書中並沒有明確的記載，《三國演義》中的一些說法，多來源於宋元以來的傳說和文藝作品，並無實據。

《三國志．關羽傳》說：「關羽，字雲長，本字長生，河東解人也，亡命奔涿郡。」關於關羽的出身，史籍上只有這寥寥數語。按：河東，郡名，治安邑，在今山西夏縣西北十公里。解縣治所在今山西運城市西南解州鎮。相傳關羽的故里，在今運城市西南十公里的常平村，那裡有關羽的祖祠，始建於金代，現有建築為清代重修。據說在清康熙年間，解州有人在掘井時，掘到了關羽祖墓的墓碑，上面鐫刻著關羽的家世。有一個名叫朱旦的地方官員據此寫了一篇〈關侯祖墓碑記〉，說是關羽的祖父叫關審，父親叫關毅。但原碑今已不存，我們已無從考證。關羽在家鄉的事蹟記載不詳，本傳只說「亡命奔涿郡」。沒有說「亡命」是何原因。後來有多種傳說：有說關羽為匡扶漢室之業而出走；也有說關羽見鹽商欺壓百姓，遂殺鹽商黨族而逃亡；還有說是惡霸呂熊強占關羽同窗李生之妻，李生求關羽幫忙，於是關羽怒殺呂熊；《三國演義》中關羽自稱：「因本處勢豪倚勢凌人，被吾殺了，逃難江湖，五六年矣。」……這些傳說雖不能考證，但都道出了一個共同的命題：面對當時動盪不堪的社會，關羽是一個有強烈正義感的熱血青年。

《三國志．張飛傳》對於張飛的出身，寫得更為簡略，只說他「字益德，涿郡人也」，其他則沒有什麼記載。益德，《三國演義》寫作翼德。這種寫法最早見於北魏酈道元的《水經注》，比《三國志》的成書晚兩百多年，所以當以《三國志》為準。在《三國演義》中，張飛自稱：「世居涿郡，頗有莊田，賣酒屠豬，專好結交天下豪傑。」其中，「世居涿郡」是真，「專好結交天下豪傑」是想當然，「頗有莊田，賣酒屠豬」以及還說什麼「吾莊後有一桃園，花開正盛」，則是於史無證了。

歷史上的趙雲什麼樣？

歷史上的趙雲，在劉備入蜀後也隨同入蜀，封為翊軍將軍。劉禪即位，封趙雲為中護軍、征南將軍、永昌亭侯，繼遷鎮東將軍。建興六年（西元二二八年），諸葛亮北伐，兵出祁山，命趙雲與鄧芝攻曹真軍於箕谷，兵敗受貶為鎮軍將軍，不久病卒。後主劉禪於景耀三年（西元二五〇年）下詔封關羽、張飛、馬超、龐統、黃忠為侯，也沒有趙雲的份。第二年因姜維等人感到不平，劉禪才被迫封之顧平侯。《三國志》記趙雲事總共不到三百字。可見，歷史上的趙雲在漢末猛將群中算不上傑出人物。論勇武，儘管劉備說他「一身都是膽」，號稱虎威將軍，但其武藝、威名都不如關羽、張飛、馬超和黃忠等人。論功業，趙雲也不及關羽、張飛、馬超、黃忠和魏延等人。所以，細讀《三國志》就會發現，劉備並不重用趙雲，雖長期追隨，但卻很少讓他獨當一面，功業自然不會顯赫。

雖然仕途不盡如人意，但歷史上的趙雲絕非平庸之輩，他有著一些不同凡響的優秀品格：其一，深明大義。據《雲別傳》記載：當趙雲初從公孫瓚時，袁紹稱冀州牧。瓚深憂州人之從紹也，善雲來附，嘲雲曰：「聞貴州人皆願袁氏，君何獨回心，迷而能反乎？」雲答曰：「天下洶洶，未知孰是，民有倒縣（懸）之厄，鄙州論議，從仁政之所在，不為忽袁公而私明將軍也。」這一段話，可以看作是趙雲的政治宣言。他的原則是「從仁政之所在」，他的目標是解民於倒懸。他先投公孫瓚是為此，後歸劉備亦是為此，而並非單純出於私人感情。正是這一點，使趙雲大大高於一般的赳赳武夫。

其二，忠直敢諫。《雲別傳》中有這樣一段記載：益州既定，時議欲以成都中屋舍及城外園地桑田分賜諸將。雲駁之曰：「霍去病以匈奴未滅，無用家為，今國賊非但匈奴，未可求安也。須天下都定，各返桑梓，歸耕本土，乃其宜耳。益州人民，初罹兵革，田宅皆可歸還，令安居復業，然後可以役調，得其歡心。」這件事告訴我們，趙雲的頭腦比其他人清醒，他不僅能從劉備集團的長遠利益考慮問題，而且注意爭取民心。無怪乎劉備馬上採納了他的建議。當劉備要去討伐東吳，以報襲荊州、殺關羽之仇時，趙雲又挺身而出，竭力勸阻，指出：「國賊是曹操，非孫權也，且先滅魏，則吳自服。……不應置魏，先與吳戰。」由於劉備拒絕了趙雲、秦宓等人的諍言，一意孤行，終於遭到夷陵之敗，使蜀漢元氣大傷。這從反面證明了趙雲意見的正確。縱觀蜀漢集團的歷史，在眾多武將中，其他人都不曾像趙雲這樣，從根本大計上直言規諫劉備，這又是趙雲見識過人之處。

其三，公正無私。趙雲追隨劉備多年，總是克己奉公，不徇私情。赤壁之戰前，劉備曾於博望坡打敗曹操大將夏侯敦。在戰鬥中，趙雲俘獲了其部下夏侯蘭。他與夏侯蘭本是同鄉，「少小相知」。在這種情況下「雲白先主活之，薦蘭明於法律，以為軍正。雲不用自近，其慎慮類此。」趙雲的這一優秀特質早為劉備所賞識，所以劉備曾任他為留營司馬，「掌內事」，而他一直兢兢業業，秉公理事。

其四，謙虛謹慎。趙雲在蜀漢集團中，資格僅次於關羽、張飛，又有救護劉禪之功，但他從不居功自傲，從不爭名奪利，對後來居上者也能友好相處。這一點，是「剛而自矜」的關羽、「性矜高」的魏延等人所不及的。建興六年，諸葛亮一出祁山，遭到街亭之敗，趙雲與鄧芝率領的疑兵也在箕谷失利。在撤退時，由於趙雲親自斷後，部伍不亂，「軍資實物，略無所棄」。諸葛亮對此十分讚賞，要賞賜趙雲所部將士。這時，趙雲毫無沾沾自喜之態，而是誠懇地說：「軍事無利，何為有賜？其物請悉入赤岸府庫，須十月為冬賜。」透過這番真摯的話語，其律己之嚴格，胸襟之開闊，均可洞然而見。

綜上所述，歷史上的趙雲，雖然在功業上不能冠冕眾人，卻具有人所不及的美德。這一切，為塑造趙雲這個藝術形象提供了堅實的歷史依據。

趙雲是不是劉備的「四弟」？

在三國戲和三國評書裡，趙雲每每被劉備和關羽、張飛稱為「四弟」，人稱「四將軍」。其實，歷史上並沒有「桃園結義」之事，自然也不存在劉備稱關羽、張飛為「二弟」、「三弟」之事了。不過，《三國志．蜀書．關羽傳》中畢竟還有劉備與關、張「恩若兄弟」的記載，表明他們的關係非常密切。而在《三國志．蜀書．趙雲傳》中，連類似於「恩若兄弟」的記載也沒有，更談不上與劉備結拜兄弟了。儘管趙雲很早就追隨劉備，但他卻不具備像關羽、張飛與劉備那樣的特殊關係，也遠不像關、張那樣受器重。

《三國志》裡趙雲傳在關、張、馬、黃之後，《三國演義》排五虎上將的名次也照《三國志》。一直到毛宗崗父子校訂《三國演義》，才「擅自」將趙雲挪到了馬超、黃忠前面。趙雲在蜀漢群臣中地位不高最有力的佐證是：當劉備自立為漢中王時，群臣上表漢獻帝，署名第一位是平西將軍、都亭侯馬超，以下是諸葛亮、關羽、張飛、黃忠、法正、李嚴等，趙雲就「等」在了這以下「一百二十人」之內。到劉備稱帝，上表勸進的甚至沒有趙雲的名字。這些事實都說明，歷史上的趙雲絕不可能是劉備的「四弟」。

當劉備任平原相時，「以羽、飛為別部司馬，分統部曲」，而趙雲僅為劉備的「主騎」（衛隊長）。以後，關羽、張飛每每委以重任，堪稱劉備的得力助手；而趙雲則長期跟在劉備、諸葛亮身邊，很少獨當一面。可以說，在劉備集團中，趙雲的地位不僅不如關羽、張飛，而且不如馬超、黃忠，甚至不如魏延。建安二十四年（西元二一九年），劉備稱漢中王，拜關羽為前將軍，假節鉞（早已封為漢壽亭侯）；張飛為右將軍，假節（先已封為新亭侯）；馬超為左將軍，假節（先已封為都亭侯）；黃忠為後將軍，賜爵關內侯；提拔魏延為督漢中鎮遠將軍，領漢中太守；而趙雲僅為翊軍將軍。章武元年（西元二二一年），劉備稱帝，除關羽、黃忠已卒外，張飛昇遷車騎將軍，領司隸校尉，進封西鄉侯；馬超升遷驃騎將軍，領涼州牧，進封斄鄉侯；魏延也進拜鎮北將軍；而趙雲的官爵卻未升遷。

羅貫中承襲元雜劇《劉關張桃園三結義》和元代《三國志平話》的藝術創造，在《三國演義》中讓劉備與關羽、張飛結拜成了兄弟，卻並沒有讓趙雲也參加結拜。誠然，羅貫中十分喜愛趙雲，透過一系列情節（包括「單騎教主」這樣誇飾成分甚重的情節和「力斬五將」這樣純粹虛構的情節），充分渲染了他高超的武藝、過人的膽識、高尚的品格，提高了他在劉備集團中的地位，把他排在了馬超、黃忠的前面，卻沒有把他寫成劉備的異姓弟兄。通觀《三國演義》，只有第七十三回中，關羽說過一句：「子龍久隨吾兄，即吾弟也。」這裡的「即」，意思是「相當於」，而非「是」。事實上，書中的劉備從來沒有稱趙雲為「四弟」。由此可見，「四弟」的稱呼，並非來自《三國演義》。

趙雲形象為什麼會超過關羽、張飛？

《三國演義》的億萬讀者群中，最令人喜愛的人物，除了諸葛亮之外，就要算趙雲了。十分有趣的是，日本廣大的《三國演義》愛好者在評選「你最喜愛的三國人物」時，也把趙雲排在第二位。那麼，趙雲形象為什麼會超過關羽、張飛呢？從根本上講，是由於《三國演義》作者對趙雲形象的成功塑造。所以，我們先看看羅貫中筆下的趙雲形象。

《三國演義》中的趙雲形象，與歷史上的趙雲判若兩人。從第七回到第九十七回，共跨九十回。羅貫中依據史實，發揮豐富的藝術想像力，極盡虛構誇張之能事，把趙雲塑造成了勇冠三軍的虎將。第七回趙雲一出場，就和勇猛異常的文醜激戰五六十個回合，不分勝負。當時，趙雲還只是個少年將軍！可見，趙雲初亮相，就顯得身手不凡，給人留下了深刻的印象。在群雄逐鹿的環境中，趙雲先是投靠公孫瓚、袁紹，因均不如願，故在飄零了好一陣子後才投奔劉備。至此，趙雲算是遂了平生之願，決心肝腦塗地盡忠劉備。他的美德也在劉備帳下得到了充分的表現——他勇謀兼備（單騎救主），他名利美色無所動（街亭拒賞、桂陽拒親），他忠直敢諫（截江奪阿斗、諫劉備賜有名田宅）。難怪，趙雲病死的消息傳來，諸葛亮、後主劉禪均感到「國家損一棟梁」矣！

但是，具體論及趙雲形象為什麼會超過關羽、張飛，人們的看法有明顯分歧：一種觀點認為，趙雲形象之所以超過關羽、張飛，是因為「趙雲是作者花費筆墨最多的武將形象」，因而他的形象完美感人，令人難忘；再一種觀點認為，趙雲形象之所以超過關羽、張飛，是因為「趙雲是羅貫中最為理想的，刻畫得最為著力的英雄人物。」

沈伯俊先生經過深入、仔細的考證，對以上兩說提出質疑，指出趙雲在《三國演義》中所跨章回超過關、張，是因為趙雲比關羽多活了十年，比張飛多活了八年。趙雲在《三國演義》中的地位明顯不如關羽，僅與張飛大致相似；而且正面描寫趙雲的筆墨也沒有關羽多，與張飛相當。通觀《三國演義》，羅貫中對趙雲的評價略高於張飛，但又不及關羽，因此，「關羽才是羅貫中在武將形象系列中最為理想的人物」。進而沈伯俊先生認為，趙雲形象之所以會超過關羽、張飛，有兩個原因：一是因為《三國演義》中的趙雲是一個真實性與獨創性融為一體的鮮明的藝術形象。二是因讀者審美觀念的變化。明清時代，大多數讀者囿於傳統的「忠義」觀，因而把關羽看成最高大的藝術形象；現今，隨著經濟基礎與政治制度的變化，人們的思想意識也產生了巨大變化，趙雲的勇謀善戰和一系列美德，更容易受到今天讀者的理解和欣賞。

歷史上的馬超什麼樣？

在《三國演義》中，描寫馬超英勇猛壯、武藝出眾的章節，筆墨少而精彩。第十回「勤王室馬騰舉義，報父仇曹操興師」，說馬騰、韓遂起兵討伐郭汜等，在陣前，只見一位少年將軍，面如冠玉，眼若流星，虎體猿臂，彪腹狼腰；手執長槍，坐騎駿馬，從陣中飛出，僅數合就槍刺王方，生擒李蒙。「原來那將即馬騰之子馬超，字孟起，年方十七歲，英勇無敵。」第五十八回「馬孟起興兵雪恨，曹阿瞞割鬚棄袍」，寫馬超為報殺父之仇，與韓遂起兵反曹，奪長安、占潼關。與曹操軍戰於潼關，馬超出馬，連敗曹將曹洪、徐晃和于禁等。曹操隻身奪路而逃，割鬚棄袍，方才保住性命。第五十九回「許褚裸衣鬥馬超，曹操抹書間韓遂」，寫馬超與曹將許褚廝殺，揚鞭衝鬥，二百多個回合仍不分勝負。許褚殺得興起，卸了盔甲，赤膊上陣，仍鬥不過馬超。後來曹軍大亂，折傷大半，許褚也中箭而逃。第六十五回「馬超大戰葭萌關，劉備自領益州牧」，說馬超援助劉璋，在葭萌關與張飛大戰。第一次交鋒便戰約百餘回合，不分勝負。片刻之後，張飛不用頭盔，只裹包巾，又鬥百餘回合。接著兩人又挑燈夜戰，還是沒有高下。最後還是李恢充當說客，說動馬超歸降劉備。這些情節，成功塑造了馬超英勇無敵的形象。

《三國演義》裡數次描述馬超是「面如冠玉，眼若流星，虎體猿臂，彪腹狼腰」，著實是英俊年少，悍猛無敵，又因他極喜穿白，是以得了個「錦馬超」的名。他少年時便隨父討逆黨，後來又因曹操殺了自己那奉天子詔而去討國賊的父親及滿門兄弟子侄，便為父弟報仇，屢屢起兵討曹，正可謂集國仇家恨於一身，儼然一個大義凜然的正面形象。實際上，這是羅貫中在袒護他，或是為了醜化曹操，又或是還有什麼其他的意圖，因此便給我們來了一招乾坤大挪移。其實在《三國志》裡，也就是歷史上比較真實的那個馬超，應該是個狼子野心、殘暴少謀、空負了一個勇名的人，至少是絕對算不上好人的，更別說是大義凜然了。

當時，馬超的父親馬騰因為自己的年紀大了，於是就在當地諸多兩千石官吏的迎送下，入京師宿衛。曹操當即表其為衛尉，馬超的親弟弟馬休和馬鐵分別封為奉車都尉和騎都尉，隨馬騰以及家屬共徙鄴郡居住。又拜馬超為偏將軍，由他單獨留在關西統領馬騰的部眾。然而在建安十六年，馬超竟然置他在鄴郡的老父馬騰及親兄弟馬休、馬鐵等一眾家屬的生死安危於不顧，悍然起兵造反。這一舉動的直接後果，當然便是導致他在鄴郡的老父和兩個親弟弟以及在那裡的所有馬氏家族成員，都以謀逆的罪名被下獄斬首，大約有一百多人。正因為他有這種舉動，所以說馬超是一個為達個人目的全然不顧家人生死，可稱之為狼子野心的野心家。

至於說馬超之無謀，沒有哪本書上說他是個多智的人，無論是演義，還是史書，都沒有這樣的說法。看他在潼關時源源不斷地有援軍到來時，曹操則「每一部到，公輒有喜色。賊破之後，諸將問其故。公答曰：關中長遠，若賊各依險阻，征之，不一二年不可定也。今皆來集，其眾雖多，莫相歸服，軍無適主，一舉可滅，為功差易，吾是以喜」（見《三國志．魏書．武帝紀》）的態度就知道了。倘若馬超多智，曹操沒有必勝之把握，焉會對他大量援軍到來反而會感到高興呢？又怎麼會有「一舉可滅，為功差易，吾是以喜」的說法？後來在他敗退後第二次在西涼起兵時，乾脆連雍涼都未能出，就為當地的官兵所敗，「進退無據」狼狽不堪，所以馬超無謀，應該是個不爭的事實。

再來說他殘暴，一方面是因為他要對他的父親以及馬氏家族的那一百多人的死負直接責任，另一方面是他在第二次起兵的時候，不但先殺了已經很多投降了他的高級官吏，包括太守和刺史等，還殺害了很多抵抗他的漢王朝官吏的家屬。其中有一個撫夷將軍姜敘的老母被他抓住後，就這樣罵他：「汝背父之逆子，殺君之桀賊，天地豈久容汝，而不早死，敢以面目視人乎！」，於是「超怒，殺之」（《三國志．魏書．楊阜傳》）。僅僅從上面的兩個例子來看，說馬超殘暴毫不為過。

最後來說說馬超的勇名。馬超在潼關時曾和曹操在陣前對話，當時「曹公與遂、超單馬會語，超負其多力，陰欲突前捉曹公，曹公左右將許褚瞋目盼之，超乃不敢動（見《三國志．蜀書．馬超傳》）」，如此看來，當時雙方有四人在場：馬超、韓遂和曹操、許褚，形勢是兩個對兩個，而僅僅因為許褚瞪了身負勇名的「錦馬超」一眼，馬超就「乃不敢動」，這個名聲只怕便有了疑問，只是被人瞪了一眼就連試一試的勇氣都沒有了的人，如何言「勇」？另外，還有一件事是鮮為人知的，那就是早在建安初年馬騰和韓遂的戰亂中，他和韓遂的女婿閻行單挑，史書載曰：「建安初，約與馬騰相攻擊。騰子超亦號為健。行當刺超，矛折，因以折矛撾超項，幾殺之」（《三國志．魏書．張既傳》），當時如果不是閻行的矛折了，只怕馬超立時就一命歸西了。而這個閻行是個無名之輩，但堂堂的「錦馬超」居然敗在他手下，而且還是因為對方的矛折了才撿了一條命的。照這樣說來，所謂的「錦馬超」勇力也就不過爾爾，那勇將的名聲真的可以說是徒有虛名。

龐統是死於落鳳坡嗎？

《三國演義》第六十三回寫劉備在軍師龐統輔佐下，奪取涪城，斬了冷苞之後，與龐統分兵進取雒城。出發前，龐統馬失前蹄，劉備讓他換乘自己所騎白馬；龐統走小路，行至一地勢狹窄之處，聽說此地名叫「落鳳坡」，大驚，急令退軍，卻被埋伏於此地張任軍認作劉備，亂箭射死。一代英傑，竟然死於非命，年僅三十六歲。這一情節是如此深入人心，以致從明清以來，很多人都以為龐統真的死於「落鳳坡」。

其實，這一情節基本上是虛構的。據《三國志．蜀書．龐統傳》記載：「進圍雒縣，統率眾攻城，為流矢所中，卒，時年三十六。」可見歷史上的龐統並非死於進兵雒城的途中，而是死於攻城之時；不是因為中了埋伏而死，而是因為被流箭射中，死於意外。關於龐統的葬地，史無明文。由於其故鄉襄陽距離遙遠，且為曹操地盤，還葬原籍顯然不可能；而鹿頭山（今名白馬關）距雒城不過數十公里，而且地勢高阜，背景開闊，可能是劉備進攻雒城的大本營所在地，因此，痛失良佐的劉備將龐統葬於此處的可能性是很大的。陸游寫有〈鹿頭山過龐士元墓〉的詩，其中有「士元死千載，淒惻過遺祠」，「苔蘚無情報，秋來滿斷碑」等句，可見陸游經過此地之前，這裡早已有了龐統的祠墓。大概是受到這一史實的啟發，又因龐統有「鳳雛」的美名，羅貫中才虛構了龐統死於「落鳳坡」的情節。

那麼，羅貫中為什麼要如此虛構呢？這是為了突出諸葛亮的智謀，有意將龐統之死提前，以便諸葛亮及早入蜀，指揮奪取益州的戰鬥（歷史上諸葛亮是在劉備包圍雒城以後才與張飛、趙雲等溯江入蜀，分定郡縣，然後與劉備共圍成都的）。這樣一來，就大大降低了龐統在劉備奪取益州中所起的關鍵作用，對龐統而言未免不大公平，為此，羅貫中又虛構了龐統在赤壁大戰中巧獻連環計、在耒陽半天了斷百日積案等情節，有力地表現了他的才幹，為塑造其忠烈睿智的形象作了補充。

蜀漢後主劉禪是庸主嗎？

三國時期蜀漢政權的創建者劉備死後，他的兒子、十六歲的劉禪被扶上了皇位。這位蜀漢後主為人懦弱愚笨，不思治國理政，導致蜀國朝政腐敗，江河日下，最終兵敗國亡，自己也落得寄人籬下、苟且偷生的下場。由此，劉禪在人們的心目中便成了庸主的典型，「扶不起的阿斗」成了對庸人的戲稱。

事實果真如此嗎？

其實，這是受羅貫中小說《三國演義》的影響，歷史上的劉禪並不平庸。

史載：劉備生前，諸葛亮曾感嘆劉禪的聰明，超過人們的期望。劉備也謙虛地說：「審能如此，吾復何憂！」諸葛亮在〈與杜微書〉中評價劉禪說：「朝廷年方十八，天資仁敏，愛德下士。」《晉書．李密傳》載，李密認為劉禪作為國君，可與春秋首霸齊桓公相比，齊桓公得管仲而成霸業，劉禪得諸葛亮而與強魏抗衡。《魏略》中記載了這樣一件事：曹爽與司馬懿爭權被殺後，夏侯霸恐受株連而入蜀，後主劉禪親自出迎。夏侯霸的父親夏侯淵為老將黃忠所殺，劉禪向他解釋道：「卿父自遇害於行間耳，非我先人之手刃也。」並指著自己的兒子說：「此夏侯氏之甥也。」原來，劉禪之妻乃張飛女，而張飛之妻又為夏侯淵的從妹，故劉禪有此說。之後，劉禪對夏侯霸「厚加爵寵」。劉禪對夏侯霸這一套懷柔拉攏手段，即使其父劉備在世，大概也不過如此。

劉禪從西元二二三年登基，至西元二六三年降魏下台，稱帝在位共四十一年，是三國時期所有國君中在位時間最長的一位。在那種群雄割據、兵連禍結的動亂年頭，能執政這麼久，沒有相當的才智是不可能的。有人把劉禪安穩地做皇帝歸因於諸葛亮的輔佐。其實，排一排時間表，諸葛亮死於西元二三四年，他死後，劉禪還做了二十九年的皇帝，似難說成是全憑諸葛亮的輔佐之功的。諸葛亮在世五出祁山，他死之後姜維又屢伐中原，這樣一次又一次勞師動眾地伐魏，都是經過劉禪首肯的。這說明劉禪並不滿足於偏安巴蜀，而有統一天下之志，並非希求苟安的庸懦之君。

對於劉禪不戰而降，王隱在《蜀記》中講：劉禪之所以寧背罵名而不作辯解，乃「全國為上之策」。劉禪降魏後，被遷往洛陽封為安樂公。一次司馬昭與他一起宴飲，為他表演蜀地歌舞，隨從們都觸景生情，無限傷感，劉禪卻依然喜笑自若。後來司馬昭又問他：「頗思蜀否？」劉禪竟回答說：「此間樂，不思蜀也。」對此，絕大多數論者認為，劉禪只圖吃喝玩樂，心甘情願地當「亡國奴」，無恥和昏庸到了令人吃驚的地步。現在有人提出了新的觀點，劉禪的這段精彩表演，正說明他的智慧過人。司馬氏之陰險毒辣是路人皆知的。劉禪降魏後，作為亡國之君，階下之囚，身家性命都操縱在別人手中，欲想保全殊非易事。他之所以用「此間樂，不思蜀也」來回答司馬昭的「頗思蜀否」的詢問，與其說是出於糊塗與昏庸，不如說是故作痴呆的韜略之計，是一種計謀和策略，企圖以此來故意麻痺司馬氏，讓他掉以輕心，從而保全自身，等待時機東山再起。如此看來，在表面庸懦、麻木的背後，劉禪是潛藏著狡智和機謀的。

綜上所述，「扶不起的阿斗」作為民諺而成，無可厚非，但以之來評價劉禪這個歷史人物似乎是欠妥的。

諸葛亮出山以前有何經歷？

看過《三國演義》的人都知道，諸葛亮隆中未現就已是一位名揚四方、學識淵博的智者，所以劉備才會去隆中「三顧茅廬」請他出山。但這位古代的政治家、軍事家何來這麼大的本事？他在出山以前又有何特殊的經歷呢？

其實，諸葛亮故里在東漢徐州琅邪郡陽都（今山東沂南縣）。據《三國志．諸葛瑾傳》注引應劭《風俗通》，諸葛家族是秦末跟從陳涉起義的將軍葛嬰的後代。葛嬰有功反被陳涉殺害，到漢文帝時追錄他的功績，封他的孫子為諸縣（屬琅邪郡）侯。後來，葛家由諸縣遷到陽都，陽都先有葛姓，當地人為了把他們和當地葛姓區別開來，便稱他們為「諸葛」，後來便成了他們的姓氏。諸葛家族並不顯達。諸葛亮的父親只是一個小小的泰山郡郡丞。他的叔父諸葛玄也不過和袁術、劉表有些來往而已。所以後來諸葛亮在〈出師表〉中自稱出身「布衣」，在給李嚴的一封信中也自稱是「東方下士」。

諸葛亮從小就歷經戰亂。先是黃巾農民起義的浪潮衝擊著他的家鄉。然後是曹操征陶謙，攻徐州，他的家鄉又直接受到騷擾和破壞。諸葛亮早年家境比較貧寒。還在他幼小時，生母章氏病故。八歲那年，父親又去世。這時他有一個比他僅大五歲的哥哥諸葛瑾，下有一個弟弟諸葛均，此外還有兩個姐姐。兄弟幾個都只靠叔父諸葛玄撫養。當叔父諸葛玄被袁術任命為豫章太守赴任時，除留下諸葛瑾在家照看家財外，諸葛亮姐弟幾個全部被帶到了豫章。這時諸葛亮大約十五歲。諸葛玄到豫章上任不久，東漢朝廷又派朱皓為豫章太守。朱皓上任時，從揚州刺史劉繇那裡借來兵馬，強行趕走諸葛玄。諸葛玄只好帶著諸葛亮姐弟投奔荊州劉表。後來，諸葛玄病卒。當諸葛亮到隆中時已是沒有親人照顧，全靠自力維持生活。

這段身世經歷，對後來諸葛亮一生的事業產生了深刻的影響。由於他隨叔父闖南走北，目睹了戰亂的局面，少年時也就特別關心天下大事。襄陽是荊州地區的政治經濟中心，也是水陸交通發達之地，加之荊州地區戰亂較少，所以不少名人志士都逃到荊州避亂，如不滿諸侯割據和戰亂的有識之士徐元直、孟公威等。他們都成了諸葛亮志同道合的好朋友，經常在一起談古論今、評論天下大事。為了實現國家統一的抱負，諸葛亮潛心研究各個時期的政治軍事史料，總結勝敗經驗。後來又與襄陽頗有名氣和學識的司馬徽、龐德公及其侄龐統等成了好友，更增加了諸葛亮在治國和軍事上的知識。在交往中，諸葛亮富於主見的獨特見解常受到好友們的讚賞，如他認為治國治軍必須要集思廣益、任人唯賢等，龐德公更比喻他是一條還未發威的龍，並與他取了「臥龍」的雅號。後來，諸葛亮還娶了荊州很有影響的名士黃承彥之女為妻，黃承彥也很佩服他治理天下的見解，所以才積極向劉備推薦諸葛亮。可見，諸葛亮的政治、軍事才華並非天生，而是和他豐富的閱歷和潛心研究治國之道分不開的。

諸葛亮早年的這段身世，《三國演義》裡並沒有描寫。和其他中國古典小說一樣，人物一出場，思想、性格就已定了型。不過，《三國演義》對諸葛亮後來思想、政治活動的描寫，與這段經歷都是可以銜接上的。我們了解了諸葛亮的這段經歷，不論對歷史上的諸葛亮，還是小說中的諸葛亮，都會有一個更全面的了解。

歷史上的諸葛亮什麼樣？

諸葛亮一向被奉為「智聖」，是中國人智慧的象徵。人們形容他「才比管樂，精通易理，上知天文，下識地理，胸中包羅萬兵。」這在很大程度上是受了羅貫中的《三國演義》的影響，與其真正的形像是有差別的，正如清代學者章學誠所說：「七實三虛惑亂觀者。」《三國演義》裡，諸葛亮一出山，就作為劉備的軍師，運籌帷幄，決勝千里，奇謀妙策，層出不窮，從博望燒屯、火燒新野到巧奪荊州、智取漢中，他簡直用兵如神，計無不成。空城計、八陣圖，都成了諸葛亮的用兵絕招。那麼，歷史上的諸葛亮是不是這樣呢？

歷史上的諸葛亮只能算是位出色的政治家，其才能主要表現在治理國家上，晉陳壽在《三國志》中評論他說：「盡忠益時者雖仇必賞，犯法怠慢者雖親必罰，服罪輸情者雖重必釋，遊辭巧飾者雖輕必戮。」蜀國在他的治理下，稱得上是「路不拾遺，國富民強」，真可謂是治世之良才。陳壽還說：「然亮才，於治戎為長，奇謀為短，理民之幹，優於將略。」按這個說法，歷史上的諸葛亮並不以奇謀將略而著稱。

從《三國志》本身說，陳壽寫〈諸葛亮傳〉，總的來說，對諸葛亮是極為推崇敬佩，因而評價是公正的，從寫他「少有逸群之才，英霸之器」，三顧草廬出山，到寫他治蜀「科教嚴明，賞罰必信」，至於「風化肅然」，到寫他病死後「黎民追思，以為口實」，都說明這一點。從當時其他人和諸葛亮自己的評價看，也從未見有人從這方面稱讚過諸葛亮。司馬懿甚至曾對他弟弟司馬孚說諸葛亮「志大而不見機，多謀而少決，好兵而無權」，這當中自然帶有敵意，但他與諸葛亮多次對壘交鋒，這樣評價應該包含他的切身體會和了解，並非隨意褒貶。諸葛亮曾自比管、樂，對自己的政治才幹頗為自信，但在軍事上他卻常是稱許別人。《三國志．法正傳》說他「每奇正智術」，讚嘆法正用兵的才智謀術。《三國志．劉巴傳》注引《零陵先賢傳》記載他說：「運籌策於帷幄之中，吾不如子初（劉巴字子初）遠矣」，甚至覺得不如劉巴，諸葛亮這樣說，固然過於謙遜，劉巴的才幹顯然遠不能和其相比，但這至少也說明諸葛亮在這方面並不過高自許。現存史籍也沒有多少關於諸葛亮指揮打仗巧用奇謀的記載。他出山輔佐劉備之後，到劉備去世之前，甚至沒有親自指揮過什麼大戰。博望燒屯是劉備打的，赤壁之戰主要是周瑜指揮的，劉備平益州的謀士主要是龐統和法正，智取漢中是劉備親自去的，謀士是法正。劉備去世之後，諸葛亮曾親自指揮過一些大戰，但在奇謀方面也不突出。

因此，陳壽的話可能是一個比較客觀的評價。當然，諸葛亮仍是一位傑出人物。就軍事上而言，他也有卓越才能。他以法治戎帶兵，統率的軍隊紀律嚴明，訓練有素，戎陣整齊，戰鬥力強。司馬懿對諸葛亮的奇謀不以為然，但對諸葛亮治戎卻極為欽佩，在看了他的營壘部署後，禁不住讚嘆諸葛亮是「天下奇才」。諸葛亮還有一些可貴的軍事思想，流傳至今的《心書》、《兵要》兩部兵書，據說就出自他之手。

諸葛亮為何娶醜女？

諸葛亮的名字家喻戶曉，成為智慧忠賢的化身，他輔佐劉備共圖大業，最終使蜀漢政權成了三國鼎立的一極。他的一生，奇聞軼事頗多，「孔明擇婦」便是其中之一。

諸葛亮不僅有才，而且相貌俊偉，據《三國志．諸葛亮傳》記載，諸葛亮「身高八尺，猶如松柏」。但他卻選了一位「瘦黑矮小，一頭黃髮」的醜女阿醜為妻，諸葛亮為何要娶醜女呢？傳統觀點認為，諸葛亮重才不重貌，只注重人的內在美。阿醜自幼才識過人，頗有心計，諸葛亮早在成婚前就有所耳聞。據說，他們夫婦婚後的生活很幸福。諸葛亮隨劉備出山後，一直南征北戰，黃月英在家裡辛勤操持家務，撫養孩子成長。傳說這位女子絕頂聰明，她發明了一個會磨麵粉的木頭機械人，後來，諸葛亮的「木牛流馬」就是在黃月英的幫助下發明的。從封建歷史文化來說，賢妻、美妻、正妻要相夫教子，幫助丈夫治理家業，諸葛亮深受傳統文化的薰陶，在自己的婚姻上，自然遵循這樣的風俗。

這不無道理，但並非全部。其實，諸葛亮娶阿醜，是出於一種政治上的考慮。《三國志．諸葛亮傳》裴松之注所引《襄陽記》記載：「黃承彥者，高爽開列，為沔南名士。謂孔明曰：『聞君擇婦，身有醜女，黃頭黑色，而才堪匹配。』孔明許，即載送之。時人以為笑樂，鄉里為之諺曰：『莫作孔明擇婦，正得阿承醜女。』」諸葛亮家境貧寒，出身卑微，自幼喪父，少年時代便過著流離轉徙的生活，吃盡軍閥混戰的苦頭，深受強宗豪族的壓迫。後來跟隨在南昌做豫章太守的叔父諸葛玄生活。十四歲時，叔父因官被削而投靠了劉表；十七歲那年，叔父死了，他從此沒了依靠，就在襄陽城西二十里的隆中定居。他雖然住在鄉下，但他不想無聲無息地隱居一輩子，他時刻關心著國家的盛衰，有著為國家盡忠的抱負，懷著如此壯志雄心，他立志要登上政治舞台而建功立業。

這種政治上的考慮無疑會影響到諸葛亮的婚姻大事，甚至還牽涉到了家人的婚事。這也是為在地主集團的上層站穩腳跟，以便日後一展鴻圖。為此，他在家庭婚姻方面，做了三件事：第一，他把姐姐嫁給了荊州地主集團中在襄陽地區頗有名望的首領人物龐德公的兒子，龐德公對其賞識備至，稱之為「臥龍」，從此，他就在荊州站穩了腳跟。第二，諸葛亮為弟弟娶了荊州地主集團中在南陽地區數得著的人物林氏之女為妻。第三，也是最重要的，他自己擇婦結親，當然要服從既留荊州又能結交望族這一政治目的，這也就是諸葛亮在荊州而不到其他地方去的原因。所以，諸葛亮娶了醜女黃月英為妻。

「怒鞭督郵」者真是張飛嗎？

三國時期，督郵就是代表郡太守督察下屬縣裡政教司法事務的屬吏。當時文官制度規定，督郵安排權在太守，所以，多數是太守親信的人擔任督郵。督郵到各縣，縣令縣長以及縣尉都得像對待太守一樣來對待他。《三國演義》第二回裡，有個督郵到劉備縣城視察，開口便要賄賂，見劉備不給便派人誣陷他，結果被張飛暴打一頓。

其實在《三國志》裡，怒鞭督郵的人是劉備，不是張飛。據《三國志．先主傳》記載：「先主（劉備）討黃巾賊有功，除（授與官職）安喜尉。督郵以公事到縣，先主求謁，不通。直入縛督郵，杖兩百，解綬（繫印章的絲帶）繫其頸，著馬柳（下民服裝）棄官亡命。」為什麼劉備要杖打督郵，最後棄官潛逃？《先主傳》注引《典略》說得很清楚。就在劉備當安喜縣尉不久，朝廷詔令各州郡，要淘汰縣級以軍功為長吏的人，劉備擔心自己也在淘汰之列。這時，督郵來到安喜縣，劉備已有預感要被淘汰了。聽說督郵已到了傳舍，劉備就前往求見，可是督郵推託有病在身，不肯見劉備，這下就惱怒了求見的劉備，他氣沖沖回到治地，帶了手下一批吏卒再次趕到傳舍。這次可就來者不善，善者不來，劉備等人公然破門而入，口稱：「我等受太守府君的密言，命我收縛督郵。」當即就將督郵在床上綁縛起來，推出傳舍，來到界縣地方，劉備取下自己的綬帶官印，將它們掛在督郵的項下，再將督郵綁在樹上，抽了他兩百鞭，真想殺了他才解恨。那督郵苦苦哀求，要劉備饒命，劉備才放了他，自己棄官而離開安喜縣。

後來的小說家（或說書人）覺得玄德是仁厚之人，他怎麼會親自去鞭打督郵？於是就想出了兩種處理辦法，但又都與張飛有關。在《三國志平話》裡說，自平定黃巾以後，劉、關、張三人回到京師，因常侍段珪讓向劉備索賄不遂，反為張飛所毆，便半月不給宣見，虧得國舅董承為他奏帝，才得補安喜縣尉。不料定州太守有意為難，反將劉備侮辱一番。張飛大怒，乘夜殺了太守，朝廷便命督郵崔廉查究此事。督郵擅作威福，要擒拿劉備，又被張飛縛於椿上，打了一百大棒身死，分屍六段。於是劉、關、張便領了眾軍往太行山落草為寇去了。此事荒唐無稽，但小說家為了突出張飛的性格，把鞭督郵判在張飛頭上，卻是有他的藝術考慮的。因為張飛動手比劉備動手，藝術效果要好得多。

後來經過羅貫中的刪減增潤，才形成了今日所見的章節。而張飛打段珪讓，殺死太守，以及分屍六段，到太行山落草等，全刪去了，只保留了張飛怒鞭督郵一節。為了藝術的真實，不理會正史的記載，便是他的才華過人之處。《三國演義》卷首有一篇《讀法》，似是毛宗崗所作，認為此書「敘一定之事，無容改易」，所以比《水滸》下筆更難。

張飛有藝術才華嗎？

在羅貫中的《三國演義》中，張飛是「身長八尺，豹頭環眼，燕頷虎鬚，聲若巨雷，勢如奔馬」，長得就是五大三粗的，加上性如烈火，比較容易衝動，雖然也有粗中有細的時候，但給讀者的整體印象是個勇猛有餘而頭腦不足的莽漢。正史上的張飛和小說中的描述基本上區別不大。《三國演義》中提到的大鬧長坂橋、義釋嚴顏、大敗張郃這些耳熟能詳的故事，在陳壽的《三國志．張飛傳》中也的確記述過。陳壽給張飛的評價是：「關羽、張飛皆稱萬人之敵，為世虎臣。羽報效曹公，飛義釋嚴顏，並有國士之風。然羽剛而自矜，飛暴而無恩，以短取敗，理數之常也。」

不過，透過其他的一些資料，我們可以發現，這位被後世公認的一介武夫其實並不像正史和小說中說的那麼鹵莽，他很有書生氣，稱得上是個文人，書畫方面都很有才華，應該是個文武雙全的人物。

鄧拓《燕山夜話》有一篇《由張飛的書畫談起》，說相傳張飛擅長書法，還會畫畫，北京出版社印行的一本《標準習字帖》的《編後》，就把張飛作為武將中的書法家。鄧拓找了很多資料說明這一問題。比如，南北朝時代梁陶宏景的《刀劍錄》說張飛初拜新亭侯，命匠人煉赤朱山鐵為一刀，刀上銘刻「新亭侯蜀大將也」幾個字，有人說，這《新亭侯刀銘》就是張飛自己寫的。還有，明代有一部《丹鉛總錄》，說涪陵有張飛刁斗銘，文字極工，是張飛自撰自寫的。可惜這些物證已歿，無可稽考。不過現存光緒年間一個拓本，為《張飛立馬銘》，銘曰：「漢將軍飛，率精卒萬人，大破賊首張郃於八濛，立馬勒銘。」相傳張飛打了勝仗之後，乘著酒興，用丈八蛇矛在崖壁上穿鑿而成，其字為隸書，筆力十分雄健，今川東渠縣尚存摩崖，雖千年風雨剝蝕，字跡依稀可辨。對於此事，清紀曉嵐有詩讚曰：「哪知榻本摩崖字，車騎將軍手自書。」

張飛不僅字寫得好，而且還善畫畫，明代卓爾昌編《畫髓元詮》說張飛「喜畫美人，善草書」。清代《歷代畫徵錄》亦有記載：「張飛，涿州人，善畫美人。」如今涿州人說涿州鼓樓北牆上的《女媧補天圖》是張飛所畫，張飛故里附近房樹村萬佛閣的壁畫，據說也出自張飛筆下。還可以找到一些資料說明這一點。比如，元代吳鎮有一首題為《張益德祠》的詩便寫道：「關侯諷左氏，車騎更工書。文武趣雖別，古人嘗有餘。橫矛思腕力，繇象恐難如。」車騎便是張飛，他於章武元年（西元二二一年）拜車騎將軍。照吳鎮的說法，張飛的書法很有造詣，連三國時著名書法家——魏的鍾繇、吳的皇象恐怕也比不上。

如此看來，歷史上的張飛雖然驍勇威猛，卻不一定粗率橫莽，至少，他應該有一些文士的素養和氣質。可為什麼會出現最後的這個莽張飛呢？這個問題大概與三國後的民間藝人有關係。陳壽《三國志．張飛傳》中記載，張飛在長坂橋前一聲怒吼：「身是張益德也，可來共決死！」嚇得曹兵「敵皆無敢近者」，這種舉動可能讓民間藝人們覺得張飛在長坂橋的那種捨我其誰的英雄氣概近乎瘋狂，非智者不能為而唯莽漢為之也，加上《三國志．張飛傳》中說張飛「暴而無恩」，說明張飛的言行是比較粗暴的，這也讓民間藝人們認為張飛更像一位莽漢，於是在他們的民間傳說創作中便特意進行塑造和渲染，才會把張飛的形象逐漸過渡到小說中的樣子。幸好後來羅貫中的出現才使得張飛的形象得到完美的處理，雖然張飛在《三國演義》中還是莽漢一個，但是粗中有細，性格鮮明而又合情合理。

真實的諸葛瞻是怎樣的？

《三國演義》第一百一十七回寫道，魏國征西將軍鄧艾偷渡陰平成功後，夜襲江油（今四川平武縣南壩），突占涪城（今四川綿陽），直逼綿竹（今四川德陽黃許鎮），使蜀漢面臨亡國的威脅。在這緊要關頭，後主命諸葛亮之子諸葛瞻率領七萬大軍，前去拒敵。第一仗，兩軍初遇，蜀軍中推出一輛四輪車，「車上端坐一人，綸巾羽扇，鶴氅方裾。車傍展開一面黃旗，上書：『漢丞相諸葛武侯』。」這不過是諸葛亮的木刻遺像，魏軍卻懾於諸葛亮的威名，一時驚慌，不戰而退。第二仗，諸葛瞻之子諸葛尚為先鋒，趁魏軍立足未穩，匹馬單槍，抖擻精神，直突魏軍；諸葛瞻指揮兩掖兵衝出，直撞入魏陣中，左衝右突，打敗魏軍。第三仗，鄧艾設下兩支伏兵，親自出馬誘敵。這本是很平常的計策，諸葛瞻卻絲毫不加提防，憑著血氣之勇，又一次親率大軍，「徑殺入魏陣中」。結果，「忽然兩下伏兵殺出，蜀兵大敗，退入綿竹。」結果在敵軍包圍下中箭落馬，自刎而死。諸葛尚也別無良策，於是「策馬殺出，死於陣中。」

對於諸葛瞻的英勇殉國，裴松之後來在《三國志．諸葛亮傳》注中引用了兩個資料。干寶曰：「瞻雖智不足以扶危，勇不足以拒敵，而能外不負國，內不改父之志，忠孝存焉。」晉泰始起居注載詔曰：「諸葛亮在蜀，盡其心力，其子瞻臨難而死義，天下之善一也。」《三國志》又記載，當鄧艾偷渡陰平後，諸葛瞻督率諸軍到涪城拒敵。尚書郎黃崇（黃權之子）建議他迅速占據險要地形，不要讓魏軍進入平原地帶；他卻「猶豫未納」，坐失良機，讓鄧艾長驅直入。在涪城吃了敗仗後，他退守綿竹，又一次被打得大敗，臨陣戰死。這就是說，《三國演義》所寫的他開頭兩次擊敗魏軍的情節，純屬藝術虛構，歷史上的諸葛瞻比小說中敗得更慘！

為什麼諸葛亮沒有把滿腹韜略傳授給自己唯一的親生兒子呢？查一查《三國志．蜀書．諸葛亮傳》附《諸葛瞻傳》，就可以找到答案了。原來，諸葛瞻是在諸葛亮四十七歲那年，即他率領大軍進駐漢中，準備北伐的那年（建興五年，西元二二七年）才出生的。此後幾年，諸葛亮一直在緊張的攻魏戰爭中奔走驅馳，嘔心瀝血，無暇過問諸葛瞻的學業。到建興十二年（西元二三四年）諸葛亮病逝五丈原時，諸葛瞻年僅八歲。雖說他「聰慧可愛」（諸葛亮語），但畢竟還是一個不懂事的小孩，還來不及繼承父親的文韜武略。不久，其母黃夫人也撒手塵寰，給予他的指導也很有限。此後，諸葛瞻一直在功德蓋世的父親的巨大福蔭之下，生活在特別優裕的環境之中。後主劉禪因為尊崇諸葛亮，在他十七歲時，把公主許配給他，拜他為騎都尉（《三國演義》誤為「駙馬都尉」），並不斷升遷，屢加重任，直至官居行都護、衛將軍（《三國演義》誤為「行軍護衛將軍」）；蜀中百姓因為懷念諸葛亮，也對他特別抱有好感，把朝廷的每一善政佳事都算上他一份功勞。這就使得他「美聲溢譽，有過其實。」而事實上，他本身學識不足，而且既缺乏處理政務的鍛鍊，又沒有帶兵打仗的經驗，遠遠不能望其父之項背。所以，到了關鍵時刻，他根本無法支撐危局。

劉備何時收劉封？

劉封，本名寇封，被劉備收養後，改姓劉。《三國演義》說建安十二年（西元二〇七年）春，劉備屯新野，甘夫人生劉禪之夜，有白鶴一隻，飛到縣衙屋上，高鳴四十餘聲，望西飛去。臨分娩時，異香滿室。甘夫人因夜夢仰吞北斗而孕，故乳名阿斗。隨後第三十六回書寫劉備用徐庶之計，攻取樊城後，引軍入城，縣令劉泌出迎。劉泌，長沙人，本漢室宗親，於是請劉備到家做客，只見一人侍立於側。劉備因見此人器宇軒昂，故問劉泌：「此何人？」劉泌答：「這是我的外甥寇封，本羅侯寇氏之子，因父母雙亡，故依我而過。」劉備很喜歡此人氣度不凡，「欲嗣為義子」。劉泌欣然答應，於是叫寇封拜劉備為父，改名劉封。劉備將劉封帶回後，拜關羽、張飛為叔。關羽說：「兄長既有子，何必用螟蛉？後必生亂。」劉備說：「我待如子，他必事我如父，何亂之有？」關羽悶悶不樂。

劉備立足荊州之前曾收養劉封，這是肯定的。問題是，劉備何時收養劉封？此事在史書上沒有明確的記載，但是，可以肯定地講：《三國演義》說劉備收養劉封是在劉禪降生之後是錯誤的，歷史上的劉封早在劉禪降生前就為劉備過嗣了。

據《三國志．蜀書．劉封傳》記載：「劉封者，本羅侯冠氏之子，長沙劉氏之甥也。先主至荊州，以未有繼嗣，養封為子，及先主入蜀，自葭萌還攻劉璋，時封年二十餘，有武藝，氣力過人，率兵自與諸葛亮、張飛等溯流西上，所在戰克，益州既定，以封為副軍中郎將。」由此可見，劉備到荊州依附劉表，「以未有繼嗣，養（寇）封為子」。到劉備舉兵入川，自葭萌關（今四川廣元市）還攻劉璋時，「（劉）封年二十餘」。是因為「未有繼嗣」才收養劉封，顯然此時劉禪尚未出生；否則，陳壽又怎麼會說劉備「未有繼嗣」呢？從劉備攻劉璋（西元二一三年）時劉封「年二十餘」推斷，劉備收養劉封不會晚於建安十年（西元二〇五年）。劉禪是兩年之後才降生的。又據《三國志．蜀書．後主傳》記載：章武三年（西元二二三年）夏四月，劉備死於永安宮，劉禪在成都即位，「時年十七」。古人算年齡一般指虛歲，據此上推，劉禪的出生時間當在建安十二年（西元二〇七年）。由上可見，劉備過繼劉封在前，劉禪出生在後。在處理劉封事上，羅貫中倒置時間，是要人們相信劉備收養劉封並不是香火之憂，而是屬於英雄豪傑一類的義舉；關羽說「兄長既有子，何必用螟蛉？後必生亂」以及他的不高興，一方面是借關羽之口再次強調劉封過繼並非香火之憂，另一方面也為後來劉備誅劉封埋下伏筆。

而且在歷史上，劉封也是員猛將，並且為西蜀政權的建立立下過不小的戰功，特別是在進軍益州的時候，他領兵和諸葛亮、張飛溯流西上，史傳稱他「所在戰克」。《三國演義》裡，已經看不出他是怎樣英勇善戰了，當然也看不到有什麼戰功，只見張飛擒釋嚴顏，攻取巴郡，並不見劉封衝殺，甚至沒有提及他的名字。其他事件，劉封也被寫得平平。

劉備的江山是哭出來的嗎？

「劉備的江山——哭出來的。」這是在民間流傳甚廣的一則諺語，不難看出，這是受《三國演義》影響的結果。在《三國演義》中，劉備的確愛哭，如：送徐庶時，先是「淚如雨下」，接著又是「凝淚而望」。當陽之敗，看到十多萬老百姓隨之遭難，劉備大哭曰：「十數萬生靈，皆因戀我，遭此大難，諸將及老小，皆不知存亡，雖土木之人，寧不悲乎？」關羽、張飛被害，他更是「哭絕於地」、「淚濕衣襟，斑斑成血」、「號哭終日」。這些都頗令人感動。

在小說中，劉備的主要特點是仁厚，與曹操相比，歷史上的劉備確實有待人比較仁厚的一面。據《三國志．蜀書．先主傳》及裴注引《魏書》記載，劉備在做平原令、平原相時，一個叫劉平的素來討厭、輕視他，一次還派刺客刺殺他。劉備不知情，對刺客熱情相待，刺客竟然被感動，不忍下手，還把劉平的陰謀告訴了他。後來劉備到了徐州，陶謙病重，對人說：「非劉備不能安此州也。」將徐州讓給了他。他一度依附袁紹，袁紹父子對他傾心敬重。後來又依附劉表。劉表病死，劉琮降曹，諸葛亮勸他攻打劉琮，奪下荊州，他表示：「吾不忍也。」接下來劉備從襄陽南撤，走到當陽時，已有十萬荊州人眾跟隨。有人勸他棄眾而走，速保江陵，他回答說：「夫濟大事必以人為本，今人歸吾，吾何忍棄去！」對他這一舉動，東晉史學家習鑿齒曾熱烈讚頌說：「先主雖顛沛險難而信義愈明，勢逼事危而言不失道。追景升（劉表）之顧，則情感三軍；戀赴義之士，則甘與同敗。……其終濟大業，不亦宜乎！」陳壽《三國志．蜀書．先主傳》的總評說劉備「弘毅寬厚」，當時人傅幹也說他「寬仁有度」，這些也就是劉備後來在《三國演義》裡被寫成理想仁君的依據。

但三國時代的劉備，雖然有忠厚的一面，但絕不是個一味老實的謙恭君子，而是個極為厲害的角色。他被呂布奪去徐州，投靠曹操，曹操對他說：「今天下英雄唯使君與操耳。本初之徒，不足數也。」當時勢力最大的袁紹曹操都不放在眼裡，卻獨獨推崇劉備。曹操手下幾個重要謀士郭嘉、程昱也說劉備「有雄才而甚得民心，終不為下人」，勸曹操早點兒動手殺掉他，但曹操害怕「殺一人而失天下」，沒有這樣做。（見《三國志．魏書．武帝紀》）但劉備並沒因此感激涕零，相反，他從曹操那裡脫身，一到下邳，就毫不客氣地把曹操的心腹——徐州刺史車胄殺了，為自己奪得一塊地盤。

再有那場奠定了三國鼎立局面的赤壁之戰，劉備也在其中起了非常重要的作用。據《三國志．蜀書．諸葛亮傳》，諸葛亮勸說孫權抗曹，孫權也說：「非劉豫州（劉備）莫可以當（擋）曹操者。」最後「遣周瑜、程普、魯肅等水軍三萬，隨亮詣先主，並力拒曹公。」照這種說法，劉備這一方竟是抗曹的主力。後來劉備親自到京口見孫權，借來了荊州。消息傳到曹操那裡，曹操正在寫字，竟驚得把筆掉在地上。劉備奪下西川，又調動大軍，親自坐鎮指揮，與曹操爭奪漢中。最後曹操果然退兵，劉備徹底占領漢中。其實早在赤壁大戰之前，魯肅就告訴孫權，劉備是「天下梟雄」。赤壁之戰後，劉備來借荊州，周瑜上書孫權，也說劉備「以梟雄之姿」，再加上關、張輔佐，不會久為人下，借荊州給他，他就會如蛟龍得雲雨，威脅東吳的存在和發展。

而《三國演義》裡，劉備的武功將略就極為一般了，歷史上他在這方面的功勞差不多都給別人分光了：殺車胄、斬蔡陽分給關羽；火燒博望坡送給諸葛亮；赤壁之戰時他只派出諸葛亮做全權代表，常駐東吳協同指揮作戰，自己則帶著人馬安安靜靜地等著搶奪勝利果實；取荊州、借荊州全由諸葛亮一手操縱；攻取漢中的前線總指揮也變成諸葛亮……戰功沒了，他早年痛打督郵的血氣方剛的舉動，也改由張飛來做。總之，到了最後，《三國演義》裡的劉備主要就剩下了仁厚。

劉表真的是「虛名無實」嗎？

《三國演義》二十一回「煮酒論英雄」時，曹操曾對當時的各路諸侯進行了一番點評。當談及荊州牧劉表時，曹操不屑一顧：「劉表虛名無實，非英雄也。」一千多年來，人們對這個占據荊州長達十八年、號稱「八俊」之一的劉表的評價好像已經是蓋棺定論了。每當提及劉表，多以「虛有其表」、「有名無實」、「毫無作為」之類詞彙來概括。但當閱讀過《後漢書》、《三國志》等歷史資料以後，不難發現：劉表不但不是虛有其表，反倒是很有作為的一代能臣。那麼，歷史上的劉表到底是怎樣的一個人呢？

劉表字景升，是漢室的宗親。他少年時代投在當時天下名流王暢門下學習。後來他與七位名士被別人相提並論，合稱為八俊或者八顧。「俊」是指才能出眾，「顧」是指能急人苦難。劉表勤勉好學，善於獨立思考。十七歲時，劉表就曾向當時的南陽太守王暢提出：「奢不僭上，儉不逼下，蓋中庸之道，是故蘧伯玉恥獨為君子。府君若不師孔聖之明訓，而慕夷齊之末操，無乃皎然自遺於世！」這段話是針對王暢過於簡樸的生活作風而提出的疑問，並且充分表明了自己與眾不同的見解。青年時期的劉表積極地投身仕途，被大將軍何進闢為掾屬，很受何進的賞識，後來被升為北軍中候，掌管禁軍。初平元年（西元一九〇年），原荊州刺史王睿被孫堅殺死，何進向朝廷推薦了劉表擔任荊州刺史。

當時的荊州形勢相當複雜。「江南宗賊盛，袁術屯魯陽，盡有南陽之眾。吳人蘇代領長沙太守，貝羽為華容長，各阻兵作亂」（見《三國志．劉表傳》裴注引司馬彪《策略》），而劉表卻是「單騎入宜城」。面對荊州混亂的局面，劉表顯得從容鎮定，沉著冷靜，並果斷採取了一系列措施迅速穩定了局勢。

首先，他爭取了當地具有很大影響力的蔡、蒯兩大家族的信任和支持，並徵求他們的建議。當時蒯良、蒯越兩兄弟都頗具才識名望，蒯良對局勢提出的見解是「眾不附者，仁不足也，附而不治者，義不足也」，認為「苟仁義之道行，百姓歸之如水之趣下，何患所至之不從而問興兵與策乎？」（見《三國志．劉表傳》裴注）而蒯越卻有不同的意見，他說「治平者先仁義，治亂者先權謀」，又認為「宗賊帥多貪暴，為下所患。越有所素養者，使示之以利，必以眾來。君誅其無道，撫而用之。一州之人，有樂存之心，聞君盛德，必襁負而至矣。」還建議劉表「兵集眾附，南據江陵，北守襄陽」。整體上，蒯良說得比較虛一些，而蒯越的建議則是極富實幹精神的，劉表也用很高明的方式表達了自己的意見，他說「子柔之言，雍季之論也。異度之計，臼犯之謀也」，先把兩個人都誇了一番，然後採納蒯越的謀略，「使

（蒯）越遣人誘宗賊，至者五十五人，皆斬之，襲取眾多，或既授部曲」，一舉殲滅了宗賊勢力，後來他又平定了零陵、長沙等郡，扭轉了荊州的混亂局面，劉表也晉升為荊州牧、鎮南將軍。經過幾年努力，劉表成為一個僅次於兩袁兄弟的一股強大勢力，「南收零、桂，北據漢川，地方數千里，帶甲十餘萬。」

劉表控制荊州以後，對於屬地的管理也是勵精圖治，有條不紊，貢獻良多，體現出一代能臣的本色，把荊州治理得有聲有色，之前「人情好擾，加以四方震駭，寇賊相扇，處處糜沸」的荊州，變成了「萬里肅清」的東漢後期最後一片樂土。在對外問題上，劉表採取了擁兵自重的正確政策，儘量避免發生大的衝突，以免造成老百姓流離失所、生靈塗炭；在經濟上，劉表有效利用了當地各大家族的勢力，推行了各種行之有效的措施，使得農業生產得到了很大的恢復和發展，荊州地區的百姓「大小咸悅而服之」。對劉表的這種評價，莫說是在後漢軍閥混戰時期，就是在局面相對平靜的三國鼎立時期，也是獨一無二，是一般人所無法得到的。劉表「起立學校，博求儒術」，對文化教育事業的發展也做出了巨大貢獻。由於政局穩定，各方人士紛紛從各地遷往荊州，人數以千計，其中既有像水鏡先生司馬徽這樣的名流，也有像徐庶、石廣元等青年才俊，甚至還有後來大名鼎鼎的諸葛亮等。可以說，劉表的確是一代能臣，他的有效管理讓各路諸侯羨慕不已，對於其治理下的荊州都是垂涎欲滴。魯肅就曾經對孫權這樣評價荊州：「沃野千里、士民殷富」，這也算是對劉表恰如其分的評價了。

俗話說「金無足赤，人無完人」，劉表也不例外。在繼承人的選擇上，劉表顯得優柔寡斷，造成了內部的不團結，影響了政局的穩定。不過，這是歷史上很多英明的君主都會犯的錯誤，不能成為指責劉表的理由，所以，這也無損於劉表一代能臣的地位。

「蜀中無大將、廖化作先鋒」有道理嗎？

「蜀中無大將、廖化作先鋒」，常用來比喻辦事缺乏好手，讓能力一般的人出來負責。這樣一來，三國時期廖化的名字也就被後人家喻戶曉、耳熟能詳了。難道歷史上廖化的個人能力真的很是一般嗎？其實，翻閱史料和小說後會發現：這個廖化其實並不簡單。

廖化，襄陽人，字元儉，本名淳，早年投靠劉備，曾經在關羽的手下作過主簿，一直跟隨關羽鎮守荊州。關羽被殺後，荊州落入東吳之手，廖化不得已投降了東吳。據陳壽的《三國志．廖化傳》記載，廖化也曾經千里走單騎：廖化忠於劉備，一心想重回劉備身邊，後來他想出了詐死的計策，居然計謀得逞，並騙過了所有的人，於是他帶上自己的母親躲開吳兵的追捕，日夜兼程，趕往益州，終於在秭歸遇上了東征伐吳的先主劉備。劉備見到廖化後非常高興，立刻任命廖化為宜都太守。

廖化在蜀漢政權建立後的表現，散見於陳壽的《三國志》中。西元二二一年，廖化回到劉備身邊以後，正值劉備東征，劉備從巫峽、建平至夷陵界「立數十屯」，同時任命將軍馮習為大都督，張南為前部先鋒，輔匡、趙融、廖化、傅彤等各為別督，並先遣吳班率領數千人於平地立營，向以陸遜為首的東吳軍隊挑戰，結果被陸遜火燒聯營，慘遭失敗。在這場戰爭中，雖然不見廖化表現的記載，但從劉備任命廖化別督這一武官職務來看，廖化在軍事方面應該是具有一定的潛質和能力的（見《三國志．陸遜傳》）。西元二二三年，諸葛亮開建府署任命蔣琬為東曹掾，舉薦茂才的時候，蔣琬一再謙讓，並向諸葛亮推薦劉邕、陰化、龐延、廖化等人（見《三國志．蔣琬傳》）。這時候廖化的職務是參軍（見《三國志．廖化傳》），和諸葛亮的心腹愛將馬謖等同。參軍這個職務相當於現在的參謀，為幕僚性質，參與軍事行動的組織和策劃。從這兩段記載來看，諸葛亮對廖化還是比較重視的，當時的朝野上下對廖化的評價也是不錯的。

《三國志．廖化傳》中說廖化「後為督廣武，稍遷至右車騎將軍，假節，領並州刺史，封中鄉侯」。據《三國志．郭淮傳》記載：西元二四九年，魏將郭淮率兵攻打駐紮在成重山的廖化，結果大敗姜維、廖化的部隊。此時的廖化官居陰平太守。但在這之前，廖化還是打了個勝仗的。魏將王贇、游奕就被廖化殺得大敗。從這裡也可以看出廖化還是具備一定的軍事指揮和作戰才能的。據《三國志．後主傳》記載：西元二六三年，魏征西將軍鄧艾、鎮西將軍鍾會等分兵進攻蜀國，當時蜀漢的主力部隊及大部分將領都遠在沓中，後主劉禪派張翼、廖化等抵禦。結果防禦失敗，蜀國同年滅亡。這時候的廖化已經是右車騎將軍、并州刺史，封中鄉侯之類的職務也應該在這段時間。從廖化的官職升遷和史料記載的事件看，廖化在蜀漢後期也是得到後主劉禪的賞識的，官職比諸葛亮時代還要高。西元二六四年，蜀國亡國後，廖化在被遷往洛陽的途中病故。

以上就是史料中對廖化的記載，陳壽的《三國志．廖化傳》對廖化的評價是：果斷剛烈。廖化稱得上是一位儒將，也是蜀漢政權從崛起、興盛到最後滅亡的見證人。他有一定的能力，既有地方管理經驗，又有率兵抗敵的武將生涯，加上能得到蜀漢兩代帝王及諸葛亮的重用，也算得上是個人才。

譙周是否賣國求榮？

譙周字允南，西充國縣人。幼年喪父，孤苦伶仃，隨舅父生活，他發憤讀書，廢寢忘食，孜孜不倦，熟讀五經，深研書札，知曉天文。蜀建興二年（西元二二三年），丞相諸葛亮推舉他為勸學從事後又擢升典學從事，負責學校、生徒、訓導、考核、升免等事。蜀延熙元年（西元二三八年），譙周被調任劉璇太子家令。後歷任中散大夫、光祿大夫等。譙周對後主劉禪外出尋歡作樂、不理朝政甚為不滿，故作《上後主疏》，以王莽、劉玄、公孫述喪失民心的結局與劉秀成帝業之艱為鑑進行勸諫，後主對此置若罔聞，仍聽任宦官黃浩弄權，致使國力日衰，更兼姜維數度率軍伐魏，百姓勞苦，怨聲載道。譙周又撰《仇國論》，論及戰爭危害，勸後主少用兵，與民休息，這些建議不僅同樣未被採納，反而愈被疏遠。

蜀景耀六年（西元二六三年）冬，魏將鄧艾率軍伐蜀，逼近成都。劉禪倉惶失措，群臣多勸南逃或投吳，譙周則謀求統一，立主降魏，被後主採納。蜀國政權就此結束。對於這件事，人們互有褒貶，有許多不同的看法。褒之者，如《三國志》的作者晉人陳壽說：「劉氏無虞，一邦蒙賴，周之謀也。」這是說譙周的建議，給劉氏皇室帶來了平安，給蜀地帶來了和平。《華陽國志》說：「譙（周）侯修文於前，陳君（壽）煥炳於後」，認為譙周乃蜀中才俊，當代碩儒。如果我們把譙周前後多次向後主所上的疏奏表章聯繫起來予以審視的話，他其實是希望後主修身崇德，任賢重才，親君子遠小人，從物慾享受中掙脫出來，成為有為之君的，可惜卻未能如願。而貶之者，如晉代史學家孫盛認為：當時的蜀國，並沒有必然要滅亡的形勢，如果堅持下去，最終還是能夠「建功立事，康復社稷」的，卻稀裡糊塗地投降了。因此孫盛得出的結論是：劉禪既是「暗主」（愚昧的君主），譙周實為「駑臣」（低劣的臣子）。平心而論，三分天下倘若持久，則不利於社會的穩定與生產力的發展；統一是順應民心，符合歷史發展規律的必然。魏、蜀、吳三國中，蜀和吳顯然沒有統一全國的實力，蜀吳被魏吞滅是歷史發展的大趨勢。譙周的勸降不僅避免了蜀中的戰亂與生民塗炭，也是審時度勢之舉。

蜀國滅亡以後，譙周的下落如何呢？《三國演義》一百十九回說：鍾會、姜維敗亡之後，後主被遷到洛陽，只有尚書令樊建、侍中張紹、光祿大夫譙周、祕書郎郤正等數人跟隨。到了洛陽，後主劉禪被封為安樂公，子劉瑤及群臣樊建、譙周、郤正等，都封了侯爵。但這是與史實有出入的。據《三國志》記載：後主東遷洛陽，在混亂匆忙之中，蜀之大臣侍從前往者甚少，只有郤正（時任祕書令）及殿中督張通，捨棄了妻子，單身隨從侍衛。可見在東遷時隨從後主的，只有郤正和張通二人，並沒有譙周在內。至於譙周的下落，《三國志》本傳記載：當時晉文王司馬昭為魏相國，因為譙周有保全蜀國之功，封陽城亭侯，又發出書信徵聘譙周作僚屬。譙周從蜀地出發走到漢中，因病重不再前進。及至晉公司馬炎即天子位，屢次下詔，命譙周所在之地遣送他入朝。譙周便帶病乘車向洛陽進發，泰始三年（西元二六七年）到洛陽，因病臥床不起，在家中就地拜官騎都尉。譙周認為這是無功而受封，要求退還封爵和土地，朝廷都沒有聽從。泰始六年（西元二七〇年）秋，譙周被任命為散騎常侍，因為病重而沒有拜官，到冬天便逝世了。

縱觀以上所引的資料，譙周是因為有病始終沒有在晉朝做官，給他加了一些頭銜，也沒有去就任。在故國淪喪之後，當初「一言喪邦」的譙周，對新朝的功名利祿抱著如此淡漠的態度，一定有其難言的苦衷。

三國時的人如何評價曹操？

曹操出生於顯赫的宦官家庭。曹操的祖父曹騰是東漢末年宦官集團十常侍中的一員，漢相國曹參的後人，父親曹嵩是曹騰的養子。曹嵩的出身當時就搞不清楚，所以陳壽稱他：「莫能審其生出本末」，但也有人認為他是夏侯氏之子，曾先後任司隸校尉、大司農、太尉等官。曹操是曹嵩的長子，他「少機警，有權數」，自幼博覽群書，善詩詞，通古學。曹操也有過人的武藝。曹操「任俠放蕩，不治行業」，未被時人所重。而且據《世說新語．容止篇》和注引《魏氏春秋》記載，曹操「姿貌短小」，據說後來有一次他要見匈奴的使者，「自以形陋，不足雄遠國」，竟讓別人裝扮他，他自己則侍立旁邊。因為曹操是「閹豎之後」，在士人清流、名門貴族心目中是沒有地位的。

據《後漢書．許劭傳》、《世說新語．方正篇》及劉孝標注引《楚國先賢傳》記載，當時許劭以人倫鑑識著名於世，很多士人都希望得到他的品鑑。有一次曹操也去了，帶了很多禮物，說了很多好話，但許劭「鄙其人而不肯對」，曹操趁空檔軟磨硬泡，許劭沒辦法才給了他一個品題。還有一個叫宗世林的，南陽人，也是「甚薄其為人，不與之交」，曹操「弱冠」即二十歲時，幾次登門想見見他，都因賓客太多，說不上話。有一次趁宗世林稍有點空，曹操趕忙上前去拉住宗世林的手，要和他交往，但宗世林仍「拒而不納」。後來，曹操做了司空，問宗世林：「過去你不理我，現在總可以交個朋友了吧？」宗世林回答：「松柏之志猶存。」意思是我仍瞧不起你。

但是，也有人看出了他的才能。賞識他的有何顒、喬玄。何顒是被禁錮的黨人，他見到曹操，驚嘆說：「漢家天下將滅亡了，安定天下的一定是這個人。」喬玄官為太尉，他稱曹操有「命世之才」，說他見過天下很多名士，沒有一個比得上曹操。他要曹操好好幹，說自己老了，見不到曹操富貴的一天，但希望曹操關照他的子孫。曹操很感激喬玄，把他視為平生知己，建安七年（西元二〇二年），曹操作戰經過喬玄的墓，還專設太牢進行祭奠，寫了一篇很動情的祭文。許劭瞧不起他，但也給了他一個品語。這個品語，據《後漢書．許劭傳》，是「清平之奸賊，亂世之英雄」。《世說新語．識鑑篇》注引孫盛《雜語》，則作「治世之能臣，亂世之奸雄」，對曹操的才幹仍持肯定態度。

他們根據什麼看出曹操治理安定天下的才能，不得而知。表現他這方面才能的事情，像造五色棒，以峻法治京師，不避豪強，連皇帝寵幸的小黃門蹇碩的叔父犯禁也敢殺掉，都是在他為洛陽北部尉之後，受許劭等人品鑑之後。在這之前，我們知道的幾件事，一是曹操在譙水洗澡擊退水蛟的事，見於梁章鉅《三國志旁證》引劉昭《幼童傳》；二是假裝中風誣告叔父騙過父親，這事見於《曹瞞傳》；三是和袁紹一起用聲東擊西的辦法劫人新婦，這事見於《世說新語．假譎》。這幾件事，第一件不一定可信，後二件不那麼光彩，喬玄、何顒賞識他，不太像是根據這幾件事。可能曹操少年時的有些事充分表現出他出眾的才幹，但這些事今人已不得而知了。由此可見當時人們瞧不起他，即使看到了他的傑出才幹，也是把這才幹與奸詐聯繫在一起的。

反對他的人對他有評價，在評價中描繪出這個人的特點。劉備就對龐統說過：「操以急，吾以寬；操以暴，吾以仁；操以譎，吾以忠。」「急」、「暴」、「譎」就是對曹操特點的概括。陳琳為袁紹寫討伐曹操的檄文，列舉曹操的罪狀，實際上也是對他的品行的評價。至於不少敵手罵他是「漢賊」，更反映了曹操在他們心目中的惡劣形象。擁護他的人對他也有評價。除去那些一味恭維奉迎之辭不算，郭嘉等人在分析敵我形勢時提出的四勝之議、十勝之議，包含有比較客觀的看法，反映出擁曹一派人心目中的曹操形象。反曹、擁曹的人評價截然相反，把他們的看法結合起來，就可以完整地看出時人心目中的曹操形象。

花臉奸臣的曹操是如何形成的？

作家魯迅曾經說過：「我們講到曹操，很容易就聯想到《三國志演義》，更而想到戲台上那一位花臉的奸臣……其實曹操是一個有本事的人，至少是一位英雄。」的確，曹操在歷史上是三國時的政治家、軍事家、詩人，他挾天子以令諸侯，戎馬一生統一了北方。曹操父親曹嵩為宦官曹騰養子，曹騰為漢相曹參之後。曹操謚武王，曹丕稱帝後，追尊他為武皇帝，史稱魏武帝。曹操在北方屯田，興修水利，解決了軍糧缺乏的問題，對農業生產的恢復有一定作用；曹操用人唯才，拉攏地主階級中下層人物，抑制豪強，加強集權，所統治的地區社會經濟得到恢復和發展。曹操精兵法，著《孫子略解》、《兵書接要》等書。曹操善詩歌，〈蒿里行〉、〈觀滄海〉等篇，抒發自己的政治抱負，並反映漢末人民的苦難生活，氣魄雄偉，慷慨悲涼。

在曹操死後的幾百年間，他的整體形象是不錯的。西晉陳壽在修《三國志》時，無一處直呼其姓名，皆用「太祖」或「曹公」稱之。且在《三國志》中多處讚揚曹操，最後用下面一段話讚美曹操：「漢末，天下大亂，雄豪並起，而袁紹虎搜四州，強盛莫敵。太祖運籌演謀，鞭撻宇內，攬申、商之法術，該韓、白之奇策，官方授材，各因其器，矯情任算，不念舊惡，終能總御皇機，克成洪業者，唯其明略最優也。抑可謂非常之人，超世之傑矣。」西晉陸機在〈弔魏武帝文〉中稱曹操「建元功於九有，故舉世之所推」。直至宋代之前，曹操的形象仍然是比較高大的，唐太宗李世民在〈弔魏太祖文〉中稱讚曹操「以雄武之姿，當艱難之運；棟梁之任當乎曩時，匡正之功異於德代」。在這幾百年裡，雖然也出現了貶低曹操的種種評價，但倒也不是主流的評價。可以說直至唐代末年，曹操無論是在封建統治階層還是在普通民眾的心目中，都基本上屬於一個正面人物。

曹操形象的根本性轉變出現在宋代。蘇軾在《東坡志林》中，生動地記載了民間聽聞三國故事的感受：「至說三國事，聞劉玄德敗，頻蹙眉，有出涕者；聞曹操敗，即喜即快。」這說明這一時期的曹操的形象在廣大百姓的心中已經有了明顯的轉變。到了南宋時，朱熹大倡理學，最恨曹操。南宋朝廷不顧曹操是漢人的簡單事實，指稱曹操是「當今女真、蒙古胡虜也」，故寫胡虜也」，故寫文罵曹操。元雜劇中也痛罵曹操謀反，意在指責漢人不該反蒙古。元代民間藝人的講史話本《三國志平話》中對於曹操的醜化，則更加說明曹操的形像在廣大民眾心目中已經大大降低。羅貫中最後來了個集大成，他在小說《三國演義》中對於曹操的塑造，更是令曹操的奸臣形象活靈活現，深入人心。

那麼，造成這種現象的原因是什麼呢？這主要是由民族矛盾引起的。從宋代到元末的幾百年間，漢族屢遭外族的殘酷壓迫和統治，使得漢族人民不得不奮起反抗，有了「還我河山」的願望。後來的統治者從建立他們的統治政權考慮，把「蜀漢」視為漢族政權的象徵，而劉備恰恰是「蜀漢」的代表人物，因而劉備就被尊為聖賢，大加頌揚。而與劉備三足鼎立相對抗的曹操則備受詆毀，「尊漢抑曹」之風甚行於世，曹操自然就成為一代奸雄了。

其實，這對曹操是不公平的。曹操曾經寫出諸如「白骨露於野，千里無雞鳴」的詩，來表達他對亂世的憂心和對民眾苦難的悲憫，這正說明他對於太平生活的一種渴望。當時的歷史背景，正如曹操在《讓縣自明本志令》中所說的：「設使國家無有孤，不知幾人稱帝，幾人稱王」，而在這樣一個改朝換代已經毫無懸念的局面之下，曹操終其一生，雖三分天下有其二，卻始終保留了他漢臣的名分。在群雄並起，諸侯割據的三國時代，為了達到各自的政治目的，劉備、孫權都做過不太光彩的事。被後世尊為正統的劉備曾經「在廣陵，饑餓困踧，吏士大小自相啖食」（見《三國志．先主傳》注引《英雄記》）；

孫氏父子三人，為了達到其逐鹿天下的目標，四處征討，殺人無數；袁術、袁紹、劉焉之流，也沒有讓人民過上什麼好日子，但唯獨曹操為千夫所指，豈不怪哉？

曹植的後半生過得如何？

曹植字子建，他是曹操之妻卞氏所生第三子。曹植自幼穎慧，年十歲餘，便誦讀詩、文、辭賦數十萬言，出言為論，下筆成章，深得曹操的寵愛。曹操曾經認為曹植在諸子中「最可定大事」，幾次想要立他為太子。然而曹植行為放任，屢犯法禁，引起曹操的震怒，而他的兄長曹丕則頗能矯情自飾，終於在立儲鬥爭中漸占上風，並於建安二十二年（西元二一七年）得立為太子。建安二十五年，曹操病逝，曹丕繼魏王位，不久又稱帝。曹植的生活從此發生了根本性的改變。

曹操一生共有二十五個兒子，其中十一個早夭。嫡出的有卞夫人所生的丕、彰、植、熊四人，而曹丕最嫉忌的，正是這幾個嫡親兄弟。曹丕剛即位，三十出頭的曹彰就不明不白地在自己私衙裡死去。《世說新語》中說，曹丕邀曹彰下圍棋，並啖棗，「以毒諸棗蒂中，自選可食者而進」，結果曹彰不知情，亂吃一通中了毒。當時卞太后也在場，趕緊索水救之，曹丕卻預敕左右毀瓶罐，讓太后徒跣趨井，無以汲。須臾，曹彰暴斃。接下來，曹丕又族誅了曹植的親信丁儀兄弟。曹植看形勢不妙，慌忙去見姊姊清河公主，央求她代為求情，想親自進宮向曹丕請罪，然而宮門緊閉，官吏不准他入內。幸虧卞太后以自殺相威脅，曹植才得「科頭負鈇鑕，徒跣詣闕下」；而「帝（曹丕）猶嚴顏色，不與語，又不使冠履」。「植伏地泣涕，太后為不樂，詔乃聽復王服」（見《魏略》）。就這樣，曹植總算逃過一劫，然而曹丕仍指使人奏稱曹植「醉酒悖慢，劫脅使者」，將他貶為安鄉侯。

今人多知曹植是位文學家，他七步成詩的故事更是廣為流傳，那首七步詩也是大家熟悉的：「煮豆燃豆萁，豆在釜中泣。本是同根生，相煎何太急？」這首七步詩不見於《三國志》史傳，卻最早見於南朝劉義慶的《世說新語．文學》，而且不只四句：「煮豆持作羹，漉豉以為汁。萁在釜下燃，豆在釜中泣。本自同根生，相煎何太急？」其實，當時文壇還未形成五言絕句詩體，所以「七步詩」實乃後人所托。曹植除了文才，也頗具武略和卓識。曹操伐孫權，曾留他守鄴都，曹仁被關羽所困時，曹操開始即想派他率兵去救，後來是因他被曹丕借送行為名用酒灌醉了，曹操見他如此貪杯怕他誤事，才收回了成命。曹植還是最早對司馬氏集團專權提出警告的人。他對魏明帝大權旁落的做法極為敏感，上表告誡說：「取齊者田族，非呂宗也；分晉者趙、魏，非姬姓也。」「今反公族疏而異姓親，臣竊惑焉。」

然而，曹子建縱然才高八斗，後半生想要有所建樹已不可能。據清人錢儀吉的《三國會要》記載：曹植曾想去祭先王於河上，朝廷中的博士以庶子不得祭宗廟為由，不讓他去。就連他想單獨求見曹丕論及時政都不能得。後來文帝曹丕大喪，朝廷也不讓他奔臨（祭文、悼詞倒是要他來寫）。

曹丕死後，魏明帝曹叡即位。他雖不像其父那樣壓制曹植，但對曹植仍有所防範。十一年中朝廷三次遷徙曹植的封地，意在防範他勢力根深蒂固，且派給他的藩屬皆「賈豎下才」。本來，封建之侯王皆空名而無實，「兵士給其殘老，大數不過二百人，又植以前過，事事復減半」。朝廷還規定他遊獵不得超出自己領地三十里外，不准與鄰近的家族成員會面，又設置防輔監國的官員左右伺察。他幾次上表要求討吳伐蜀，效命國家，朝廷一概不理。《三國志》引《袁子》，說他是「雖有王侯之號，而乃儕為匹夫」。曹植自己在《黃初六年令》中寫道：「身比鴻毛輕，謗較泰山重。」這就是他的境遇。年僅四十一歲，這位才子便憂鬱地死去了。

黃忠是老將嗎？

「人老不服老，賽過老黃忠。」這是中國民間流傳頗廣的一句俗語，是說一個人老當益壯，和《三國演義》中的老黃忠一樣。歷史中確實有黃忠這個人，他是劉備手下的一員勇將，但史書中並沒有說他是一員老將。從《三國志．蜀書．黃忠傳》的記載來看，黃忠字漢升，南陽人。劉表坐鎮荊州時，任他為中郎將，讓他和其侄一同守長沙攸縣。曹操攻下荊州後，並沒有注意到黃忠的勇猛，只是讓他仍做原來的中郎將，歸長沙太守韓玄統屬。赤壁之戰後，劉備南征，長沙太守韓玄投降，黃忠在這時加入劉備一方。此後，他開始大顯身手，隨劉備攻打劉璋時，身先士卒，攻堅陷陣，勇冠三軍，立下不少戰功。後來建安二十四年（西元二一九年），定軍山一戰斬夏侯淵，聲威大振。也正是在這一年，劉備做了漢中王，封他為後將軍，一下子就與關羽、張飛、馬超等平起平坐了。但是到了第二年，黃忠就故去了。這樣看來，《三國志．蜀書．黃忠傳》中，主要突出的是黃忠的勇，並沒有片言隻語說到他的「老」。陳壽在傳後中說他和趙雲「強摯壯猛」，這也不像是在說一位老將。

到了元代的《三國志平話》，仍然是在黃忠的「勇」上做文章。比如劉備南征時，黃忠降劉前與劉軍交戰，居然能先戰魏延再戰張飛又戰關羽，後來關、張、魏合鬥黃忠，黃忠馬失前蹄後，還掄刀步戰三將，寫得神乎其神。到了《三國演義》裡，羅貫中獨具匠心，開始突出黃忠老當益壯的特點，黃忠幾乎在每一次戰前，都因年老而被人輕視。如長沙大戰之前，關羽聽孔明介紹說黃忠已年六旬，就說「量一老卒，何足道哉」；雒城之役前，黃忠想領兵攻打鄧賢、冷苞二寨，魏延又說他年老，激得黃忠大怒，當場便命人抬刀要和魏延比試；葭萌關戰前，黃忠請求出戰張郃，孔明說他年老，黃忠「白髮倒豎」，趨步下堂，取架上大刀，輪動如飛，壁上硬弓，連拽折兩張；與張郃對陣，郃又笑他偌大年紀，猶不識羞，尚欲出戰……但是黃忠儘管屢屢在戰前因年老而受人輕視，卻屢屢有過人表現。經《三國演義》這樣大力渲染，黃忠的老當益壯，給人留下了深刻的印象，一個老黃忠在讀者心中扎下了根。

那麼《三國演義》如此描寫有何依據呢？據《三國志》卷三十六《黃忠傳》記載，黃忠於建安二十四年斬殺夏侯淵，「遷征西將軍。是歲，先主為漢中王，欲用忠為後將軍。」當時孔明曾說：「忠之名望，素非關、馬之倫也，而今便令同列，馬、張在近，親見其功，尚可喻指；關遙聞之，恐必不悅，得無不可乎！」劉備卻認為無妨。後來劉備派遣費詩去荊州宣讀封關羽為前將軍的命令時，關羽得知劉備任命黃忠為後將軍，果然大怒：「大丈夫終不與老兵同列！」直到費詩以理相勸，關羽才拜受前將軍一職。這裡的「老兵」兩字，似乎是史傳中黃忠為老將的唯一依據了。問題是「老兵」卻又不一定是年老的意思，最明顯的證據是關羽說這句話的時候年紀也已經在六十歲上下了。在《三國志平話》中有幾處提到了黃忠是一員老將，如黃忠戰魏延、張飛、關羽時，諸葛亮稱他為「老賊」；又如定軍山戰前，夏侯淵道「一萬川軍中一老將敢言奪定軍山」；再有劉備討伐東吳前，命「老將黃忠、趙雲把定軍山」。從幾處說法可以推斷，在元代講說三國故事的民間藝人那裡，黃忠可能就以一個老將的面目出現，只是《三國志平話》還沒有想到在黃忠的「老」上大做文章。

黃忠是如何死的呢？根據《三國志．蜀書．黃忠傳》的記載，黃忠在劉備稱漢中王的第二年，也就是劉備發兵討伐東吳的前一年就已死去。但是，《三國演義》的作者也許不甘心讓這位壯心不已的老將這樣平淡地離開人世，於是又延長了他一年的壽命，讓他以七十五歲的高齡隨劉備征討東吳，並且還斬殺吳將史蹟，奮力殺敗潘璋，後來孤軍深入，中了埋伏，身上中箭，傷重而死。這樣，小說中這位屢立戰功勇壯過人的老將，就以奮勇殺敵、沙場捐軀的悲壯的死，為自己的人生畫上了一個壯烈而又圓滿的句號。

魯肅是個平庸之輩嗎？

三國時代，人才輩出，群英薈萃。讀過《三國演義》的人，無不知東吳的魯肅。魯肅（西元一七二～二一七年），是一個真實存在的歷史人物。在三國眾多人物中，魯肅是其中比較特殊的一個。甚至可以說，在《三國演義》中，和歷史相差最大的人物就是魯肅了。

在《三國演義》裡，魯肅完全被描述成一個忠厚而又平庸、沒什麼大用處的「老好人」。比如寫諸葛亮「草船借箭」一節，諸葛亮偕魯肅同往，一個成竹在胸，一個被蒙在鼓裡；一個談笑自若，一個驚慌失措。最後是孔明借箭成功，志得意滿，而魯肅欽敬拜服。再如關雲長「單刀赴會」一節，魯肅在被孫權多番埋怨的情況下，為討回荊州，設下刀斧手，請關羽赴宴。結果不僅未達到目的，反被關羽識破計謀，佯醉退席。小說這樣寫道：關羽強拉著魯肅的手直到船邊，魯肅嚇得「魂不附體」，「如痴似呆」，眼睜睜「看著關公的船乘風而去」。在各種影視戲劇中，這樣的場面被更加誇張地加以渲染，魯肅似乎愚蠢到幾近無能。但是，如果魯肅真是這樣的人，周瑜臨終怎麼會舉薦魯肅代替他做大都督呢？史學家認為，《三國演義》畢竟是小說，不是正史。文學作品中演義出了太多的虛構成分。《三國演義》是以劉備、諸葛亮、關羽等為主角，以蜀漢為正統寫作目的的小說，為了突出主角的英雄形象，所以片面醜化、貶低了其他方面的人物形象。歷史上真實的魯肅，顯然不全是小說中描寫的那樣。

據《三國志》、《泗虹合志》記載，魯肅是三國時期吳國著名軍事家、策略家、政治家和外交家。他不但治軍有方，名聞遐邇，而且慮深思遠，見解超人。魯肅出生時其父就去世了，他和祖母共同生活。魯肅家中異常富有，但由於祖輩無人出仕為官，其家雖然資財豐足，但並不屬於士族階層，只是那種在地方上有些勢力的豪族。據考，魯肅體魁貌奇，少時就胸有壯志，好出奇計，且愛擊劍騎射。魯肅好施捨與人。由於家道殷富，他常招聚少年，一起講兵習武。晴天，偕眾往南山（今江蘇盱眙諸山的古稱）射獵，陰雨，則聚眾講習兵法，以此練習武藝。東漢末年，宦官專權，橫徵暴斂，豪族大地主瘋狂兼併土地，農民大量逃亡，成為流民。在這民不聊生的情況下，中平元年（西元一八四年）爆發了黃巾起義，東漢王朝受到毀滅性的打擊。在鎮壓農民起義的過程中，各地封建割據勢力不斷擴大，進而群雄四起，天下大亂。此時的魯肅不僅不治家事，相反大量施捨錢財，出賣土地，以賙濟窮困，結交賢者。為此，深受鄉民擁戴。時周瑜任居巢長，聞魯肅之名，帶數百人來拜訪，請他資助一些糧食。當時，魯肅家中有兩個圓形大糧倉，每倉裝有三千斛米，周瑜剛說出借糧之意，魯肅毫不猶豫，立即手指其中一倉，贈給了他。經此一事，周瑜確信魯肅是與眾不同的人物，主動與他結交，兩人建立了深厚的友誼。

東漢建安五年（西元二〇〇年），孫策遇刺身亡，弟孫權繼位。在周瑜的引薦下，魯肅與孫權「合榻對飲」，議論時事，魯肅勸孫權成王霸之業。據《三國志．吳志．魯肅傳》載，魯肅向孫權獻策說：「漢室不可復興，曹操不可卒除，為將軍計，唯有鼎足江東，以觀天下之釁。」這就是後世稱為「榻上策」的著名策略構想，此構想堪與諸葛亮「隆中對」媲美。諸葛亮提出「孫劉聯合」，這點魯肅也想到了。西元二〇八年，赤壁大戰，魯肅為贊軍校尉。他首先向孫權提出了聯劉拒曹的策略方針，並出使劉備處，促成孫劉聯盟。此策略對赤壁之戰造成了關鍵性的作用，進而形成了三國鼎立的局面。

赤壁之戰後，魯肅又從大局出發勸孫權把南郡暫時「借」給劉備。後劉備到京口來見孫權，呂範勸孫權扣留劉備，遭到魯肅的反對。他建議放劉備回荊州，孫劉聯合共抗曹操。因為他看得很清楚，雖然曹操北退，實力未損，江東水軍厲害，卻缺乏騎兵，這時候即使併吞荊揚兩州，也只能採取守勢，情況將會變得非常危險。而且，荊州與東吳素來有仇，孫權勢必無法很快安定荊州的人心。歷史上的「單刀赴會」確有其事，但與小說描寫相反，「單刀赴會」的孤膽英雄不是關羽，而是魯肅。按照《三國志．吳志．魯肅傳》和《吳書》的記載，「單刀赴會」將對手震懾住的不是關羽，而是魯肅。並不是關羽到魯肅那裡去赴會，而是魯肅到關羽那裡去赴會。「單刀會」上，魯肅一番大義凜然的分析，說得關羽唯唯而退。雙方經過會談，緩和了緊張局勢。隨後，孫權與劉備商定平分荊州，「割湘水為界，於是罷軍」。魯肅以他的大智大勇，促進了一次重大危機的化解，孫劉聯盟暫時得以維持。

西元二一七年，魯肅在軍中病逝，年僅四十六歲。孫權親臨其葬，諸葛亮亦在蜀國為他發喪。魯肅死後，孫劉聯盟隨即崩潰。

波瀾壯闊的三國戰爭

《三國演義》描寫了大大小小的戰爭，構思宏偉，手法多樣，使我們清晰地看到了一場場刀光劍影的戰爭場面。其中赤壁之戰、「六出祁山」等戰爭的描寫波瀾起伏、跌宕跳躍，讓人讀來驚心動魄。

十八路諸侯討董卓是真的嗎？

《三國演義》第五回寫道：曹操逃離洛陽，到達陳留以後，立即發矯詔給各地，號召各路英雄共同討伐篡奪朝廷大權、胡作非為的董卓。很快便有十八路諸侯紛紛起兵，會集到洛陽附近，「各自安營下寨，連接二百餘里」，真是聲勢浩大，威風凜凜。儘管這次討伐虎頭蛇尾，最後草草收場，但它卻是《三國演義》中的一次重大戰役，是書中一批重要人物的一次集中「亮相」，其中的「溫酒斬華雄」、「三英戰呂布」等精彩情節，給讀者留下了十分深刻的印象。

應該說，「諸侯聯軍討伐董卓」這一情節單元是於史有據的，但其中又有許多虛構成分。

首先，歷史上號召諸侯共討董卓的，不是曹操，而是橋瑁（《三國演義》中作「喬瑁」）。《三國志．魏書．武帝紀》注引《英雄記》說得十分清楚：「東郡太守橋瑁詐作京師三公移書與州郡，陳（董）卓罪惡，雲見逼迫，無以自救，企望義兵，解國患難。」

其次，歷史上參與討伐董卓的諸侯，並無「十八路」之多。據《三國志．魏書．武帝紀》，除了曹操於中平六年（西元一八九年）十二月率先起兵之外，初平元年（西元一九〇年）正月同時起兵的有十個州郡長官：後將軍袁術、冀州牧韓馥、豫州刺史孔伷、兗州刺史劉岱、河內太守王匡、勃海太守袁紹、陳留太守張邈、東郡太守橋瑁、山陽太守袁遺、濟北相鮑信。另據《後漢書．袁紹傳》，參與討董的有十一家（未算曹操），比〈武帝紀〉所記多出廣陵太守張超（張邈之弟）。此外，《三國志．吳書．孫破虜傳》明確記載了長沙太守孫堅參與討董之役的經歷。綜合以上資料可知，歷史上聯合討伐董卓的諸侯，共有十三家。《三國演義》在這十三家之外，又增加了五家：北海太守（按：當作「北海相」）孔融、徐州刺史陶謙、西涼太守（按：當作「涼州刺史」）馬騰、北平太守（按：當作「右北平太守」）公孫瓚、上黨太守張楊。其實，歷史上的孔融此時雖任北海相，但因忙於征討黃巾軍，並未參與討董之役（見《後漢書．孔融傳》）；歷史上的陶謙此時雖任徐州刺史，但當「董卓之亂，州郡起兵，天子都長安」時，陶謙卻「遣使間行致貢獻」，並因此得到犒賞——「遷安東將軍、徐州牧，封溧陽侯」（見《三國志．魏書．陶謙傳》），自然也與討董無關；歷史上的馬騰早在漢靈帝末年便與邊章、韓遂等起兵於涼州，反抗朝廷，直到初平三年（西元一九二年）才接受招安，任征西將軍，根本不可能參與討董（見《三國志．蜀書．馬超傳》）；歷史上的公孫瓚此時以奮武將軍身分領兵屯駐右北平郡，對付烏桓、鮮卑武裝，也不可能參與討董（見《三國志．魏書．公孫瓚傳》）；至於歷史上的張楊，此時僅率一支數千人的兵力，流動不定，尚未成為一方諸侯，後來才被董卓任命為河內太守（見《三國志．魏書．張楊傳》），當然更不算討董聯軍中的一家。

再次，歷史上的劉備與討董之役的關係，僅在《三國志．蜀書．先主傳》注引《英雄記》中有這樣一句：「會靈帝崩，天下大亂，備亦起軍從討董卓。」而〈先主傳〉正文及〈關羽傳〉、〈張飛傳〉均無一字提及此事，可見劉備等人當時地位卑微，僅僅是追隨他人參與討董，在整個戰役中並未建立什麼值得稱道的功績。

不過，在宋元以來的通俗文藝中，早已出現「十八路諸侯」討伐董卓的說法。元代的《三國志平話》和元雜劇《虎牢關三英戰呂布》，均寫到「十八路諸侯」共討董卓，而且把劉關張寫成戰功最為卓著、最引人注目的英雄。羅貫中吸納了這一思路，並結合史實，剔除了通俗文藝作品中過分隨意甚至荒誕的成分，進行新的藝術加工，描寫了一場有聲有色的「十八路諸侯討董卓」的戰役，在討董聯軍中著重突出曹、劉、孫三家，不僅使曹操的雄才大略、慧眼識人，孫堅的豪邁敢戰、勇於任事迥然高出眾人；而且以曹操、孫堅為陪襯，透過「溫酒斬華雄」、「三英戰呂布」等虛構情節，使劉關張三人從此成為天下聞名的英雄。這樣，就為後來三足鼎立局面的形成作了有力的鋪墊，而劉蜀集團的英雄們則始終處於讀者視野的中心。因此，這一情節單元成功地體現了羅貫中的總體藝術構思，成為全書的一個有機組成部分。

赤壁之戰是諸葛亮指揮的嗎？

赤壁之戰乃是三國時期的一次重大歷史事件。在《三國演義》中，羅貫中用了八回的篇幅，把這場戰爭描寫得千變萬化，險象叢生，璀璨多彩，氣勢宏大。在整個過程中，諸葛亮風彩倍出：是他舌戰群儒、智激周瑜，堅定了以孫權為代表的主戰派的抗曹信心；又是他草船借箭，以他的才智和大仁大量，排除了心胸狹窄的周瑜的陰謀陷害，由被動變為主動，令周郎自嘆不如；又是他定計火攻曹操水軍，並為周瑜借來東南大風，最終取勝。這一切描寫，造成了這樣一個印象：諸葛亮是赤壁大戰事實上的指揮者，周瑜只不過是一個配角而已。但是，這個印象是完全不符合歷史史實的。

赤壁之戰是中國歷史上著名的以弱勝強的戰爭之一。漢獻帝建安十三年（西元二〇八年）曹操率領水陸大軍，號稱百萬，發起荊州戰役，然後討伐孫權。孫權和劉備組成聯軍，由周瑜指揮，在長江赤壁（今湖北赤壁市西北，一說今嘉魚東北）一帶大破曹軍，從此奠定了三國鼎立格局。赤壁之戰是第一次在長江流域進行的大規模江河作戰，也是孫、曹、劉各家都派出主力參加的唯一的戰事。

《三國志》及裴松之注對赤壁大戰的描寫十分簡略，《資治通鑑》寫赤壁之戰也不過幾千字，但有一點史實是十分清楚的，即赤壁大戰的一方是曹操，另一方的主角是孫權的大都督周瑜。歷史上的周瑜是個堅定的主戰派，當曹軍東下時，他就曾對孫權分析了曹操遠來，必然存在「捨鞍馬，仗舟楫」、「不習水土，必生疾病」等不利因素，並主張「宜在今日」速取操兵。因而總戰爭爆發前，他即主動請精兵三萬，進駐夏口，以破曹軍。由此可知周瑜不僅是主戰派，而且是指揮這場戰爭取得勝利的決策者。而諸葛亮是在劉備大敗的情況下，奉命向孫權「求救」而出使東吳的。他在東吳的說辭和活動，最多只起了堅定孫權抗曹決心的作用。從史料記載可見，諸葛亮在東吳根本沒有參與抗戰籌議之事，既然如此，諸葛亮指揮「赤壁大戰」之說，又怎麼能成立呢？而且赤壁大戰雖然稱為孫劉聯合抗曹，實際上劉備的參戰力量只占少部分，並非主導力量。

《三國志》及有關史籍記載十分清楚，周瑜才是赤壁之戰的總指揮。首先，曹軍南征，孫吳內部和戰分歧嚴重，孫權也有些舉棋不定。孫權抗曹信心的堅定，誠然與諸葛亮的分析陳詞分不開，但與周瑜理直氣壯的陳詞更是密不可分。唯其如此，孫權才以周瑜為大都督（總指揮），領兵三萬溯江西上，聯劉抗曹。其次，赤壁大戰是以火攻取勝的，火燒赤壁雖計出黃蓋，但它是經周瑜批准執行的。史籍記載表明，周瑜還具體制定了火攻曹軍的作戰方案。而且在黃蓋行計、詐降火攻曹操的過程中，周瑜具體指導了整個軍事行動，並親率人馬，密切配合。

總之，赤壁之戰主要是由周瑜指揮的，史籍中未見到諸葛亮具體指揮戰鬥的記載，更沒有諸葛亮「披髮仗劍，登壇借風」的史實。當然，諸葛亮在緊急時刻，較為準確地分析形勢，堅定東吳抗曹信心，促成孫劉聯合，這對扭轉戰局，打敗曹操，進而取得整個戰爭的勝利，也起了重要作用。

諸葛亮對「夷陵之戰」是何態度？

夷陵之戰，又稱彝陵之戰、猇亭之戰，爆發於西元二二二年，是三國時期吳國（孫權）和蜀漢（劉備）為爭奪策略要地荊州八郡而進行的一場戰爭，也是中國古代戰爭史上一次著名的積極防禦的成功戰例。曹丕篡漢稱帝以後，劉備也於第二年，即魏黃初二年（西元二二一年）在成都西北武擔山之南即皇帝位，國號漢，歷史上稱為蜀或蜀漢，定都成都，改元章武，以諸葛亮為丞相，許靖為司徒。劉備對孫權殺關羽、奪荊州非常憤恨，便在這年七月，親率大軍東下伐吳，引發了歷史上著名的戰役——夷陵之戰，俗稱「火燒連營七百里」。戰爭初期，吳將陸遜為避其鋒，堅守不戰，雙方成對峙之勢。蜀軍遠征，補給困難，又不能速戰速決，加上入夏以後天氣炎熱，導致銳氣漸失，士氣低落。劉備為舒緩軍士酷熱之苦，命蜀軍在山林中安營紮寨以避暑熱。陸遜看準時機，命士兵每人帶一把茅草，到達蜀軍營壘時邊放火邊猛攻。蜀軍營寨的木柵和周圍的林木為易燃之物，火勢迅速在各營漫延。蜀軍大亂，被吳軍連破四十餘營。劉備退回了白帝城，憂憤成疾，不久便一病不起。陸遜火燒連營的成功，決定了夷陵之戰蜀敗吳勝的結局。

《三國演義》第八十一回「急兄仇張飛遇害，雪弟恨先主興兵」，敘述了在劉備出兵以前，趙雲和秦宓進諫的情節，都是符合史實的。查閱史籍，趙雲進諫的事見於《趙雲別傳》的記載，說是「國賊是曹操，而不是孫權。而且只要先滅了魏，吳自然便會歸附。不應該把魏放在一邊而先與吳交戰，只要兵勢一交，就不能輕易地和解了。」但是劉備在盛怒之下，並沒有採納趙雲的意見。又據《三國志．秦宓傳》記載：劉備既已稱了尊號，將要東征吳國，秦宓向劉備陳述天時，認為出兵必然不利。秦宓因此獲罪，被下獄幽閉，後來又把他釋放出來。

那麼身為丞相、作為劉備智囊的諸葛亮，對伐吳的態度如何呢？據《三國演義》第八十一回所寫，諸葛亮是反對伐吳的，曾屢次向劉備進諫，而劉備沒有聽從。及至秦宓進諫被下獄囚禁，諸葛亮急忙上表營救，表文中說：「但念遷漢鼎者，罪由曹操；移劉祚者，過非孫權。竊謂魏賊若除，則吳自賓服。願陛下納秦宓金石之言，以養士卒主力，別作良圖，則社稷幸甚！天下幸甚！」而劉備看畢，卻擲表於地說：「朕意已決，無得再諫！」連諸葛亮的話也聽不進去了。《三國演義》第八十五回又記載：劉備伐吳慘敗，退回白帝城，嘆息說：「朕早聽丞相之言，不致今日之敗！今有何面目復回成都見群臣乎！」

但《三國演義》上有關諸葛亮對劉備伐吳進行諫阻的情節，以及後來劉備的悔恨之言，卻是沒有史實依據的。史書中除記載了趙雲和秦宓的進諫以外，還有「群臣多諫」的話，而這「群臣」之中都有哪些人，史書上並沒有標出姓名，我們現在便不清楚了。至於諸葛亮對這件事的態度怎樣，史書上卻沒有明確的記載，所以使後人產生了許多猜測。大體上有兩種意見：一種意見認為，在諸葛亮的〈隆中對〉中，把「外結好孫權」作為劉備立國的策略基礎，所以他從維護吳蜀聯盟的立場出發，一定不同意出兵伐吳，是會站出來進行勸阻的。而另一種意見則認為，在〈隆中對〉中，諸葛亮把「跨有荊、益」放在重要的策略位置上，所以他對失去荊州不會善罷甘休，一定會支持劉備伐吳，不會提出什麼反對意見。而且，他事先也沒有估計到伐吳會落得個如此慘敗的下場，從雙方的兵力對比來看，蜀軍比吳軍強大，明顯占有優勢。但以上的兩點意見，畢竟都是猜測，或者說推論，並沒有什麼史料上的根據。

在《三國志．法正傳》中倒有這樣的記載：章武二年，大軍敗績，還住白帝（城）。亮嘆曰：法孝直若在，則能制主上，令不東行；就復東行（即使還要東征），必不傾危矣。大概諸葛亮和趙雲等人一樣，本來是反對出兵伐吳的，但當時劉備正在盛怒之下，任何反對的意見都聽不進去，諸葛亮料到：就是自己出來勸阻，也是白費唇舌，而且還會造成君臣之間的不愉快，所以也就保持沉默。但他在事後想起了法正，在法正活著的時候，劉備對法正的信任超過諸葛亮，只有法正才能在最緊要的關頭制止劉備。同時諸葛亮也深知法正謀略，如果法正不死，能夠跟隨劉備伐吳，必然不會讓劉備在戰術上犯那樣的失誤，伐吳也就不會失敗了。

劉備在夷陵的慘敗，大大削弱了蜀漢的國力，影響甚為深遠。

司馬懿曾經「五路伐蜀」嗎？

司馬懿，字仲達，河內溫縣孝敬里（今河南溫縣招賢鎮）人，三國時期魏國傑出的政治家、軍事家、權臣。多次率軍對抗諸葛亮，以其功著，封宣王。其孫司馬炎稱帝後，追尊為晉宣帝。司馬懿為人「內忌而外寬，猜忌多權變」（《晉書．宣帝紀》），曹操知其「有雄豪志」（《晉書．宣帝紀》），聞他有狼顧（身不動而回頭看）之相，把他召來，先讓他朝前走，然後讓他回頭看。司馬懿居然能臉正朝後而身仍不動。曹操又曾夢見三馬同食一槽，醒後很不高興，對曹丕說：「司馬懿非人臣也，必預汝家事」（《晉書．宣帝紀》）。於是便想予以處置，虧得曹丕跟司馬懿關係好，常常保護他，才得以倖免。

司馬懿也是《三國演義》塑造比較成功的人物形象，羅貫中從表現諸葛亮的「多智」創作傾向出發，寫司馬懿與諸葛亮鬥智鬥勇，從一開始便處於下風。《三國演義》第八十五回司馬懿獻五路伐蜀之計，乃是他第一次出場。故事說曹丕得知劉備已死，劉禪剛嗣位消息後，大喜。文武百官紛紛建言獻計，司馬懿主張乘此機會用兵蜀國，他認為僅用曹魏軍隊伐蜀，極難取勝，遂獻五路伐蜀之計：第一路，請鮮卑國王軻比能發兵十萬攻取西平關（今青海西寧附近）；第二路，請蠻王孟獲起兵十萬攻益州、永昌等郡（今川南及雲貴川交界一帶）；第三路，請東吳孫權起兵十萬攻西川峽口（今四川樂山以東地區）；第四路，命降將孟達起兵十萬，自上庸進攻漢中（今陝西漢中）；第五路，遣大將曹真領兵十萬，從陽平關（今陝西勉縣西）進取西川。司馬懿認為：如此四面夾擊，諸葛亮縱有呂望之才，也勢必首尾不能相顧，如此計成，滅蜀指日可待。後主劉禪聞此消息，大驚失色，而諸葛亮卻稱病不朝。劉禪親往相府探望，方知諸葛亮已暗中調兵遣將：命馬超守西平關拒軻比能；命魏延設疑兵以拒孟獲；詐作李嚴親筆信以慢孟達之心；命趙雲守陽平關以拒曹真；遣鄧芝出使東吳，修繕兩國關係。一切按計而行，司馬懿的五路伐蜀之計被諸葛亮從容而破。

那麼，司馬懿是否真有過五路伐蜀之計呢？事實上，羅貫中寫司馬懿獻計五路伐蜀，純粹是杜撰，因為此事在《三國志》及《晉書》中並無記載。但是，該故事所涉及內容真假相摻。首先，建興元年（西元二二三年），魏、吳尚處於對峙狀態，是根本不可能聯合對蜀的。而且，建興元年，孟獲只是益州郡大姓雍闓部屬，魏國怎麼可能繞開雍闓而請孟獲出兵呢？再者，《三國志》記馬超死於章武二年（西元二二二年），怎麼可能在西元二二三年領兵鎮守西平關呢？唯有鄧芝使吳修好，史有其事。鄧芝是重建吳蜀聯盟的主要功臣。吳、蜀修好後，孫權斷絕了和曹魏的關係。

總之，夷陵之戰後，蜀國元氣大傷，劉禪又剛即位，內外交困。對此，魏國用兵蜀國是可能的，但也僅僅是可能而已，司馬懿根本沒有過五路伐蜀之計和行動。

取漢中是諸葛亮之功嗎？

《三國演義》從第七十回到第七十二回，先是寫劉備各處守軍抵禦曹軍的進攻，而後寫劉備乘時親征，一舉攻取漢中。這次戰役，處處可見諸葛亮運謀設計，指揮調度。

張飛在宕渠山大戰張郃，五十多天，相拒絕下，便每日飲酒飲至大醉，旁若無人，坐於山前亂罵。消息傳來，劉備大驚，擔心張飛貪杯誤事，孔明卻算定這是張飛之計，反而派人送去三車美酒助陣。果然，張郃被誘下山來，被張飛擊敗。後來張郃又領兵攻打葭萌關，守將孟達大敗，葭萌關告急。孔明又不慌不忙，用激將法請出老將黃忠、嚴顏。黃忠不負軍師所託，用驕兵之計，奪了天蕩山曹操的糧草，又一次打敗了張郃。孔明又和劉備親自引兵十萬，出葭萌關下營。他先激黃忠出陣，並派法正相助，斬了夏侯淵，奪了定軍山。當曹操自領二十萬大軍殺來時，孔明又派黃忠、趙雲各領一支軍馬，奪了米倉山，燒了曹操的糧草。曹操統大軍來奪漢水寨柵時，孔明先令趙雲引五百人，帶鼓角伏於土山之下，一連三夜，擂鼓鳴炮，驚擾敵人，教曹兵徹夜不安。後又用疑兵之計擊潰曹兵，連夜追趕，奪了南鄭。曹操不得不退守陽平關，孔明又早已算定，一面差張飛、魏延分兵兩路，去截曹操糧道，一面令黃忠、趙雲分兵兩路，去放火燒山。這又把曹操趕到斜谷界口，待曹操只好棄漢中而走時，孔明又令馬超諸將分兵十幾路，不時攻劫，讓曹兵人人喪膽。劉備軍靠孔明的運籌指揮，節節勝利，終於攻取了漢中。

在羅貫中的筆下，這次攻取漢中的戰役，孔明用兵如神及其過人的智慧又一次得到淋漓盡致的發揮，讓人讚嘆，也覺得真實可信，好像這次戰役就是這樣靠孔明一個個計謀打過來的。那麼，歷史是如此的嗎？

先依據《三國志》及有關史書，看看歷史上的漢中之爭是怎麼回事。建安二十年（西元二一五年），曹操攻取關中之後，便率大軍進攻漢中張魯，張魯投降。劉備對曹操勢力進入漢中、深入「三巴」很擔心，遂派黃權擊敗曹操任命的「三巴」首領，控制了「三巴」地區。曹操令大將張郃出兵，又被張飛打敗。曹操在漢中，丞相主簿司馬懿、謀士劉曄等都曾建議取西川。曹操說：人不能不知足，「既得隴，復望蜀！」拒絕了這個建議。隨後調大將夏侯淵守漢中，自己回到了中原。當時法正對劉備說：曹操不是不想得到西蜀，而是後方不穩定，內部有問題的緣故。他建議劉備趁機攻取漢中，進可作為用兵中原的據點，退可蠶食雍、涼二州，擴大地盤。希望劉備不要錯過機會。劉備採納了法正的建議，於建安二十四年（西元二一九年）正月率大軍進逼定軍山（今陝西勉縣東南），夏侯淵全力迎戰。法正建議劉備速取，於是劉備命黃忠出戰夏侯淵，大敗曹軍，並取了夏侯淵首級。曹軍在張郃統領下，退守陽平關，曹操從長安出斜谷，速赴陽平關前線。因蜀軍據險而守不出戰，曹軍日久難支，反被趙雲巧設「空城計」，疑兵退曹。五月，曹操以漢中為「雞肋」，決定放棄而退兵，劉備占據漢中。七月，劉備自稱漢中王。

以上據史論述可見，歷史上雖有過漢中之役，但那是在劉備、法正具體指揮下進行的，與諸葛亮無關，自然也不是諸葛亮「智取」之功了。那麼，諸葛亮此時在做什麼呢？他並沒有隨劉備出征漢中。《三國志．諸葛亮傳》說，攻下成都，占領西川以後，「先主外出，亮常鎮守成都，足食足兵。」他是留在成都，任務有兩個，一是鎮守、治理後方，二是為前方源源不斷地輸送兵員和軍需給養。他沒有出征前線，《三國演義》這幾回關於他的描寫，當然都是虛構的。作者這樣虛構，自然有他的考慮。要突出諸葛亮多智的形象，只有讓他「出征」出謀劃策。

諸葛亮真的「六出祁山」嗎？

「六出祁山」是《三國演義》後半部書中最重要、最精彩的一個情節單元。從第九十一回〈伐中原武侯上表〉到第一百零四回〈隕大星漢丞相歸天〉，這個情節單元首尾共計十四回，其篇幅超過了赤壁大戰這個單元，堪稱全書之最。

據《三國演義》記載，魏太和元年（西元二二七年）春，諸葛亮統軍十萬，進駐漢中，圖謀攻魏。次年春，諸葛亮率軍出祁山（今甘肅東南部西漢水北岸地區）。天水、南安、安定等三郡皆背魏歸蜀。魏明帝震恐，親赴長安（今西安）督戰。當蜀軍在街亭與魏軍交戰時，前鋒馬謖擅自改變部署，棄城守山，被張郃乘勢困敗，失去要地。諸葛亮因初戰受挫，失去前進的依託，乃退兵漢中，斬馬謖，整治蜀軍。同年十二月，諸葛亮統軍數萬再度攻魏，出散關圍陳倉（今陝西寶雞境內），攻城二十餘日不下，糧盡還師。諸葛亮為孤立祁山魏軍，並開闢軍資來源，於建興七年（西元二二九年）春三出祁山，奪回武都、陰平二郡。後又派兵西入羌地，安撫羌人。建興九年（西元二三一年）春，諸葛亮率軍四出祁山。魏大將軍司馬懿督軍迎擊。諸葛亮於上邽（今甘肅天水）擊敗魏軍，搶收小麥，充實軍糧後撤回祁山。魏將急躁，率軍尾隨追擊。待魏軍逼近時，諸葛亮五出祁山，殲敵三千人，司馬懿只得收兵退回上邽。正當諸葛亮率部乘勝追擊魏軍時，中都護李嚴假傳撤軍聖旨，只得退軍，於木門（今甘肅天水南）設伏張郃後，還師漢中。經過三年休養生息，諸葛亮於建興十二年春六出祁山，率軍十萬，與魏軍二十萬對峙於渭水南。諸葛亮數次挑戰，但司馬懿卻率部渡過渭水，背水築壘拒守。諸葛亮識破司馬懿以逸待勞的陰謀，進駐五丈原。這樣，魏、蜀兩軍相持四個多月。八月，諸葛亮病故在軍中，最後蜀軍還師漢中。諸葛亮六出祁山，長達七年之久，雖苦心籌謀，但最終因國力不濟等原因，以致師勞而功微。

據《三國志．蜀書．後主傳》及〈諸葛亮傳〉，歷史上的諸葛亮確實與魏國進行了六次戰爭。第一次：建興六年（西元二二八年）春，諸葛亮命趙雲、鄧芝率偏師出兵箕谷，以為疑兵，而親率大軍進至祁山。魏國南安、天水、安定三郡望風歸順，關中震動。魏明帝急忙親自坐鎮長安，命左將軍張郃抵禦諸葛亮。由於馬謖違背諸葛亮的指揮，兵敗街亭，諸葛亮只得退兵漢中，三郡得而復失。第二次，建興六年冬，諸葛亮兵出散關，進圍陳倉。魏將郝昭防守嚴密，諸葛亮攻城二十餘日，未能得手，因糧盡而退兵。魏將王雙率兵追趕，諸葛亮擊敗其軍，斬王雙，回到漢中。第三次，建興七年（西元二二九年）春，諸葛亮命部將陳式攻打武都（治所在今甘肅成縣西北）、陰平（治所在今甘肅文縣西北）。魏將郭淮欲擊陳式，諸葛亮親自出兵建威（今甘肅西和縣北），郭淮退走，遂得二郡。第四次，建興八年（西元二三〇年）秋，魏國派大將司馬懿由西城，張郃由子午谷，曹真由斜谷，三路進攻漢中，諸葛亮嚴陣以待。由於連降大雨，道路斷絕，魏軍勞而無功，只得退去。第五次，建興九年（西元二三一年）春，諸葛亮再次出兵祁山，魏明帝命司馬懿督兵抵禦。諸葛亮連戰皆勝，因糧盡而退兵。魏將張郃領兵追趕，諸葛亮在木門設下埋伏，將其射死。第六次，建興十二年（西元二三四年）春，諸葛亮率大軍由斜谷而出，占據武功縣五丈原，與司馬懿對峙於渭水南岸。司馬懿堅守不戰，諸葛亮分兵屯田，以為久計。是年八月，諸葛亮病重，溘然長逝五丈原。由此可見，歷史上的諸葛亮總共五次北伐，其中只有兩次兵出祁山，另外還有一次則是防守。

羅貫中在「六出祁山」這個情節單元中，生動地表現了諸葛亮的忠貞品格和奇謀妙計，突出了他那「鞠躬盡瘁，死而後已」的奮鬥精神，在藝術上總的說來是成功的，給讀者留下了十分深刻的印象。但是，由於羅貫中歷史地理知識不足，而又過分拘泥於「六出祁山」這樣的進軍路線，導致這一單元出現許多地理錯誤。

諸葛亮北伐因何失敗？

諸葛亮是三國時期著名的政治家、軍事家。諸葛亮的〈出師表〉中「鞠躬盡瘁，死而後已」一句，已演化為成語，成為許多仁人志士的座右銘。後人對諸葛亮表示景仰崇敬之際，常常為他「出師未捷身先死」感到遺憾和惋惜。建興十二年（西元二三四年）八月，諸葛亮積勞成疾，病死軍中，隨著蜀軍的撤退，諸葛亮奮鬥了終生的北定中原、統一中國的目標也隨之宣告失敗。

長期以來，人們就諸葛亮北伐為何未能成功、諸葛亮該不該進行這場戰爭以及諸葛亮的才幹等方面的問題，爭論不休，至今未達成一致的認識。關於諸葛亮北伐為何未能取得成功這一問題，比較有代表性的觀點有以下幾種：

一種觀點認為，諸葛亮短於用兵，不善於打仗。陳壽《三國志》說諸葛亮「於治戎為長，奇謀為短」的評價是這種觀點的代表。陳壽在《三國志》諸葛亮本傳中還具體地指出諸葛亮北伐「連年動眾，未能成功，蓋應變將略，非其所長。」並有以下事實證明：

第一，不敢用魏延的「子午谷奇謀」；

第二，策略上寄希望於興師動眾以取勝，考慮其他制勝途徑和條件不足；

第三，戰術上執著於與敵軍正面作戰，應變能力差。

陳壽歷來以「良史」著稱，所以他對諸葛亮的評說，是真話，是公允正確的。但也有人認為，這不是陳壽的心裡話，一者陳壽以蜀人仕晉，不能不有所避諱；二者陳壽之父因馬謖失街亭受牽連治罪，陳壽的評說意在貶諸葛亮，是完全可能的。

另一種觀點認為，蜀國弱小，不具備北伐成功、統一中國的條件。清代學者王夫之在《讀通鑑論》中，根據諸葛亮〈(後)出師表〉「以先帝之明，量臣之才，故知臣伐賊才弱敵強也；然不伐賊，王業亦亡，唯坐待亡，孰與伐之」的議論，認為諸葛亮明知我弱敵強，北伐已不可能成功，卻又連年勞師動眾，是不得不採取的以攻為守的策略，「醉翁之意不在酒」。西元一九五〇年以來，不少文史工作者，如周一良、陳克華等在論著中也特別強調弱小的蜀國要想取得北伐成功，實在是不可能的事。

再有一種觀點認為是沒有聯合東吳。此種觀點認為，諸葛亮雖多次北伐，但基本上是單方面進行的，沒有事先和東吳取得聯繫以及密切配合作戰。而在《隆中對策》中和後來三國鼎立的實際情況下，國力弱小的蜀國欲戰勝強大的魏國，不聯合吳國出兵是不可能成功的。

還有一種觀點強調是形勢發生了變化。這種觀點認為，實際上諸葛亮是始終按照「隆中策略」在努力，但這個方針策略實現的客觀形勢發生了不可逆轉的變化。一是荊州之失，使《隆中對策》的策略受挫；二是夷陵之敗，使蜀國元氣大傷，力量削弱。這一切都不是諸葛亮所能料及、所能改變挽回的。

以上四說都有一定道理，但是歷史的發展是多種因素作用的結果，因此，我們認為，研究諸葛亮北伐為何未能成功，應強調：一是系統分析，二是分清主次。如此，我們又認為，以上諸說雖不無道理，但似乎又有偏頗！

姜維到底幾伐中原？

諸葛亮臨終前，把軍事大權親手交給了姜維。作為肩負「恢復中原，重興漢室」大業重任的姜維，九次興師伐魏，最終以身殉國。《三國演義》用了第一百零七回至一百一十六回，共九回記載此事。

那麼，歷史上姜維到底幾伐中原呢？據史書記載，第一次北伐，後主延熙元年（西元二三八年）姜維和蔣琬出師隴右，在南安與魏軍相持不下。第二次北伐，延熙七年（西元二四四年）姜維和費禕出兵興勢，遣王平襲擊魏將曹爽，曹爽大敗。第三次北伐，延熙十年（西元二四七年）出隴西，與魏將郭淮、夏侯霸大戰洮西。第四次北伐，延熙十二年（西元二四九年）姜維派廖化去洮城，此時已是「蜀中無大將，廖化作先鋒」的情況下，姜維獨力與魏國眾多將領作戰，雙方互有勝負。第五次北伐，延熙十三年（西元二五〇年）姜維以羌胡為輔，與郭淮戰於洮西，雙方平手。第六次北伐，延熙十六年（西元二五三年）費禕遇刺被害後，姜維出兵包圍南安，糧盡而退。第七次北伐，延熙十七年（西元二五四年）出隴西狄道，斬魏將徐質。第八次北伐，延熙十八年（西元二五五年）與夏侯霸出狄道，大破王經於洮西，王經退守狄道城，後陳泰派兵解圍。第九次北伐，西元二五六年姜維再次出兵，蜀將胡濟失期不至，為鄧艾破於段谷，死傷慘重。第十次北伐，西元二五七年乘魏將諸葛誕叛亂，姜維出兵秦川，魏軍堅守不戰，到了次年永安元年（西元二五八年）諸葛誕兵敗後退兵。第十一次北伐，景耀五年（西元二六二年）姜維再次出兵，與鄧艾戰於侯和，為鄧艾所破，然後還住沓中。這是姜維最後一次北伐，此時黃皓欲以閻宇替代姜維，姜維因厭惡黃皓擅權，曾向後主請求誅殺黃皓，但後主沒有接受，姜維察覺此舉可能惹怒黃皓，為了避禍便避居沓中屯田。鍾會，鄧艾領大軍征蜀。景耀六年（西元二六三年）蜀亡。

但是，這幾次交鋒，姜維卻得利不多，失利不少。如果完全按史實寫，當然不行。《三國演義》作者因此又一次使出了巧妙剪裁、虛實間用的拿手本領。

先刪去了幾次戰事。魏嘉平元年（西元二四九年）之前的戰事都刪去了。這之後的兩次也隻字未提。一次是蜀延熙十三年（西元二五〇年），姜維攻打西平（今青海西寧），不克而還。還有一次是蜀延熙十七年（西元二五四年），姜維率張嶷等部從狄道進軍攻占魏河間、臨洮等邊縣，遭到魏將徐質的反擊，張嶷陣亡，姜維退走。《三國演義》不僅刪去這次戰役，而且還在前一年（西元二五三年），就先讓姜維一槍把徐質刺於馬下，再讓眾軍用亂刀把他砍死。

又改造潤飾了幾次戰事。蜀延熙十二年（西元二四九年），姜維兵出雍州，築城曲山，要與羌人會合伐魏。《三國演義》如實寫了這次姜維的敗退，但卻又寫當姜維奮力殺出重圍時，遇上並未參加這次戰役的司馬師，並且讓姜維只三回合便把司馬師殺敗，待司馬師再來時，又讓蜀軍用諸葛亮所傳連弩法，連人帶馬射死魏軍無數，教司馬師在亂軍中逃命而回。蜀延熙十六年（西元二五三年），姜維出石營，經董亭，圍狄道，被郭淮、陳泰解了狄道之圍，姜維糧盡而還。《三國演義》寫來，又添枝加葉。前面說過，魏將徐質本來第二年還在反擊蜀軍時殺了蜀將張嶷，但《三國演義》卻讓他在這一戰中中了姜維的誘兵之計，魏兵大敗，徐質被殺。這次戰役，司馬昭以征西將軍的身分到了前線，住在長安，作者當然也不放過，讓姜維神機妙算，像當年諸葛亮在上方谷困住司馬懿一樣，這次則把司馬昭困在鐵籠山，幾乎枯渴而死，全軍覆沒。還有魏將郭淮，本來是兩年後的西元二五五年才死，作者也讓姜維在這次戰役中，接住郭淮射來的一枝箭，反射過去教郭淮應弦落馬而死。延熙二十年（西元二五七年），姜維乘魏軍多赴淮南，乘虛出駱谷，進軍秦川。作者也先讓蜀將傅僉活捉魏將王鎮，又用鐵鐧打死魏將李鵬，爾後蜀兵奮勇攻城，直殺得魏兵在城內嚎啕痛哭，聲聞四野。

最後又完全虛構了兩次戰役。一次說在蜀景耀元年（西元二五八年）冬，姜維兵出祁山。剛分三寨紮下，其中一寨卻因鄧艾預先挖下道地通至寨中，半夜魏軍從道地中殺出，成內外夾攻之勢。姜維臨變不亂、指揮蜀軍沉著應戰，殺退魏兵。接著，姜維又效孔明鬥陣辱仲達之法，布下八卦陣，誘鄧艾中計，困在陣中。鄧艾雖然遇救出陣，祁山九寨卻都被蜀兵奪了。最後，姜維又識破鄧艾的詭計，一邊和魏兵鬥陣，一邊布下伏兵，把魏兵殺得大敗，連主將鄧艾也中了四箭。再一次說在景耀三年（西元二六〇年），姜維聞司馬昭弒了曹髦，立了曹奐，便令廖化取子午谷，張翼取駱谷，姜維自取斜谷。殺奔祁山前來。這一次，姜維識破鄧艾參軍的詐降之計，又將計就計，把魏兵誘入埋伏殺得大敗，鄧艾丟盔棄甲，撇了座下馬，爬山越嶺而逃。

刪、改、造，這就寫成了《三國演義》中的姜維八伐中原。雖然真真假假，雜採並用，但作者寫來卻一氣呵成，了無痕跡。魏軍雖然最後勝了，卻常常很狼狽，醜態百出，姜維這個諸葛亮的接班人雖然失敗了，卻不失其光彩，特別是完全虛構的兩次戰事，真是贏得痛快淋漓。

揭開《三國演義》中事件的真相

《三國演義》描寫的是從東漢末年到西晉初年之間近一百年的歷史風雲。全書反映了三國時代的政治軍事鬥爭，反映了三國時代各類社會矛盾的滲透與轉化，概括了這一時代的歷史巨變。毫無疑問，《三國演義》對三國歷史文化的普及起了十分重要的作用，但它三虛七實的描寫也迷惑了不少讀者對歷史真相的了解。

「徐庶走馬薦諸葛」的故事可信嗎？

徐庶，字元直，他化名單福，投奔劉備，劉備拜他為軍師。徐庶幾番設計，幫助劉備大敗曹軍。曹操甚為驚奇，問左右：「不知何人為劉備出謀劃策？」謀士程昱答道：「此人非單福，乃潁川徐庶也。丞相要用此人，召來不難。」便獻上一計。曹操依計派人把徐庶的母親接到許昌，又使人模仿徐母筆跡，給徐庶寫一封信，讓他速來許昌相見，以救母命。徐庶為人至孝，見信後淚如泉湧，只得持信來見劉備，以實相告，便要辭行。劉備聞言大哭，遂強留一夜，二人相對而泣，坐以待旦。第二日，諸將於城外安排筵席餞行。臨走之時徐庶為劉備推薦了一個人，這就是三國時期鼎鼎有名的人物——諸葛亮。徐庶詳細介紹了諸葛亮的才德，建議劉備親往隆中相請。這段故事，便叫做「徐元直走馬薦諸葛」。後人有詩讚道：「痛恨高賢不再逢，臨岐泣別兩情濃。片言卻似春雷震，能使南陽起臥龍。」

此故事原本《三國志》卷三十五《蜀書．諸葛亮傳》載：「時先主屯新野，徐庶見先主，先主器之，謂先主曰：『諸葛孔明者，臥龍也，將軍豈願見之乎？』……俄而（劉）表卒，（劉）琮聞曹公來征，遣使請降。先主在樊聞之，率其眾南行，亮與庶並從，為曹公所追破，獲庶母。庶辭先主，而指其心曰：『本欲與將軍共圖王霸之業者，以此方寸之地也。今已失老母，方寸亂矣，無益於事，請從此別。』遂詣曹公。」《三國志》裴注所引各書以及《資治通鑑》等相關記載事體無異。其後數百年，至《三國志平話》演為：曹兵大敗，燒死不知其數。……皇叔設宴待徐庶，筵宴畢，當日徐庶自思，我今老母現在許昌，曹公知我在此殺曹兵，與我為冤，母親家小性命不保！即辭先主，先主不喜。徐庶曰：「我若不還，老小不保。」先主、關、張三人與徐庶送行，離城十里酌別，不肯相捨；又送十里，長亭酌別。先主猶有顧戀之心，問曰：「先生何日再回？」徐庶曰：「小生微末之人，何所念哉！今有二人……」先主問誰人。徐庶曰：「南有臥龍，北有鳳雛……」

對比可知，《三國志平話》此節乃取《三國志》徐庶本事輪廓，挪移變異，踵事增華。其與史載本事主要的區別：一是《三國志》說徐庶因母親隨軍敗逃，被曹兵所獲，不得已辭劉歸曹，而《平話》卻說他幫助劉備打了勝仗，因念及母親「現在許昌」，主動請辭，投奔曹操而去；二是《三國志》沒有寫劉備送別徐庶等事，而《平話》虛構其事並作了渲染；三是《三國志》說徐庶薦諸葛亮在歸曹之前並短暫與其共事劉備，而《平話》改寫為劉備為徐庶送別，徐庶於臨行之際薦諸葛亮、龐統以自代，後去曹營，徐庶與諸葛亮並未謀面。毫無疑問，這些改動的結果化生活為藝術，變史述為小說，是三國徐庶歸曹故事文學化的巨大飛躍。

以《三國演義》徐庶歸曹故事與上引《三國志》及《三國志平話》對比可知，《三國演義》雖原本《三國志》，卻主要是襲用了《三國志平話》中情節，包括徐庶助劉備計取樊城、念母歸曹、劉備長亭送別、徐庶薦諸葛亮等。但在《三國演義》中，這些發生於劉備一方的情節只占全部徐庶歸曹故事的一半；它的另一半即發生於曹營方面的情節——曹操挾徐母為人質以招徐庶和徐母死節一大段精彩文字，卻不出自今見羅貫中之前任何有關三國的資料。《三國演義》讓徐庶在龐統獻連環計時再露了一面，是順筆添上去的，正史沒有記載。此後便不再提及。而正史卻說：徐庶在魏文帝（曹丕）時，官至右中郎將，御史中丞，諸葛亮聞知此事，頗為感慨地說：「徐元直只當上這個官嗎？」言下之意，是委屈了他的。不過其他事蹟亦無可考。

誰先提出「三分天下」？

《三國演義》寫劉備三顧茅廬，諸葛亮提出了著名的「隆中對」。他分析道：「現在曹操已經戰勝袁紹，擁有一百萬兵力，而且他又挾持天子發號施令。這就不能光憑武力和他爭勝負了。孫權占據江東一帶，已經三代。江東地勢險要，現在百姓歸附他，還有一批有才能的人為他效力。看來，也只能和他聯合，不能打他的主意。」接著，諸葛亮分析了荊州和益州（今四川、雲南和陝西、甘肅、湖北、貴州的一部）的形勢，認為荊州是一個軍事要地，可是劉表是守不住這塊地方的。益州土地肥沃廣闊，向來稱為「天府之國」，可是那裡的主人劉璋也是個懦弱無能的人，大家都想取而代之。最後，他說：「將軍是皇室的後代，天下聞名，如果您能占領荊、益兩州的地方，對外聯合孫權，對內整頓內政，一旦有機會，就可以從荊州、益州兩路進軍，攻擊曹操。到那時，有誰不歡迎將軍呢。如此，功業就可以成就，漢室也可以恢復了。」此見解使劉備茅塞頓開，忙頓首拜謝。諸葛亮未出茅廬，已知天下三分，「真萬古之人不及也」。

一千多年來，諸葛亮提出的「三分天下」幾乎是無人不曉。但是史實並非如此，最先料定天下必然鼎足三分的並非諸葛亮，而是東吳傑出政治謀略家魯肅。據《三國志》魯肅本傳記載：建安五年（西元二〇〇年），孫權與魯肅「合榻對飲」，密商天下大事。魯肅分析說：今天的曹操，就好像秦末的項羽。他預料，漢室已經不可復興，曹操也不可能迅速能夠消滅掉。孫吳最好的辦法，就是「鼎足江東，以觀天下之釁」，鼎足固本之後，即可據揚取荊，並益州而盡長江所極，形成南北對峙，然後徐圖天下以成帝業。魯肅認為劉備是僅存的「天下梟雄」。所以，當劉表死後，魯肅徵得孫權同意，親赴荊州，以弔孝為名，欲勸說劉備與孫權「同心一意，共治曹操」。時值劉琮降曹，劉備敗走，魯肅從夏口追至當陽長坂，會見了劉備，當面陳述了孫劉聯盟的意見。劉備在敗軍之時，欣然同意了他的建議。這樣，曹操、劉備、孫權三分天下的局面初見端倪。從上述可知，魯肅之議在先，再有〈隆中對〉，隨後才是魯肅的聯劉、諸葛亮的實際行動。不過也應該承認，魯肅之議比諸葛亮的構想略顯粗糙，這不僅是因為提出的時間先後不同，更主要的是背景不同。

「舌戰群儒」史有其事嗎？

幾百年來，諸葛亮「舌戰群儒」的故事在民間廣為流傳，這幾乎成了諸葛亮智慧與膽略的象徵。該故事在元代的《三國志平話》中即有簡略的描寫。在《平話》啟發下，羅貫中對此故事進行了大膽的藝術虛構，透過諸葛亮的博雅、雄辯與眾儒生的迂腐、鈍拙的對比描寫，充分表現了諸葛亮作為智慧化身的藝術形象。《三國演義》第四十三回有「諸葛亮舌戰群儒」的故事：諸葛亮為聯吳抗曹而出使江東，在謁見孫權之前，與江東文武二十餘人會於外堂。其中張昭等多數文臣主張降曹，知諸葛亮來意，故意挑起論爭，欲使諸葛亮知難而退。誰知諸葛亮從容不迫，對答如流，駁得張昭「並無一言回答」，虞翻「不能對」，步騭「默然無語」，薛綜「滿面羞慚」，陸績「語塞」，嚴畯「低頭喪氣」，程德樞亦「不能對」，使東吳主張降曹者理屈詞窮，盡皆失色。

諸葛亮駁難江東諸儒，委實出盡了風頭。那麼，這件事是否於史有據呢？其實，史書上並沒有所謂「舌戰群儒」的記載，《三國志．諸葛亮傳》只記載了諸葛亮和孫權的對話，未及其他。當然，諸葛亮既然到了東吳，總該與孫權的臣僚們有所接觸，少不了要互相交換意見，彼此進行論難。但史書上既然沒有記載，我們也就不知其真相了。《三國志平話》寫有諸葛亮在孫權面前駁斥張昭、吳危（按：史無其人）的內容，非常簡略，可以看作是「舌戰群儒」故事的雛形。《三國演義》在此基礎上又進行了增飾創作，場面宏大，出場人物眾多，稱得上是大手筆。但從史學的角度來看，其中的一部分內容，既沒有真實性，又沒有合理性。

據《三國志．魯肅傳》和《資治通鑑》所記，赤壁之戰前夕，東吳統治集團內部對曹操是戰還是和，是有意見分歧的。以重臣張昭為首的一些人認為，曹軍銳不可當，「皆勸（孫）權迎之」。最初孫權也抱觀望態度，戰和猶豫不決。但諸葛亮對形勢的分析和對前途的樂觀預測，極大地鼓舞了孫權，堅定了抗曹信心。關於諸葛亮出使東吳，聯吳抗曹之事，史籍記載甚詳，據《三國志》諸葛亮、魯肅本傳記載可知：劉備當陽大敗，勢單力薄，無地依存，面臨覆亡之災。諸葛亮奉命「求救於孫將軍（孫權）」。諸葛亮一到孫吳，因孫權當時擁兵在柴桑，「觀望成敗」，急於了解曹操方面的情況，便立即接見了諸葛亮。諸葛亮首先勸孫權放棄「觀望」態度，說曹操大軍壓境，若能以吳、越之眾與之抗衡，就當早早與之斷絕關係；若不能與之抗衡，何不按兵束甲，早早投降。他認為，現在孫權「外託服從之名，而內懷猶豫之計，事急而不斷，禍至無日矣！」還用「激將法」告訴孫權：劉備是不會拜倒在曹操腳下的。孫權聽罷，果然不甘示弱，決心抗曹，遂向諸葛亮問計。諸葛亮給孫權分析了曹軍的弱點、孫劉雙方的優點，對戰爭前景作了樂觀的估計。

以上所述可見，在整個劉孫聯合的過程中，根本沒有諸葛亮在會見孫權之前在外堂與群儒「舌戰」之事。所謂諸葛亮「舌戰群儒」完全是《三國演義》作者對諸葛亮形象成功的文學塑造。

孫堅是否「匿璽背約」？

在《三國演義》第六回中有一個這樣的故事：眾諸侯分屯洛陽。孫堅救滅宮中餘火，屯兵城內，設帳於建章殿基上。堅令軍士掃除宮殿瓦礫；凡董卓所掘陵寢，盡皆掩閉……旁有軍士指曰：「殿南有五色毫光，起於井中。」堅喚軍士點起火把，下井打撈。撈起一婦人屍首，雖然日久，其屍不爛：宮樣裝束，項下帶一錦囊。取開看時，內有朱紅小匣，用金鎖鎖著。啟視之，乃一玉璽：方圓四寸，上鐫五龍交紐，旁缺一角，以黃金鑲之。上有篆文八字，云：「受命於天，既壽永昌」。堅得璽，乃問程普。普曰：「……近聞十常侍作亂，劫少帝出北邙，回宮失此寶。今天授主公，必有登九五之分。此處不可久留，宜速回江東，別圖大事。」堅曰：「汝言正合吾意。明日便當託疾辭歸。」商議已定，密諭軍士勿得洩漏。

這個故事後來也被人們稱為「匿璽背約」，那麼，這個「匿璽背約」的故事在歷史上到底是真的還是小說家的杜撰呢？眾所周知，《三國演義》是「帝蜀寇魏」，而對於孫吳，多多少少都有些輕視，尤其是對這個孫吳的首個創業者——孫堅，小說家更是刻意地進行了貶低。這個「匿璽背約」的故事雖然在正史中不見相關的記載，但是在野史中還是存有蛛絲馬跡的，這個故事有其出處。據孫吳時人韋昭的《吳書》記載：「堅入洛，掃除漢宗廟，祠以太牢。堅軍城南甄官井上，旦有五色氣，舉軍驚怪，莫有敢汲。堅令人入井，探得漢傳國璽，文曰「受命於天，既壽永昌」，方圜四寸，上紐交五龍，上一角缺。初，黃門張讓等作亂，劫天子出奔，左右分散，掌璽者以投井中。」很明顯，韋昭《吳書》中的這個記載就是小說中「匿璽背約」的原型。另外在《山陽公載記》中還有一句這樣的記載作為「匿璽背約」的佐證：「袁術將僭號，聞堅得傳國璽，乃拘堅夫人而奪之。」從表面上看，這兩個資料上都提到過「匿璽背約」一事，似乎小說中的這個情節應該原本就是歷史事實了。

但透過核對歷史資料，這裡面疑點重重，有必要進行一番商榷。首先，這個故事在正史沒有任何記載。查遍西晉陳壽的《三國志》、南北朝范曄的《後漢書》、北宋司馬光的《資治通鑑》這些正史，都看不到有關「匿璽背約」的蛛絲馬跡。這至少可以說明，在這三位史學大家的心目中，所謂的「匿璽背約」疑點頗多，不足為信。首先引用這個資料的裴松之也不相信。《吳書》及《山陽公載記》已經失傳，這個故事之所以會出現在後人的眼前，應歸因於裴松之。但是，裴松之自己在應用了這兩個記載後，還特意加上了自己的意見，對資料的真實性表示懷疑：「臣松之以為孫堅於興義之中最有忠烈之稱，若得漢神器而潛匿不言，此為陰懷異志，豈所謂忠臣者乎？吳史欲以為國華，而不知損堅之令德。如其果然，以傳子孫，縱非六璽之數，要非常人所畜，孫皓之降，亦不得但送六璽，而寶藏傳國也。受命於天，奚取於歸命之堂，若如喜言，則此璽今尚在孫門。匹夫懷璧，猶曰有罪，而況斯物哉！」裴松之認為：以孫堅的為人，不可能做出這樣「陰懷異志」的事情。

再者，《吳書》和《山陽公載記》的可信度有些令人懷疑。《吳書》的作者韋昭原本就是東吳的太史令，為了增加孫氏政權「上順天意」的合法色彩，在其著作中就曾經出現過一些不實之辭。另外，《山陽公載記》中的「袁術將僭號，聞堅得傳國璽，乃拘堅夫人而奪之」這句話，也有問題。查《三國志》、《後漢書》、及《資治通鑑》的時間，「袁術將僭號」的時間是在建安二年（一九七年），這個時候不但孫堅已經死去多年，而且孫策是在興平元年（一九四年）攜母吳國太返回了江東。可見這個記載不但把時間搞錯了，而且還讓孫堅也「重生」了，漏洞比較明顯，故基本上可以斷定以上皆為假料。

綜上所述，這個「匿璽背約」的故事在歷史上疑點重重，很有可能是前世史家杜撰出來的。而羅貫中這樣寫，則是為了小說情節發展的需要。

關羽「降漢不降曹」是真的嗎？

《三國演義》第二十五回的前半段「屯土山關公約三事」，說的是建安五年（西元二〇〇年）官渡之戰的前夕，曹操率大軍進攻徐州，劉備失了小沛，北投袁紹。曹操又到下邳進攻關羽。當時劉備的甘、糜二夫人也在下邳城中。關羽中了曹軍截擊和埋伏，大敗。戰至日晚，無路可歸，只得到一座土山，屯兵少歇。曹操派張遼來說降，張遼上土山見了關羽，曉以利害，關羽提出的三個條件：

① 只降漢帝，不降曹操；

② 二嫂處請給皇叔俸祿養贍，一應上下人等，皆不許到門；

③ 但知劉皇叔去向，不管千里萬里，便當辭去。

這話轉告給曹操，曹操答應下來，關羽就投降了。

關羽降曹的故事在歷史上是確有其事的，史料上的三個記載可以為證。《三國志．武帝紀》中提到：「郭嘉亦勸公，遂東擊備，破之，生擒其將夏侯博。備走奔紹，獲其妻子。備將關羽屯下邳，復進攻之，羽降。」《三國志．先主傳》中亦說：「五年，曹公東征先主，先主敗績。曹公盡收其眾，虜先主妻子，並禽關羽以歸。」《三國志．關羽傳》中也明確提到：「建安五年，曹公東征，先主奔袁紹。曹公禽羽以歸，拜為偏將軍，禮之甚厚。」當時，劉備到徐州後，屯兵小沛，命關羽守下邳。劉備的妻子本來應該隨劉備住小沛，《三國演義》卻說是住在下邳，是沒有根據的。曹兵進攻小沛時，劉備戰敗逃走，妻子在小沛被俘，而不是在下邳隨關羽投降的。《三國志．先主傳》先寫劉備敗績，妻子被擄，後寫關羽被擒，表明是曹操先在小沛擄劉備妻子，後到下邳擒關羽的。《三國志．武帝紀》說曹操在小沛打敗劉備、擄其妻子後，才到下邳去攻關羽，全然為兩回事。

史書上只說是關羽投降或被擒，沒有屯土山講條件的記載。事實上，所謂「二嫂」並不在他那裡，「保護二嫂」並不能成為他投降的條件。而所謂「降漢不降曹」，不過是概念上的遊戲，並沒有實際意義。當時天子是曹操的傀儡，漢朝已經名存實亡，降漢就是降曹是任何人都明白的。總之，《屯土山關公約三事》的情節，是《平話》和《三國演義》的虛構，歷史上並無此事。把關羽的投降說成是「降漢不降曹」，還和保護二嫂之事牽扯在一起，是為了給關羽的投降蒙上一塊遮羞布，製造合理的理由，突出他的「忠義」性格。毛宗崗父子認為《三國演義》的虛構是很不錯的：「雲長本來事漢，何云『降漢』？『降漢』云者，特為『不降曹』三字下一腳註耳。曹操借一『漢』字籠絡天下，雲長即提一『漢』字壓倒曹操。如張繡、張魯、韓遂等輩，名為降漢，而實則降曹者也。呂布、袁術等輩，不降曹而亦不降漢者也。華歆、王朗、郭嘉、程昱、張遼、許褚等輩，不知有漢而但知有曹者也。荀彧、荀攸，誤以為漢即是曹、曹即是漢，而不知漢必非曹、曹必非漢者也。漢是漢，曹是曹，將兩下劃然分開，較然明白，是雲長十分學問，十分見識。非熟讀《春秋》，不能到此。」

由此可見，關羽是投降了，而且是無條件的投降。但也不能因為他投降了，就說他不忠於劉備了。他的投降是事實，「身在曹營心在漢」也是事實。關羽是個英雄，但也是個活生生的人，他是歷史人物關羽，而不是被神化了的「關老爺」。在他的活動中，充滿著許多矛盾，有光輝的一面，也有黯淡的一面。

關羽的武器是青龍偃月刀嗎？

《三國演義》裡的關羽是擅使大刀的英雄，在《三國演義》第一回裡，關雲長的這口大刀便出場了。劉、關、張桃園結義之後，為幹一番大事業召集人馬，打造兵器，關雲長打造的就是青龍偃月刀，又名冷豔鋸，重八十二斤。此後，這口大刀在關雲長神威赫赫、極富傳奇色彩的一生中，一直伴隨著他，發揮了巨大的作用。關雲長斬華雄、戰呂布用的是它，斬顏良、誅文醜用的是它，千山萬水過五關斬六將靠的是它，古城會擂鼓斬蔡陽靠的也是它；再有著名的單刀赴會，關雲長一口大刀在手，深入險境，威懾「江東群鼠」，使魯肅的計謀破產，大刀更發揮了不可替代的作用……正因為《三國演義》裡寫了這麼多和這口大刀相關的生動情節，所以後來的民眾一想到關公，就會同時想到他的赤兔馬和青龍偃月刀，於是後來就有了「關公門前舞大刀」這一俗語。

那麼歷史上關羽使用的武器真的是青龍偃月刀嗎？不是。從《三國志．蜀書．關羽傳》的記載來看，關羽的兵器並非大刀，倒很可能和張飛的兵器一樣，是矛。〈關羽傳〉中在記敘關羽殺顏良一戰時說：「(關)羽望見(顏)良麾蓋，策馬刺良於萬眾之中。」這裡用的是一個「刺」字，而「刺」，一般就是用來說矛，生活於東漢末年比關羽稍早的鄭玄在為《周禮．考工記》作注時，說「刺兵，矛屬」，意思就是「用來擊刺的兵器，屬於矛這一類」。所以從〈關羽傳〉裡用的這個「刺」字來看，關羽的兵器肯定不是刀，而是矛。在《三國志．吳書．魯肅傳》中倒是可以找到一個「刀」字，那就是魯肅邀關羽談判荊州的劃分時，「各駐兵馬百步上，但諸將軍單刀俱會」。但這裡的單刀是指佩刀，也不是關雲長衝鋒陷陣的兵器。再則說，大刀中「偃月刀」這一種類，三國時還並不存在，是在唐宋時才出現的，它的刀刃部分是半月形，所以叫做偃月刀；偃月就是下弦月。這種刀，主要是用來操練，以示威武雄壯，並非實戰所用。關雲長再有本事，也不可能舞動起幾百年以後才出現的偃月刀。

既然上面已經提到關羽的青龍偃月刀是虛構出來的，那它又是如何一步一步出現在小說之中的呢？比較早地提到關公用刀的是梁陶宏景的《古今刀劍錄》。《古今刀劍錄》中記載說：「關某為先主所重，不惜身命，自採都山鐵為二刀，銘曰『萬人』。及敗，投之水中。」但這裡的刀是在關羽追隨著劉備，「不顧身命」地衝殺很久以後才打的，而且一打就是兩把，所以很可能是佩刀。唐人郎君胄《壯繆侯廟別友人》一詩中有這樣的句子：「將軍秉天姿，義勇冠今昔。走馬百戰場，一劍萬人敵。」宋人黃茂才《武安王贊》曰：「氣蓋世，勇而強。萬眾中，刺顏良。」宋無名氏《武成王廟從祀贊》曰：「劍氣凌雲，實曰虎臣。勇加一國，敵號萬人。」到了元代，關羽用刀的說法開始在不同的作品中出現。元人郝經《重建廟記》曰：「躍馬斬將萬眾中，侯印賜金還自封。橫刀拜書去曹公，千古凜凜國士風。」之後在元雜劇中，關羽也是用刀。在公認的《三國演義》成書最重要的參考著作——《三國志平話》中，關羽也是用刀參加「三英戰呂布」的：「第三日，呂布又搦戰，眾諸侯出寨，與呂布對陣。張飛出馬持槍。張飛與呂布交戰二十合，不分勝敗。關公忿怒，縱馬輪刀，二將戰呂布。先主不忍，使雙股劍，三騎戰呂布，大敗走，西北上虎牢關。」從這些資料分析，關羽使用的兵器從矛（戟）至劍，最後在刀上正式定型了。目前還不清楚青龍偃月刀之說是不是《三國演義》首創，但透過《三國演義》，青龍偃月刀和關羽已經是合二為一，密不可分了。

《三國演義》問世後，在明、清兩代，圍繞著關公這口大刀，還產生了不少趣聞軼事。明代包汝楫在《南中紀聞》中記載說，荊州南門十五里，有一地名就叫掇刀石，在這裡有一座關帝廟，關公的大刀就插在廟中一塊大石的石竅上。這口刀可以搖動，但就是沒人能把它拔出來，據廟中僧人說，這口大刀足有一百八十斤重。刀長一丈四五尺，刀脊很厚，色澤蒼青，看上去精雅雄壯。天啟元年，一個姓張的總兵想把它取下來看看，祭拜之後，選了幾十名壯漢，用盡各種辦法還是沒能將刀拔出，看樣子這口刀還真有些神異之處。

「方天畫戟」是呂布的兵器嗎？

《三國演義》中呂布使用的「方天畫戟」，可以說是無人不知。溫明園中，他第一次露面，便是「手執方天畫戟」，顯得威風凜凜；虎牢關前，他挺戟出戰，無人可敵；當他被困於下邳，處境艱危時，他仍然吹噓：「吾有畫戟、赤兔馬，誰敢近我！」部將宋憲、魏續背叛他，也是趁他疲憊睡著在椅上，「先盜其畫戟」，然後才用繩索把他緊緊縛在椅上……總之，方天畫戟簡直成了呂布威力的標誌。

歷史上的呂布真是用的方天畫戟嗎？

不是。在中國兵器史上，戟的使用由來已久。早在商、周時期，人們就將戈、矛兩種兵器合為一體，創造了戟這種新武器，使之兼具勾和刺的功能。從戰國到漢代，戟的使用甚廣，成為戰爭中的主要武器。到三國時期，用戟作兵器的將領也不少。如曹操部下猛將典韋「好持大雙戟」，另一員大將張遼，在著名的逍遙津之戰中，「被甲持戟，先登陷陣」。不過，那時的戟是在矛頭旁鑄一勾刺，形狀近似「卜」字，與小說中所寫的「方天畫戟」大不相同。「畫戟」是後來才出現的，主要用於門衛和儀仗。也就是說，作為兵器的「方天畫戟」在呂布馳騁疆場之時根本不存在。

更重要的是，歷史上的呂布並沒有用戟作兵器。《三國志．魏書．呂布傳》及《後漢書．呂布傳》只有三處提到「戟」字：第一次，「（董）卓性剛而褊，忿不思難，嘗小失意，拔手戟擲（呂）布。」但這裡的「手戟」，顯然只是董卓身邊的擺設物品，而非呂布的兵器。第二次，袁術遣大將紀靈率三萬大軍到小沛進攻劉備，劉備向呂布求救，呂布親往，約劉備、紀靈同來赴宴，聲稱「不喜合鬥，但喜解鬥」，於是「令門候於營門中舉一隻戟，布言：諸君觀布射戟小支，一發中者諸君當解去，不中可留決鬥。」布舉弓射戟，正中小支。諸將皆驚，言：「將軍天威也！」但這裡射的戟，顯然也不是呂布的兵器。第三次，呂布命陳登到許都見曹操，希望朝廷正式任命他為徐州牧，結果曹操「增（陳）秩中二千石，拜（陳）登廣陵太守」，呂布的要求卻落了空。陳登回到徐州後，布怒，拔戟斫几曰：「卿父勸吾協同曹公，絕婚公路；今吾所求無一獲，而卿父子並顯重，為卿所賣耳！」但這裡的戟大概也是「手戟」之類，同樣不是呂布的兵器。

那麼，歷史上的呂布究竟使用什麼兵器呢？《呂布傳》沒有說明，幸好有關史籍留下了寶貴的記載：一是《後漢書．董卓傳》寫到董卓入宮被刺，大呼曰：「呂布何在？」布曰：「有詔討賊臣！」……應聲持矛刺卓，趣兵斬之。《三國志．魏書．呂布（張邈）臧洪傳第七》裴注《英雄記》：「郭汜在城北。布開城門，將兵就汜，言『且卻兵，但身決勝負』。汜、布乃獨共對戰，布以矛刺中汜，汜後騎遂前救汜，汜、布遂各兩罷。」一般情況下，單挑發生在雙方都自恃武力的情況下，郭汜既然在占盡優勢的情況下勇於接受呂布的挑戰，說明他武力也是很不錯的，這是一場真正的生死之戰，呂布在這個時候不可能再去更換兵器，只會拿著平時使用的稱手兵器來應戰，所以呂布真正使用的兵器應該是矛。

誰是「桃園三結義」的大哥？

按羅貫中《三國演義》第一回桃園三結義故事：劉關張三人同來到桃花盛開的桃園，殺牛宰羊，對天盟誓，結拜為兄弟，並按照年齡，拜玄德為兄，關羽次之，張飛為弟。照此，劉備自然成了大哥。

民間傳說，劉關張桃園結義時對誰為兄弟有過一番爭執。開始，以年齡大小來排，三人都想稱兄而不願為弟，你報哪年哪月哪日生，我也如此報。結果三人報了個同年同月同日生。劉備建議：「按時辰早遲來排兄弟。」張飛想搶個頭，就說他出生時天剛亮；關羽報得更早，說他出生時雞剛叫；劉備卻說他生在打三更半夜的子時。張飛一聽，知道自己上了當，要當小老弟，急了，連說：「不行不行，你倆報的假時辰，不算數。」劉備問他：「你說怎麼辦？」張飛搖頭晃腦，四處張望，看見一棵大樹，想：我上樹比他倆行，就說：「比爬樹。」沒等劉備、關羽點頭同意，他就跑到樹前，幾下便爬到了樹的最高處去了。關羽沒有辦法，也只得爬到樹幹的中間，心想：當個老二，上有兄下有弟，也不錯。劉備卻不慌不忙地走到樹根處，站著抱住樹身。張飛一看，得意洋洋，美滋滋地說：「二位，喊聲大哥吧。」劉備說：「別忙，我問你，這樹是先有根還是先有梢？」張飛回答：「當然先有根。」劉備說：「對了，既然如此，那就是先有我，後有你。」張飛一聽傻了眼，想不認帳，可是已經賴了一次，這次又是自己的主意，不好不認輸。關羽也覺得劉備智慧高超，當尊為兄長。就這樣，三人結拜，排了個劉關張的順序。

民間傳說不好說它依據什麼，但以上傳說透出了一個訊息，即劉關張兄弟順序的排定，並不是依據年齡，劉備不一定年歲最長。細細推敲史書中的有關記載，我們發現，桃園三結義中年齡最長的不是劉備，而是關羽。

關於劉備的年齡，《三國演義》所記中平元年（西元一八四年）桃園結義時，已二十八歲矣。按《三國志．先主傳》無劉備生年，僅說他死於章武三年（西元二二三年），時年六十三。古人計算年齡都算虛歲，照此逆推，劉備當生於東漢桓帝延熹四年（西元一六一年），到中平元年，應為二十四歲，不是二十八歲。關於關羽的年齡，《三國志．本傳》無載，〈張飛傳〉載關羽（比張飛）年長數歲，飛兄事之。據錢靜方著《小說叢考》載清康熙年間關羽家鄉出土的《關侯祖墓碑記》所知，關羽生於漢桓帝延熹三年（一六〇年）六月二十四日。所以，《柯汝霖關公年譜》認為：關羽實長劉備一歲。關羽死於建安二十四年（二一九年），年壽應為六十歲。關於張飛的年齡，《三國演義》講張飛死年五十五歲，按張飛死於西元二二一年和《關公年譜》「張飛小劉備四歲之說」，張飛死年應為五十七歲。

由此可見，劉關張三人桃園結義時的年齡分別是關羽二十五歲，劉備二十四歲，張飛二十歲，大哥應是關羽而非劉備，《三國演義》之說乃是對史書中劉關張三人恩若兄弟的想像與附會，不足為信。

蔡邕緣何被殺？

蔡邕，字伯喈，陳留郡圉縣人，博學多才，是中國古代著名的史學家、經學家、書法家、音樂家和文學家。關於蔡邕之死，《三國演義》說是因為他哭董卓所致。在第九回寫道：（董卓被殺後）允乃大犒軍士，設宴於都堂，召集百官，酌酒稱慶。正飲宴間，忽人報曰：「董卓暴屍於市，忽有一人伏其屍而大哭。」允怒曰：「董卓伏誅，士民莫不稱賀。此何人，獨敢哭耶！」遂喚武士：「與我擒來！」須臾擒至，眾官見之，無不驚駭：原來那人不是別人，乃侍中蔡邕也。

這與史書記載是大有出入的。謝承《後漢書》說：「蔡邕在王允坐，聞卓死，有嘆息之音。」范曄《後漢書》說：「及卓被誅，殊不意言之而嘆，有動於色。」范書成書於謝書之後，應本之於謝書。無論是謝書的「有嘆息之音」，或范書的「殊不意言之而嘆」，都與《三國演義》的「伏其屍而大哭」有原則上的區別。

有人對謝書的記載持懷疑態度，如為《三國志》作注的南朝劉宋史學家裴松之就認為：蔡邕雖然為董卓所重用，必然不是從內心裡真正黨附於董卓，豈能不知董卓之姦凶，為天下人所痛恨？所以聽到他死亡的消息，斷無嘆息之理。退一步說，就是蔡邕有這種情緒，也不會在王允的座上表現出來。因而裴松之認為這是謝承的「妄記」。當然，說謝承是「妄記」，僅僅是裴松之的推測。我們今天分析起來，蔡邕的「嘆息」是有可能的。那麼，在董卓伏誅，舉國大慶的日子裡，蔡邕為什麼會大殺風景地發出「嘆息之音」呢？《蔡邕傳》記載他在漢靈帝朝中曾被宦黨迫害，受了「髡刑」（被剃光頭髮），戴枷鎖與家屬一起流放朔方（郡治在今內蒙古磴口北）。董卓立獻帝把持朝綱後，很看重蔡邕，硬逼他出來做官，而且「三日之間，周歷三台」，連升三級，官拜至左中郎將，封高陽鄉侯。蔡邕也知董卓不得人心，屢次想「遁逃山東」卻始終不能。他會去哭董卓，多少是因為感懷「知遇之恩」吧！

以後所發生的事，謝承《後漢書》記載說：王允譴責蔡邕：「董卓是國家之大賊，殺主之殘臣，為天地所不佑，人神所同疾。你身為王臣，世受漢恩，在國主危難之時，沒有倒戈而誅除董卓，董卓遭受天誅，為什麼反而嘆息悲痛呢！」立即下令收捕蔡邕，交廷尉治罪。蔡邕向王允謝罪說：

「我雖然不忠，還能明識大義，古今的安危之事，我聽過很多，也談過不少，怎麼能背叛國家而傾向於董卓呢！我情願黥首（在臉上刺字）為刑，繼續寫完漢史。」公卿們都惋惜蔡邕的才學，勸王允赦免蔡邕。王允說：「昔日漢武帝不殺司馬遷，使他能寫作謗書，流傳於後世。如今國運中衰，兵馬在郊，不可讓佞臣在幼主左右修史，以後讓吾等都受到誹謗。」於是便殺了蔡邕。

馬超因何起兵反曹？

《三國演義》第五十七至五十八回敘述了馬騰之死和馬超興兵的情節，大意是：曹操欲南征，又恐西涼馬騰來襲許都，便採納了荀攸之計，加馬騰為征南將軍，使討孫權，誘入京師除之。馬騰留長子馬超守西涼，帶次子馬休、三子馬鐵、侄兒馬岱引西涼兵望許昌而來，離許昌二十里下寨。曹操派門下侍郎黃奎去勞軍，這黃奎是故司隸校尉黃琬之子，他痛恨曹操專權，密以實情告知馬騰。二人商議：來日馬騰勒兵許昌城下，待曹操出城點軍，就點軍處殺之。黃奎之妾李春香與奎妻弟苗澤私通，黃奎洩密於春香，春香告知苗澤，苗澤為了得到春香，致奎於死地，便去向曹操報告。次日，馬騰領西涼兵到來時，受到曹洪、夏侯淵迎擊，馬鐵被射死，馬騰、馬休被執，父子二人及黃奎一家皆被斬。馬岱逃回西涼，報知馬超。此時馬超接到劉備來信，說願在荊襄起兵為援。韓遂也率兵前來相助。於是馬超便與韓遂等共起二十萬大軍，殺奔長安而來。

這就是馬騰遇害事件。雖不是什麼大事件，但因為作者寫它引起了馬超興兵反曹的一場惡戰，所以也很引人注目。這件事看起來有鼻子有眼，好像歷史就是這麼一回事，其實，這當中摻入了很多作者自己的構想。

歷史上並沒有馬騰受衣帶詔一事。馬騰確是應召從涼州到了京師，但是，他去京師只是從自身處境考慮，具體說，是被韓遂逼得沒辦法。他和韓遂都是靈帝末年起兵的，後來韓遂為鎮西將軍，馬騰為征西將軍，兩人結為異姓兄弟，共同稱雄涼州。但由於部屬間不斷發生衝突，積怨漸多，竟反友為仇，打了起來。馬騰先把韓遂趕走，不久韓遂又糾合兵眾，攻打馬騰，還把馬騰的妻子也殺了。為了穩固自己在涼州的勢力地位，馬騰只好求還京畿，謀求支持。曹操也正需要控制這一帶勢力，當年攻打袁尚時，他就曾利用馬騰及其子馬超在平陽討伐高平、郭援。這回馬騰自己要來，當然求之不得，於是曹操以漢獻帝的名義，徵馬騰為衛尉，還以馬超為偏將軍，封都亭侯，馬超的弟弟馬休、馬鐵都封官晉爵，除馬超留鎮涼州外，馬騰和他的家屬就這樣都被召到鄴都來了。這是建安十三年（西元二〇八年）的事。把這邊安頓好了，曹操才南下打劉表，取江東的。

馬騰全家後來確是在鄴都被害。不過時間不是在馬超、韓遂興兵叛曹之前，恰恰相反，是在這之後。馬超反曹在建安十六年（西元二一一年），而馬騰被害是在建安十七年（西元二一二年）。自然，這兩件事的因果也恰恰是相反的，不是因為馬騰被殺引起馬超興兵，馬超反曹倒是馬騰被誅的直接原因。馬超叛曹不是因為馬騰被殺，而是別的原因。馬超留在涼州多年，漸漸又兵強勢眾，他與韓遂重新和好，又連結楊秋、李堪、成宜等部，便要擴張勢力，這是根本原因。直接的起因則是鍾繇攻打漢中。曹操派鍾繇打漢中，本來是討伐割據漢中的張魯，但馬超執意說這是衝他們來的。這就成了他們起兵的理由。

作者沒有照事件本來的因果順序和歷史面貌寫，卻重新編排史實，設計因果，帶有抑曹的思想傾向。馬騰在困境中投靠曹操，曹操封以官爵，以禮相待，這本是能容天下英雄，豁達大度的表現。馬超先反、馬騰後被問斬，誅滅三族，曹操雖然殘忍，畢竟有一定理由。但改成用計誘馬騰來京，爾後加害，人們看到的就只有曹操的奸詐狠毒。

「割鬚棄袍」實有其事嗎？

曹操被馬超打得「割鬚棄袍」才倖免於難的故事，在民間很有影響，這完全「歸功」於《三國志平話》和《三國演義》。早在元代的《三國志平話》和元代無名氏的《曹操夜走陳倉路》雜劇中，即已有曹操「割鬚換袍」的情節，而在《三國演義》中，故事則更豐滿、更完整。第五十八回說：馬超為報殺父之仇，與韓遂起兵反曹，奪長安，占潼關，曹操率大軍出征拒之。馬超親自出戰，連敗曹操手下的大將于禁、張郃、李通，乘勢揮兵衝殺，曹軍大敗。馬超直衝入中軍來捉曹操。曹操隨亂軍逃命，只聽西涼兵大叫：「穿紅袍者是曹操！」因追兵追得急，曹操急忙脫下紅袍。逃了一陣，又聽得大叫：「長髯者是曹操！」曹操忙拔刀割斷其鬚髯。馬超率兵繼續追趕，又命人叫道：「短髯者是曹操！」曹操被嚇得驚慌失措，忙扯旗角包頸而逃。馬超追得緊，嚇得曹操馬鞭墜地，險些喪命。幸虧曹洪、夏侯淵前來救駕，方才脫險。

「割鬚棄袍」的故事的確很熱鬧，不過在戰鬥中的逃跑者與追趕者之間能夠如此——逃跑者的每一個動作都被追趕者發現，追趕者的每一句喊聲都被逃跑者聽見，卻老是逃不掉也追不上，這種戰鬥也許就真正是兒戲了。果不其然，細查史書，可以知道，在有關三國時期反映曹操戰馬超、韓遂的史料中，沒有隻言片語提及此事。所以，可以肯定，這段故事完全是民間藝人的虛構。

曹操在奪取關西的渭南之戰中，不僅沒有因為「割鬚棄袍」才倖免於難，相反卻是大獲全勝。據《三國志．武帝紀》等傳記記載，曹操在赤壁戰敗後，認知到他雖然已經統一了北方，但尚未具備吞掉劉備、孫權，以統一全國的力量和條件，只有經過努力，增強實力，拓展勢力範圍，才能獲得勝利。西元二一一年，曹操進兵關西即是其拓展勢力範圍的一次軍事行動。是年正月，「太原商曜等以大陵叛」，曹操派遣夏侯淵、徐晃「圍破之」。然後，曹操命司隸校尉鍾繇和部將夏侯淵於三月以進攻占據漢中的張魯為名，進兵關中。馬超、韓遂等關中的割據勢力得知曹操出兵，斷定曹操是衝他們而來，遂聯合關中諸將屯兵潼關。曹操以曹仁西征，並指示：「關西兵精悍，堅壁勿與戰。」直到七月，待關西軍銳氣已去之時，曹操才親臨前線，指揮與關西聯軍的決戰。

在潼關前，曹操大軍與馬超的關西聯軍相對陣。曹軍正面作戰雖曾受到馬超的追擊，但曹軍以側翼攻擊為主，不僅擺脫了馬超的追擊，而且迅速占據有利地勢，打亂了馬超的正面阻擊計劃，迫其放棄潼關，退駐渭南。也就是在這裡，發生了一件事，或許即是後來創作「割鬚棄袍」的依據。據《三國志．武帝紀》裴松之注引〈曹瞞傳〉說：曹操率隊過河，前隊剛剛過完，馬超等關西軍趕到，曹操「猶坐胡床不起」。張郃等見情況危急，趕快將曹操引入船中。此時河水甚急，船未能渡過河，而是順河漂了四五里，馬超等見之，遂以騎兵在岸邊追趕並射之以箭，「矢下如雨」。曹軍見渡河軍隊已被馬超軍沖散，而曹操亦不知去向，「皆惶懼」。後來與曹操相見時，「乃悲喜，或流涕」。曹操卻大笑說：「今日幾為小賊所困乎！」從這個故事來看，除了曹操曾被馬超追趕之外，是沒有一點情節與「割鬚棄袍」情節相同的。

馬超率軍退入渭南後，急於與曹操決戰。曹操利用馬超急於決戰之心理，誘敵深入，出其不意，結營渭南，大敗馬超。馬超知道不是曹操對手，派人見曹操請求「割河西以西」以講和罷兵，被曹操拒絕。九月，曹操率軍「渡渭」，馬超等「數挑戰」，曹操「不許」；馬超等再次請和，曹操用賈翊計，「偽許之」，然後設計離間馬超、韓遂的關係。《三國演義》第五十九回有「曹操抹書間韓遂」故事，說曹操欲離間馬超與韓遂，採取了二計。其一，曹操約韓遂在陣前相見，有意談些往事及無關緊要的話，「相談欲一個時辰」，引起馬超懷疑：「安得不言軍務乎？」其二，曹操又親筆與韓遂一信，「中間朦朧字樣，於要害處，自行塗抹改易」，有意使馬超知之。當馬超從韓遂處索信觀之後，疑慮更深。這兩件事，並非是羅貫中的虛構，而是確有其事的，在《三國志．武帝紀》中，清楚地記載著賈詡的這兩個計謀及其實施過程。正當馬超、韓遂二人彼此猜疑時，曹操突然發起了對關西聯軍的全線進攻。韓遂、馬超只得逃命西涼，關中大部分地區遂被曹操所占領。

由此可見，奪取關西的渭南之戰，曹操是大獲全勝的，並在此戰役中表現了其傑出的軍事才能。羅貫中在《三國演義》中寫此事時，在基本史實的基礎上，為了不願讓曹操這個奸雄勝得太得意了，就根據曹操曾被馬超追趕的史實，在《三國志平話》及《曹操夜走陳倉路》雜劇中曹操「割鬚換袍」情節的基礎上，虛構出了「割鬚棄袍」的故事。

魏延真的想謀反嗎？

據《三國演義》第一百零五回記載，諸葛亮在五丈原去世，按例應由魏延代行軍事指揮權，魏延也作好了軍事進攻的準備。但楊儀根據諸葛亮的臨終安排，發布命令，全軍退回劍閣，並要魏延斷後。魏延不願接受這樣的安排，更不願接受楊儀的調度。他對楊儀派來的聯絡官發牢騷說：「丞相雖然去世了，我還在，我可以統率部隊作戰。怎麼能夠因為一個人的死而廢天下大事呢？況且我魏延是什麼人，要我聽楊儀的指揮，為他斷後？！」楊儀不顧魏延反對，指揮大軍撤退。而魏延則做出了他一生中最不理智的舉動。他帶領自己的部隊，先行占據南谷口，不讓楊儀大軍通過。為此，雙方各向後主上奏章，稱對方反叛。大臣們大都站在楊儀一邊。後主的態度最終決定了魏延的命運。楊儀的部將何平向前斥責魏延說：「公（諸葛亮）屍骨未寒，你們怎敢作亂！」魏延的部下都不願自相殘殺，紛紛逃離戰場，魏延此時方寸已亂，丟下部隊，帶少數幾個人，逃向漢中。楊儀派大將馬岱追擊，從身後斬殺了魏延。

其實，魏延並沒有造反，他的死，多少帶有點悲劇性。魏延是個性格張狂的人，他的狂傲和他的才華一樣有名，而諸葛亮恰恰很難處理好如何使用魏延這個問題。

從魏延加入劉備陣營後看，他忠於蜀漢，作戰勇敢，戰功很大，從無背叛的意思。魏延「謀略出眾」、「善養士卒，勇猛過人」，自跟從劉備和諸葛亮二十多年來，他開拓疆土，身經百戰，「數有戰功」，很受劉備的器重。西元二一九年，劉備為漢中王，力排眾議，識別英才，破格提拔魏延為鎮遠將軍、領漢中太守，把漢中的軍政大權交給了他。西元二二一年，魏延為鎮北將軍；西元二二三年，魏延為都亭侯。西元二二七年，魏延被任命為督前部，領丞相司馬、涼洲刺史；西元二三三年，魏延為前軍師征西大將軍。這樣一個為國出生入死的功臣宿將，說他背叛蜀漢，怎能令人信服？魏延是第一任漢中太守，多次單獨領兵作戰，如果想背叛，時機是很多的。後來魏延還單獨帶兵打敗曹魏大將郭淮，如果他要投降曹魏，真是易如反掌。歷史記載他禦敵有方、設制得法，英勇善戰。他的一生也沒有流露出反叛的意向，更沒有任何的舉動。如果他真有叛逆之心，那麼在斷後期間為什麼不調頭投魏，卻搶先南歸呢？他率領軍隊南歸的目的無非是：

① 想制止楊儀違反他的意見的錯誤行為；

② 想在蜀漢內部澄清是非，辯明黑白。

所以楊儀等說魏延「叛逆」是自相矛盾，不能自圓其說。

根據《魏延傳》和《魏略》的記載，魏延被殺的原因雖然有較大的差別，但是並沒有說魏延是因為「叛逆」而被殺的。陳壽在《魏延傳》中評論「原延意不北降魏而南還者，但欲除殺儀等。平日諸將素不同，翼時論比當代亮。本指如此，不便背叛。」按照這種說法，魏延原本無意投降曹魏，他之所以搶先燒絕閣道，意在制止楊儀南歸，除掉一向和他不和的楊儀，由他來代替諸葛亮主持蜀漢的軍政大事罷了。這最多只可以說魏延要報私仇，有權欲，但不可以說他背叛蜀漢。《魏略》的記載是「亮長吏楊儀素與延不和，見延攝行軍事懼為所害，乃張言延欲舉眾北附，遂率其眾攻延。延本無此心，不戰軍還，追而殺之。」按照這種說法，魏延是為了顧全大局，不戰軍還而被追殺的。《楊儀傳》有這樣的記載「儀既領軍還，又誅討延，自以為功勛至大，宜當代亮秉政」。誰知諸葛亮對他早有提防，認為他「平生密指，以儀性狷狹」不可以當重任，而「意在蔣琬，琬遂為尚書令、益州刺史。儀至，拜為中軍師」。楊儀對此很不滿，「於是怨憤形於聲色，嘆咤之音發於五內」，還赤裸裸的對費禕說：「往者丞相亡沒之際，吾若舉軍以就魏氏，處世寧當落度如此邪！令人追悔不可復及。」可見魏延叛逆是虛，楊儀心懷反叛是實了。

從魏延本人看，他是一個優點與缺點同樣突出的人。他「性矜高」，所以「當時皆避下之」。他還「謀略出眾」，居然常常提出和諸葛亮不相一致的意見來，當諸葛亮制而不許，沒有採納他的意見的時候，他又「常謂亮為怯，嘆恨己才用之不盡」。這樣他就不僅得不到位高權重、一生謹慎的諸葛亮的信任和重用，而且還讓諸葛亮對他產生了很深的成見；由於他的「性矜高」，他往往是鋒芒畢露，讓上下都對他「皆避下之」，內心裡對他的性高慢世的行為很氣憤，且與楊儀的關係惡劣。從而在諸葛亮死後，楊儀掌領大權時，他被誣陷背叛而慘遭殺身。

夏侯淵到底怎麼死的？

夏侯淵字妙才，東漢時沛國譙（今安徽亳縣）人。夏侯淵是曹操的同宗兄弟，是曹操軍事集團的主要將領之一。夏侯淵在追隨曹操南征北戰中，參加了幾乎所有的主要戰役，為曹操集團統一中原立下了汗馬功勞。後來，夏侯淵累積軍功官至征西將軍、封博昌亭侯，食戶八百，假節鉞。但夏侯淵對於計謀的使用比較忽視。《三國志》記載曹操曾告誡夏侯淵：「為將當有怯弱時，不可但恃勇也。將當以勇為本，行之以智計；但知任勇，一匹夫敵耳。」

曹操占領了漢中，對益州的劉備是一個很大的威脅，劉備採納了法正的建議，在建安二十三年（二一八年）率諸將進攻漢中，在陽平關附近紮營。魏將夏侯淵、張郃等鎮守陽平關，與之相拒。雙方相持一年，到了建安二十四年（二一九年）正月，劉備自陽平關渡過沔水，在定軍山紮營，此地地勢險要，居高臨下，易守難攻。黃忠斬夏侯淵的著名故事，就是在這種背景下發生的。《三國演義》第七十至七十一回敘述了這個戰役和黃忠斬夏侯淵的經過。建安二十三年（二一八年）正月，劉備親率大軍渡過漢水，在定軍山旁安營紮寨。老將黃忠討令，願帶三千軍馬攻取定軍山，諸葛亮應允。黃忠以法正為監軍，率本部人馬攻取定軍山，與夏侯淵、張郃交鋒。首次交戰，黃忠趁交換戰將之際箭射夏侯尚激怒夏侯淵。當晚，黃忠用法正之計，占領定軍山西側一高峰。夏侯淵大怒，領兵圍攻黃忠，黃忠用「以逸待勞」之計，趁曹軍疲憊之機，率兵從山上突襲而下，一刀劈死夏侯淵。張郃帶兵接應，被黃忠與陳式兩面夾攻，大敗而逃。劉封、孟達趁機占領了定軍山。

《三國演義》敘述的框架距史實不遠，具體情節卻多有訛誤。如：本是劉備占據定軍山，夏侯淵來進攻，卻說是夏侯淵占據定軍山，劉備來進攻，改變了主客場的形勢；又如：此次劉備征漢中的戰役中，法正隨軍作謀士，諸葛亮留守成都，並沒有到前方去，卻說他從征漢中，而且還出現了「智激黃忠」的戲劇性情節。黃忠的英勇氣概，在這裡真是被描繪得淋漓盡致。但夏侯淵究竟是怎樣被殺的，歷史上還是一個比較模糊的問題。因為在《三國志》的各紀傳中有著不同的說法，大體上可以分為兩組。一組是《蜀書》的先主、法正、黃忠三傳。三傳所記詳略有所不同，但基本內容是一致的。即夏侯淵率精銳之師來進攻定軍山，黃忠受劉備之命，在法正的策劃下，居高臨下，鼓噪而攻，一舉斬了夏侯淵。《三國演義》所寫就是本於此。另一組是《魏書》的〈武帝紀〉和張郃、夏侯淵二傳。這三個紀傳所寫的內容大同小異，基本上也是一致的，說夏侯淵被劉備所斬。劉備燒了夏侯淵的鹿角（把樹木，竹子之類削尖朝向敵方，後半截埋入地下的障礙物），在夏侯淵救火和保護鹿角的時候，劉備來襲擊，夏侯淵兵力薄弱，戰敗被斬。《三國志》的作者陳壽在寫《魏書》和《蜀書》時，所依據的資料不同：寫《魏書》用的是魏國的資料，寫《蜀書》用的是蜀國的資料，二者對同一問題的立場不同，自然便存在著分歧了。而陳壽並沒有把寫法統一起來，卻採取了異說並存的方針，這樣便存在了兩種說法：蜀國的說法是夏侯淵來爭地，在正面戰場上被斬；魏國的說法是在夏侯淵保護鹿角時，蜀軍鑽了漏洞，夏侯淵由於兵力不足而戰敗被斬。

但夏侯淵是被誰斬的呢？蜀人說是黃忠，魏人說是劉備，其實兩種說法不是不能調和的。從魏人的角度來說，夏侯淵是劉備所統率的軍隊斬的，籠統言之，沒有必要再明確為劉備軍隊的誰所斬；而從蜀人的角度來說，需要弄清這是誰的軍功，以便論功行賞，就必須落實到某人的名下。從蜀人記載來看，黃忠斬夏侯淵的說法還是可信的。當然，也不能簡單地理解為黃忠本人直接斬了他，在通常的情況下，應該是他所指揮的將士斬的。曹操的《軍策令》中說收兵時夏侯淵沒有回來，看來他是死於亂軍之中，可能連屍體都沒有找回來。

曹操「義釋張遼」符合史實嗎？

張遼，字文遠，雁門馬邑人，三國魏名將，曾經跟隨丁原、董卓、呂布，呂布敗亡後歸降曹操。張遼隨曹軍征討，戰功累累，與關羽同解白馬圍，降昌豨於東海，攻袁尚於鄴城，率先鋒斬烏丸單于蹋頓於白狼山，又討平梅成、陳蘭等賊寇。曹操赤壁敗退時，任命張遼與李典、樂進等守合肥，以禦孫權。後來孫權率領軍隊攻打合肥，張遼率部迎擊，以八百之眾襲孫權主力，使孫權十萬軍隊退卻，甚至差點活捉孫權，威震敵國，名噪天下，被曹操拜為征東將軍。曹丕登基以後，仍令張遼守禦孫權。魏文帝黃初三年（西元二二二年），曹丕親征，三路伐吳。張遼與諸將大破東吳大將呂範軍，後來因病死於軍中，諡剛侯。

《三國演義》第十九至二十回敘述了曹操「義釋張遼」的故事，說的是曹操在下邳之戰中，擒住了呂布、陳宮、張遼等。呂布貪生怕死，再三求饒，終為曹操不齒而被殺掉；陳宮傲然不屈，引頸就刑；張遼亦寧死不屈，甚至挖苦曹操，恨當初在濮陽之戰中沒把曹操給燒死，還罵曹操為國賊。曹操大怒道：

「手下敗將還敢侮辱我！」遂拔劍要親自殺張遼。張遼全無懼色，引頸待殺。正在此時，劉備拉著曹操手臂，說這等忠義之士，殺之可惜，正當留用。關羽亦跪地向曹操求情，甘願以性命擔保。曹操平素愛才，又久聞張遼忠義，這才順水推舟說：「我也知道張遼忠義，剛才是故意嚇他。」說罷，曹操親釋其縛，還脫下自己的衣服給張遼穿上。張遼感其不殺之恩，領會其愛才之意，遂投歸曹操，忠心耿耿地跟隨曹操，而且頗有些奮不顧身的勁頭。張遼一生征戰無數，只要親自指揮的戰役，幾乎沒有失敗的，而且不論是在北方荒原對抗以騎兵著稱的匈奴還是在南方出戰長於水軍的吳越之民，無不披靡，其指揮才能之全面在當時無人能及。其人格也成熟近乎完美，反映到用兵上，剛猛迅捷而不失謹慎，即使用計也堂堂正正，絕無陰險狠毒的感覺。而他周圍的同僚，上至君王，下至兵卒，對他的為人也無不嘆服，這在亂世的武將中是很少見的。

羅貫中對這個形象的處理，著墨不多，基本上是在史實基礎上的伸展與發揮，但是幾個顯得豐滿些的情節與史實都有出入，例如曹操「義釋張遼」的故事。關於張遼歸降曹操事，據《三國志》張遼本傳記載：曹操打敗呂布，「（張）遼將其眾降」。就是說，張遼是主動歸降，根本不存在劉、關說理勸情和曹操「義釋」之事。關於威震逍遙津，據《三國志》張遼本傳、吳主孫權本傳和裴松之注引，可知張遼威震逍遙津，雖事有所本，但《三國演義》與正史比較，出入較多，增飾不少。關於張遼之死，《三國演義》說是黃初五年（二二四年）隨曹丕攻東吳時，被吳將丁奉射死。《三國志》張遼本傳記載張遼於黃初三年與曹休一起攻吳途中「薨於江都」。

是諸葛亮害了馬謖嗎？

馬謖，字幼常，是蜀漢重臣馬良的弟弟，襄陽郡宜城人氏，兄弟五人皆有才名。劉備占據荊州之時馬謖和其兄馬良一起被劉備召為州府從事並隨劉備一起入蜀征戰，先後擔任綿竹、成都令，越雋太守。

馬謖自幼熟知兵法，才氣過人。諸葛亮十分器重他，行軍打仗，二人常常促膝長談，徹夜謀劃。針對南人難以馴服的特點，馬謖提出了「攻心為上，攻城為下；心戰為上，兵戰為下」的攻心策略。這一策略被諸葛亮實施為「七擒孟獲」，保證了南方邊境的長治久安。針對蜀國「兵馬疲敝」，民怨沸騰，馬謖適時提出「只宜存恤，不宜遠征」的休養策略。北伐前夕，依靠馬謖的計謀，諸葛亮成功地離間魏國曹睿、司馬懿君臣，為北伐奠定了勝利基礎，才使得諸葛亮敗夏侯，收姜維，破羌兵，滅王郎，緊接著連克南安、安定、天水三郡，曹魏舉國震驚。雖然先主劉備臨終之時曾告訴諸葛亮：馬謖此人言過其實，不可重用，但諸葛亮一直不以為意。由此可見，諸葛亮對馬謖的信任和器重在當時的蜀漢是有目共睹的。

蜀漢後主建興六年（二二八年），諸葛亮率兵北伐。蜀漢大軍出祁山，進展順利，給曹魏政權造成很大震動。魏明帝趕忙派遣宿將張郃前去阻擊蜀軍。當時，馬謖擔任蜀軍先鋒，兵據策略要地街亭。在張郃來奪街亭的形勢下，馬謖能否守住街亭，也就成了北伐成敗的關鍵。諸葛亮深知街亭在此次北伐行動中的策略地位的重要性。因此再三告誡馬謖不可麻痺輕敵，命令他選擇近水的地形安營紮寨，以逸待勞，乘隙破敵。然而馬謖在街亭設施布防時，卻自作主張遠離水源將營紮在街亭的南山頂上。不久張郃率魏軍進逼街亭，將馬謖所處的孤山團團包圍，切斷水源，蜀軍在孤山上饑渴難耐，軍心動搖，不戰自亂。張郃乘勢發起攻擊，馬謖大敗而歸。街亭失守，使諸葛亮進無所據，被逼退軍漢中。最後諸葛亮為了平息眾怒，不得不「揮淚斬馬謖」。

這一次的大敗把北伐的大好形勢葬送了，馬謖難辭其咎負有直接的不可推卸的責任。馬謖自幼飽讀兵書，通曉兵法，卻狂妄自大，驕傲無比，還敢向諸葛亮下軍令狀。此人還不聽王平的勸阻心高氣傲地以為自己見識廣博、經驗豐富，仍然堅信自己的所謂計策為上上之策。正是他這樣的心高氣傲，過於我行我素，過分的經驗主義、教條主義麻痺了他的思想，直接導致了最後蜀軍大敗，而遭魏軍的圍殲。

同時，作為選擇將帥的軍師諸葛亮亦有他用人失誤而導致街亭失守的錯誤，說街亭之失這個責任似乎並不能全部加到一個人身上去。諸葛亮看好馬謖，認為他是人才並委以重任，這並沒有錯，諸葛亮的錯誤就在於沒有看清楚馬謖這個人才並非是文武雙全，有明顯的局限性。擔任綿竹、成都令、越雋太守之類地方行政長官也許很在行，擔任帳前參軍，出謀劃策也許眼光獨到，但未必就能陣前殺敵，攻營拔寨。在對馬謖的培養上，諸葛亮「每引見談論，自晝達夜」，反覆觀察；在信任方面，諸葛亮也可以說是用人不疑；可偏偏就在使用上，忽略了取其長處，或者說是根本沒有發現馬謖的不足之處。諸葛亮做得不好，把馬謖這個人才用錯了地方，同時又來了個拔苗助長。為了讓馬謖這個很少或者從來沒有上過戰場攻城拔寨的心腹愛將盡快成長，得到鍛鍊，立下戰功而服眾，錯誤的派他去鎮守街亭，並希望其能凱旋而歸，以事實證明自己的決定和判斷的正確性。很顯然，諸葛亮對馬謖的認識和了解是不全面的，以至於最後無功而返，不得不來了個揮淚斬馬謖。

趙雲「單騎救主」是真的嗎？

歷史上的趙雲，初屬公孫瓚，後歸劉備，「為先主主騎」（衛隊長），逐步成為蜀漢集團的重要將領之一。在人們心目中，對趙雲最深的印象是他智勇雙全。《三國演義》第四十一回寫趙雲「單騎救主」的故事，說：當曹操大軍壓境之時，劉備帶領十餘萬軍民，從新野前往江陵，命張飛斷後，趙雲保護家小。行至當陽，被曹軍追上，勢不可擋，軍民大亂，情況十分危急。劉備拋妻別子，倉皇南奔。趙雲在混亂中也與劉備家小失散，身邊僅三四十騎相隨，便在亂軍中四處尋找，先後找到了簡雍、甘夫人，刺死曹仁部將淳于導，救出糜竺。趙雲將甘夫人等送至長坂坡，又折回尋找糜夫人和阿斗（劉禪）。路遇曹將夏侯恩，趙雲一槍將其刺死，奪得曹操的那把「青釭」寶劍。此時，趙雲已是單槍匹馬，但毫無退卻之意，只顧往來尋找小主人，最後終於在一土牆下的枯井旁找到了糜夫人和阿斗。糜夫人此時身帶重傷，為免拖累趙雲救主，拒絕趙雲多次請其突圍，投井而死。趙雲見糜夫人已死，恐曹軍盜屍，遂推倒土牆蓋住枯井。隨後，放下護心鏡，將阿斗放在懷中，重新上馬，在亂軍中奪路突圍。其間，刺死曹洪部將晏明，衝開一條血路；又遇曹將張郃，趙雲不敢戀戰，奪路而走，慌忙之中連人帶馬跌入一土坑之中。張郃正要用槍刺殺，忽然一道紅光滾起，趙雲坐騎平空一躍，跳出坑外，張郃見狀，大驚而退。曹操在景山上看見趙雲威不可當，下令：「不許放冷箭，要捉活的。」趙雲趁勢槍刺砍殺，拚命突圍，衝出重圍時，已是血滿戰袍。見到劉備後，趙雲下馬伏地而泣，說自己未盡職責，遂將胸前酣睡的小主人還給了劉備。

查閱史籍，趙雲救幼主之事確是有的，這是趙雲為劉備立下的一大功勳。過了二十一年，即到了蜀建興七年（二一九年），趙雲逝世，被追謚為順平侯。後主在詔書中說：「朕以幼衝，涉塗艱難，賴恃忠順，濟於危險。」說的就是自己在兩歲時被趙雲在千軍萬馬之中救出來的事。可見他對此始終懷有感激之情。

但《三國演義》所敘述的情節，卻與史書有不少出入。據《趙雲別傳》說：當初劉備敗陣，有人說趙雲已經北去降曹，劉備以手戟擲之，說：「子龍是不會丟棄我而逃走的。」由此可見，《三國演義》所寫的有人懷疑趙雲北去投降曹操，而劉備並不相信的情節，基本上是符合史實的。但《三國演義》上明指懷疑的人是糜芳和張飛等，史書上則沒有記載。《三國演義》與史書的最大出入，是有關糜夫人的情節。據《三國志．趙雲傳》說：「及先主為曹公所追於當陽長坂，棄妻子南走。雲身抱弱子，即後主也；保護甘夫人，即後主母也。皆得免難。」可見，趙雲所救護的是劉禪及其母甘夫人，並沒有甘夫人與糜夫人失散、糜夫人跳井殉難的事。另外，《三國演義》還有一些情節，如趙雲得了曹操青釭劍，曹操下令要活趙雲，劉備摔阿斗等，都不見史書的記載，那都是為了渲染情節而虛構。所謂給曹操背劍的夏侯恩，史書上根本就沒有這個人。《三國演義》還有個重要的情節，說當曹操的將領張郃追來的時候，趙雲懷抱幼主跌入土坑之內。張郃舉槍來刺，忽然一道紅光，從土坑中滾起，那匹馬憑空一躍，跳出坑外。張郃見了，大驚而退。這是《三國演義》的作者迷信觀念的反映，不外是告訴讀者，劉禪是真命天子，所以在最危急的時候會出現奇蹟。

儘管趙雲抱著劉禪，保護著甘夫人，只能匆匆撤退，根本不可能在敵軍中橫衝直撞，但是，幾百年來，由於羅貫中筆墨酣暢的描寫，人們都相信，當年趙子龍確曾在長坂當陽與敵搏鬥，捨命救主。

張飛大鬧長坂橋史有其事嗎？

《三國演義》第四十二回的前半段「張翼德大鬧長坂橋」，說的是曹將文聘追趕趙雲至長坂橋，趙雲已經人困馬乏，適有張飛挺矛立馬於橋上，接應了趙雲。這時張飛在此斷後，命所從二十餘騎，都砍下樹枝，拴在馬尾上，在樹林內馳騁，衝起塵土，以為疑兵。文聘疑有伏兵，不敢近前。不久，曹仁、李典、夏侯惇、夏侯淵、樂進、張遼、張郃、許褚等部至，亦恐是諸葛亮之計，都不敢近前，只使人飛報曹操。曹操親自來看。張飛厲聲大喝曰：「我乃燕人張翼德也！誰敢與我決一死戰？」張飛是個大嗓門，書上說他「聲若巨雷，勢如奔馬」。曹操正惶懼間，張飛又是一嗓子：「戰又不戰，退又不退，卻是何故！」如此虎豹之吼，竟能將人活活嚇死——曹操身邊大將夏侯傑肝膽碎裂，倒撞於馬下。於是，百萬大軍望風而逃。曹操本人更是狼狽，「冠簪盡落，披髮奔逃」。後世有詩贊曰：「長坂橋頭殺氣生，橫槍立馬眼圓睜。一聲好似轟雷震，獨退曹家百萬兵。」戲曲中的唱詞更是過火，說他「長坂橋上一聲吼，橋梁喝斷水倒流」。

究竟張飛「大鬧長坂橋」是否可信呢？據《三國志》張飛本傳記載：因曹軍壓境，劉備南撤，確曾「使（張）飛將二十騎拒後。（張）飛據水斷橋，嗔目橫矛曰：『身是張翼德也，可來共決死！』敵皆無敢近者，故遂得免」。可見，張飛「大鬧長坂橋」，確是有一定歷史依據的，並不完全是虛構。但是，對照歷史記載，會發現羅貫中創作這段故事時，添枝加葉，作了太多的誇張。

① 史書並沒有張飛助趙雲救主而立馬長坂橋的記載；
② 張飛確曾「嗔目橫矛」大喝大吼，但並非連吼了三次；
③ 曹操確曾率兵「追之」，但並沒有曹操及眾將領追至橋頭，被張飛嚇得望而卻步的記載；
④ 歷史上並沒有夏侯傑這個人，所謂嚇得「肝膽碎裂」純係天方夜譚。
⑤ 所以，張飛「大鬧長坂橋」雖全非虛構，但卻不可以盡然相信。

「孟德獻刀」是子虛烏有嗎？

《三國演義》第四回介紹：東漢末年，農民起義風起雲湧，東漢小朝廷名存實亡。西元一八九年，董卓帶兵進入洛陽，廢少帝立獻帝，開始獨攬大權，引得朝廷很多大臣的不滿。司徒王允苦思無計，突然放聲大哭。正在無可奈何之際，曹操自告奮勇，借得王允的七星寶刀，主動去行刺董卓。在董卓府中，曹操機智地支走了呂布，眼看計謀成功，不料董卓仰面看衣鏡中，照見曹操在背後拔刀，急忙轉身問道：「孟德何為？」這時呂布已經牽馬在閣外。曹操靈機一動，謊稱獻刀，得以逃出生天，飛馬出京。

這段情節可謂活靈活現，寫得也是非常精彩。不過證諸史料卻是子虛烏有。據《三國志．武帝紀》記載：「卓到，廢帝為弘農王而立獻帝，京都大亂。卓表太祖為驍騎校尉，欲與計事。太祖乃變易姓名，間行東歸。」《三國志．武帝紀》注引《魏書》曰：「太祖以卓終必覆敗，遂不就拜，逃歸鄉里。」期間並未發生過獻刀之事。其實董卓入京後，任命曹操為驍騎校尉，對他甚為倚重；但曹操認為董卓終必覆敗，便沒有就任驍騎校尉之職，而變易姓名，東行逃歸故里了。曹操背董卓而逃確有其事，但逃走是因為不願意在董卓手下做事，並不是因為謀刺董卓。在距此一個月前，袁紹已經離開董卓，逃奔冀州；曹操是繼袁紹之後逃離的；三個月之後，袁術也逃奔南陽去了。當時稍有眼光的人都不願與董卓共事，逃離京師的人不少，一場討伐董卓的戰爭正在醞釀之中。

晉人孫盛的《異同雜語》記載了這樣一個故事：曹操曾經私入中常侍張讓的住宅，被張讓發覺，喚來眾家丁捉拿曹操，曹操在庭院中舞起手戟力戰，由於他武功卓越，眾家丁不能取勝，曹操逾牆而出。中常侍張讓禍國殃民，當時人們對之甚為痛恨。曹操帶著手戟私入其宅，大約也是想去行刺。「孟德獻刀」的故事，可能就是從這裡脫胎而來的。

「借荊州」是真是假？

劉備借荊州的故事流傳甚廣，以至於使歇後語「劉備借荊州——有借不還」家喻戶曉，這當然是《三國演義》和三國戲曲的功勞。又由於《三國演義》的影響，一般給人的印象是，整個荊州都是劉備不勞而獲，從孫權處「借」來的。關於「借荊州」的經過，《三國演義》第五十一回到五十四回中都間有敘述，大意是：赤壁之戰後，周瑜率軍包圍南郡（江陵），打敗了曹仁，曹仁棄城而走。周瑜準備進城，卻見城池已經先被趙雲占領了。原來這是諸葛亮用計賺了城池。直氣得周瑜金瘡迸裂，昏了過去。後來，魯肅向劉備討還南郡，諸葛亮託言荊州乃劉表之基業，其子劉琦尚在，劉備是劉琦之叔，「以叔輔侄，而取荊州，有何不可？」魯肅說：「若公子不在，須還我東吳。」諸葛亮答應了。接著劉備和諸葛亮便率軍去南征，取得了荊州南部武陵、長沙、桂陽、零陵等四個郡。不久劉琦病死，東吳又派魯肅前來，以弔喪為名，實為又來討取荊州。諸葛亮又答應：「取得西川，便還荊州。」劉備還寫了一紙文書，在上面押了字：諸葛亮和魯肅作為保人，也押了字。這便是「借荊州」的始末。

歷史上到底有沒有借荊州這回事呢？按照《三國志》先主、吳主、周瑜、魯肅、諸葛亮等傳記載：赤壁之戰以後，周瑜從曹仁的手中奪取了南郡的郡治江陵，孫權拜周瑜為偏將軍，領南郡太守。在這同時，劉備南征，奪取了荊州南部四郡。劉備為了給自己統治荊州尋找一個合理的根據，在一開始便表薦劉表的兒子劉琦為荊州刺史，表明劉琦是子繼父業，理所當然，實際上劉琦是劉備的傀儡。不久劉琦病死，群下擁戴劉備為荊州牧，治所設在油江口，改名為公安。荊州原有七個郡，其中曹操占有南陽郡（治宛縣，今河南南陽市）和南郡北部襄樊一帶，以江陵為中心的南郡南部和江夏郡（治武昌，今湖北鄂州）在孫權手中，劉備擁有江南的四個郡。至於《三國演義》所說的諸葛亮賺取南郡、關羽襲取襄陽等，都是歷史上所沒有的事。曹仁從江陵退走後，周瑜接著便進入江陵據守，並沒有被劉備方面奪去，我們在前面已經談過了。同時曹仁失去了江陵，便退保樊城。從此以後，曹操方面便始終占據著襄陽、樊城，東到合肥一線，成為他在南部邊境的重要屏障，襄陽並沒有被劉備方面奪去。

諸葛亮在〈隆中對〉中所說的「跨有荊、益」，本是劉備集團的一個帶有策略性的既定方針。如今劉備雖然名為荊州牧，荊州的策略要地江陵卻在孫權手中，與公安隔江相對，由周瑜領兵駐守，劉備不僅難以西進益州，而且在荊州也要受到孫權的制約。於是劉備便在建安十五年（西元二一〇年）的冬天，到京口去會見孫權，要求把南郡劃給自己，以便能夠名符其實地管理荊州。但當時孫權並沒有答應。不久周瑜病死，孫權任命魯肅為奮武校尉，接替周瑜鎮守江陵。在魯肅的建議下，孫權把南郡的南部，即江陵一帶借給劉備防守。魯肅任漢昌太守，屯兵陸口。這樣劉備便占領了荊州七個郡中的四個半郡，更主要的是控制了荊州的策略要地江陵，他所控制的荊州南部四郡便和南郡的南部連成一片了。

魯肅為什麼主張把以江陵為中心的南郡南部借給劉備呢？這是因為江陵一帶北鄰曹操，南鄰劉備，東吳在這裡的幾千兵力很難抵禦曹操的進攻，而且很容易和劉備發生摩擦，破壞聯盟關係，削弱雙方的力量，不利於孫劉兩家聯合抗曹的大局。從當時的形勢來看，魯肅的主張是正確的，所以被孫權採納了。但後來孫權在評論魯肅時，卻說魯肅有「二長」，而「勸吾借玄德地，是其一短」，這是不夠公平的。

張飛夜戰馬超是否屬實？

《三國演義》第六十五回寫的是「夜戰馬超」，這是一個非常吸引人的情節。說的是益州牧劉璋被劉備所攻，向漢中張魯求救。張魯遣馬超進攻葭萌關，張飛請命前去迎戰。二虎相遇，展開一場惡鬥。鬥了二百餘合，不分勝負。這時，天色已晚，但兩人都殺得興起，不想就此收兵，而非要比個輸贏。於是，兩軍點起千百個火把，二將又苦鬥一番。這真是一場奇妙的戰鬥：雄關之前，夜幕之下，火光閃閃，鼓聲陣陣，一個虎鬚大漢和一個錦袍將軍殺得難分難解，多麼壯觀的場面啊！它把張飛、馬超的威猛形象寫得活靈活現。

不過，這是小說的藝術情節，讀者可不要把它當作歷史事實了。依有關史籍來看，當劉備進攻劉璋之時，劉璋並未向張魯求救，張魯也不曾派兵支援劉璋。《三國演義》虛構劉璋割地求救於張魯，只不過是為了引出馬超。談及馬超，《三國志．蜀書．馬超傳》是這樣寫的：「（馬超）奔漢中依張魯。魯不足與計事，內懷於邑。聞先主圍劉璋於成都，密書請降。先主遣人迎超。」裴松之注引《典略》說得更具體：「（張）魯將楊白等數害其能，超遂從武都逃入氐中，轉奔往蜀。」由此可見，馬超在張魯手下很不得志，而且受到張魯的某些心腹的忌恨，於是逃離漢中，輾轉投奔劉備。他根本就沒有帶兵進攻葭萌關，又怎麼可能與張飛交戰呢？

那麼，羅貫中為什麼要虛構這個情節呢？這是因為馬超作為三國時期的一員猛將，其勇武聞名遐邇，連曹操都曾驚嘆：「馬兒不死，吾無葬地也。」他後來成為蜀漢的大將之一，自然會受到「尊劉」的羅貫中的尊崇。然而馬超又是一個悲劇人物：建安十六年（西元二一一年），他與韓遂等起兵反曹，在渭南之戰中慘敗，其父馬騰與宗族二百餘人皆被誅殺；建安十八年（西元二一三年），他攻占隴上郡縣，又被楊阜等起兵打敗，妻子被殺，勢窮力竭，不得不投奔張魯；建安十九年（西元二一四年）歸順劉備之後，他雖然地位比較顯貴，先後任平西將軍、左將軍、驃騎將軍，但因不是劉備嫡系，並未真正受到重用。一世英雄，卻落得家破人亡，報仇無路，其心情之悲苦是可以想見的。羅貫中出於對這位虎將的同情，精心設計了馬超大戰張飛的故事，使其英武形象再一次煥發出奪目的光彩。同時，這個情節也為張飛形象添上了精彩的一筆。

劉備是否封過五虎大將？

《三國演義》第七十三回寫道，劉備奪取漢中以後，進位漢中王，「封關羽、張飛、趙雲、馬超、黃忠為五虎大將」。歷史上的東漢三國時期，根本不存在「五虎大將」這樣的官職或稱號。建安二十四年（西元二一九年），劉備奪得漢中，自稱漢中王，立即封賞文武群臣，拜關羽為前將軍，假節鉞（此前為蕩寇將軍、漢壽亭侯）；張飛為右將軍，假節（此前為征虜將軍、新亭侯）；馬超為左將軍，假節（此前為平西將軍、都亭侯）；黃忠為後將軍，賜爵關內侯（此前為征西將軍）；唯趙雲未升官爵，仍為翊軍將軍。五位大將的身分等級並不一致，其中關羽、張飛、馬超基本為一個等級，黃忠地位略次，趙雲則明顯差了一截（前後左右將軍係常設將軍，其下為征東、征西、鎮東、鎮西等將軍，翊軍將軍則係地位更低的「雜號將軍」）。但《三國志．蜀書》中將關羽、張飛、馬超、黃忠、趙雲五人合為一傳（《三國志》卷三十六），緊接在〈諸葛亮傳〉之後，這就表明他們都是劉蜀集團的重要將領，同為蜀漢的開國元勛。

宋元以來的通俗文藝家在講唱三國故事時，歷來以劉蜀集團的英雄為中心，大概是受到《三國志．蜀書．關張馬黃趙傳》的啟示，他們按照自己的習慣，把這五位大將視為「五虎將」。元代的《三國志平話》卷下就有一節題為〈皇叔封五虎將〉，說「關公封壽亭侯，張飛封西長侯、馬超封定遠侯，黃忠封定亂侯，趙雲封立國侯」。到了《三國演義》，羅貫中超越史書記載，樹立起趙雲勇冠三軍的虎將形象，明顯提高了他在劉蜀集團中的地位，並把他排在馬超、黃忠的前面。於是，《三國演義》中的「五虎大將」便成了「關張趙馬黃」。這一排序，從此便廣泛傳播開來。

不過，只要認真辨析一下，就可以看出，在《三國演義》中，「五虎大將」並非正式官銜，而是一種美稱。第七十三回中費詩剛對關羽說劉備封他為「五虎大將」之首，緊接著劉備就派使者前來，「拜雲長為前將軍，假節鉞，都督荊襄九郡事」；劉備稱帝以後，張飛昇遷為車騎將軍，馬超升遷為驃騎將軍（第八十一回），但繼張飛被刺後，第八十三回寫到黃忠因箭傷而死（歷史上的黃忠死於劉備伐吳之前一年，即二二〇年），劉備嘆曰：「五虎大將，已亡三人。」由此可見，「五虎大將」只是一種榮譽性的稱號。

華佗曾為關羽「刮骨療毒」嗎？

《三國演義》裡關羽水淹七軍後，率軍繼續攻打樊城，被曹軍射中一箭。箭頭有毒，毒已入骨，又青又腫，不能動彈。名醫華佗聽說關羽箭傷不癒，表示能為他割開皮肉，刮骨去毒。手術進行中，華佗刮骨的聲音悉悉刺耳，周圍的人心驚膽顫，掩面失色，而關羽卻依然飲酒弈棋，若無其事。等到華佗刮盡骨上的毒，敷上藥，縫上線，手術告成，關羽便大笑而起，高興地說：「先生真是神醫。看，我的手臂已經屈伸自如，毫無痛楚了。」華佗也說：「我一生行醫，沒有見過像您那樣沉著堅強的人，真是大丈夫！」這就是膾炙人口的「刮骨療毒」的故事。

歷史上確有「刮骨療毒」之事，見於《三國志．蜀書．關羽傳》的記載：「羽嘗為流矢所中，貫其左臂，後創雖癒，每至陰雨，骨常疼痛。醫曰：『矢鏃有毒，毒入其骨，當破臂作創，刮骨去毒，然後此患乃除耳。』羽便伸臂令醫劈之，時羽適請諸將飲食相對，臂血流離，盈於盤器，而羽割炙引酒，言笑自若。」

不過，為關羽療毒的醫生，卻根本不是華佗。〈關羽傳〉雖然沒有說明「刮骨療毒」的具體時間，但此事在建安十九年（二一四年）劉備自領益州牧和建安二十四年（二一九年）劉備自稱漢中王之間，那麼大約是在建安二十年（二一五年）左右，《三國演義》把此事安排在劉備稱漢中王之後，乃是為了相對集中情節，增強藝術節奏。而據《三國志．魏書．方技傳》，早在建安十三年（二〇八年）之前，華佗已經被曹操召到身邊，經常為曹操治病。從此，他受到了嚴重的羈絆，再也不能雲遊四方，更談不上到曹操的敵對營壘去行醫了。到了建安十三年，華佗久別思鄉，請假回家探望。到家後，他以妻子生病為由，一再要求延遲行期。曹操屢次催他返回，他卻遲遲不動。曹操大怒，命人把他抓進許都監獄，竟不顧荀彧的勸告，將他殺害了。這就是說，歷史上華佗之死在關羽刮骨療毒之前七八年，他怎麼可能死而復生，去為關羽治傷呢？

羅貫中在元代《三國志平話》的基礎上，巧妙運用顛倒時序、移花接木的藝術手法，把歷史上那位不知名的醫生變成了神醫華佗。由於前有鋪墊，後有照應（第七十八回曹操病重時，才召華佗），這一設計仍給讀者以強烈的真實感。這樣做，目的主要是為了襯托關羽大無畏的英雄形象。

首先，關羽是《三國演義》著力塑造的「古今名將中第一奇人」，如果由一位不知名的醫生來給他治傷，未免太不相稱；而華佗本身就是一代奇人，由他出場，便加重了這一情節的份量，更可顯出治傷方法之奇和關羽氣概之奇。其次，華佗一開始就是「因關將軍乃天下英雄」而主動前來，治療完畢後盛讚「君侯真天神也」，最後又堅決推辭任何報酬，這樣逐層推進，突出了他對關羽的由衷敬佩。

曹操為何殺楊修？

大凡讀過《三國演義》的人都知道楊修被曹操殺掉的前因後果。楊修才思敏捷，聰穎過人，舌辯之士，得到曹操賞識器重，委以「總知外內」的主薄，成為丞相曹操身邊的一位高級幕僚謀士，理應算得上一位重臣。在發生了闊門、一盒酥、曹操夢中殺人、吳質等事件後，曹操對楊修已暗存芥蒂，暗暗忌之戒備之，直到後來楊修又暗中插手廢立太子之事，引起曹操極度不滿和嫉恨。許多人認為楊修之所以被曹操藉故殺害，是因為他太過聰明，讓曹操備感威脅。曹操愛才也忌才，他是因妒恨楊修才華超過自己，感覺到沒了面子，才惱羞成怒殺楊修的。《曹瞞傳》說曹操「持法峻刻，諸將有計畫勝出己者，遂以法誅之」。但事實上，這裡面還牽扯出曹家繼承者的權力鬥爭，以及曹丕掌權後的人事布局。楊修的死，不過是曹家代漢而王天下的犧牲品罷了。

《三國志》中是這樣記載曹操如何處置楊修的：「太祖既慮始終有變，以楊修頗有才策，而又袁氏之甥也，於是以罪誅修。」楊修這個人本來就不是真心誠意依附曹操的，他不過是曹操「挾天子以令諸侯」時，一起被「挾」來而已。他乃弘農華陰（今陝西華陰）人，係楊震的玄孫、楊彪的兒子。楊震曾做過太尉，而楊彪也是太尉，還當過司空。《後漢書》說「自震至彪，四世太尉」，所以他們一家自然忠於漢室了。曹操是聰明人，自然不會將楊修像郭嘉、程昱般地喜歡，何況楊修還是袁紹的外甥，楊、袁同為世家望族，頗有些號召力。曹操要想循序漸進地把個「漢」字改寫為「魏」字，世家望族當然是最頭痛的。

曹操殺楊修更重要的原因是，楊修在魏嗣子之爭中站在曹植一邊。楊修與曹植俱有才名，兩個人自然惺惺相惜。曹丕的文采雖也不差，但比起才高八斗的曹子建（曹植字）總還差一截，而且他更喜歡舞刀弄槍，尤精劍術，在武術史上頗有名氣；然而這些卻是魏晉時代的文人高士看不起的，所以就感情上來講，楊修自然親於曹植。另就理智上來講，即為保住漢室，楊修更希望曹植能被選為曹操的繼承人。畢竟曹植這個人喜詩書，性情上總還溫柔敦厚，他若繼承父業，也許仍只做個魏王，不會去廢掉漢帝——說不定還會待漢帝更好一些。

建安二十二年（西元二一七年），曹操正式立曹丕為嗣子。既選曹丕當嗣子，曹操就要為他鋪平道路；曹植、曹彰、曹沖都是他疼愛的兒子，自然不忍加害，但黨羽一定要剪除一些。有個叫周不疑的，是曹沖的好朋友，也是個神童，曹操想藉故殺他，但曹丕根本沒把這些年紀輕輕的曹沖一黨放在眼裡，反來勸諫。結果曹操明確告訴他：「此人非汝能駕馭也。」還是派刺客去殺了周神童。楊修之死亦是如此，所謂楊修識破曹操「雞肋」之意，傳揚開去洩了密，被指「造謠亂我軍心」，根本只是藉口而已！

曹操因何殺孔融？

孔融（西元一五三年～二〇八年），字文舉，漢末魯人，孔子的二十世孫。父親孔宙，做過太山都尉。孔融少時成名，幾次辭謝了州郡的辟舉，於靈帝時「辟司徒楊賜府」（《後漢書．孔融傳》），開始步入仕途。因出任北海相頗有政聲，時人又稱他為「孔北海」。建安年間，孔融先後擔任將作大匠、少府、太中大夫等職。這時曹操專權，他與曹操政治上頗有分歧，每多乖忤，終於在建安十三年（二〇八年）為曹操所殺。

《後漢書．本傳》稱孔融「幼有異才」。又據《融家傳》記載，孔融兄弟七人，他排行第六。在他四歲時，每次兄弟們一起食梨，哥哥們都拿大的，他卻總是揀小的。家中大人問他緣故，他回答說：「我小兒，法當取小者。」為此，他受到孔氏宗族的誇讚。十歲那一年，孔融隨父親來到首都洛陽，當時河南尹李膺名聲極大，「士有被其容接者，名為登龍門」（《後漢書．李膺傳》）。但是他「不妄接賓客」，不是當世名人和通家都不獲接見。而孔融只是個孩子，卻偏要見李膺，他對李府守門者說：「我是李君通家子弟，請通報。」李膺請他進來後問他道：「高明（稱對方的敬詞）祖、父與僕有恩舊乎？」孔融答道：「然。先君孔子與君先人李老君同德比義而相師友，則融與君累世通家。」在座的人聽了無不驚嘆他小小年紀如此聰慧，是個「異童」（《世說新語．言語》注引《融別傳》）。李膺也稱讚他將來「必為偉器。」孔融果然不負眾望，在儒學、文學上都有相當的成就，備受世人尊重、推崇。

孔融是當時比較正直的士族代表人物之一，他剛直耿介，一生傲岸。早年剛剛踏入仕途，他就初露鋒芒，糾舉貪官，「陳對罪惡，言無阿撓。」董卓操縱朝廷廢立時，他又每每忤卓之旨，結果由虎賁中郎將左遷為議郎。後來在許昌，孔融又常常發議論或寫文章攻擊嘲諷曹操的一些措施。太尉楊彪因與袁術有姻親，曹操遷怒於彪，打算殺他。孔融知道後，顧不得穿朝服就急忙去見曹操，勸說他不要濫殺無辜，以免失去天下人心。並且聲稱：「你如果殺了楊彪，我孔融明天就撩起衣服回家，再也不做官了。」（《三國志·崔琰傳》注引《續漢書》）由於孔融的據理爭辯，楊彪才得免一死。建安九年（二〇四年），曹操攻下鄴城，其子曹丕納袁紹兒媳甄氏為妻，孔融知道後寫信給曹操說：「武王伐紂，以妲己賜周公。」曹操不明白這是對他們父子的譏刺，還問此事出何經典，孔融回答道：「以今度之，想當然耳。」

曹操為節約糧食，曾頒布一道禁酒令。孔融極愛飲酒，就給曹操寫了一封親筆信，專講飲酒益處，還嘲諷曹操道：「天上有顆『酒旗』星，地下有個『酒泉』郡，人有海量稱『酒德』，帝堯『千鍾』稱聖人。您如果非要禁酒，就把婚姻也禁止算了。」曹操忌憚孔融的才子大名，強忍憤怒，沒有立即殺他。然而，孔融針對曹操的「挾天子以令諸侯」的策略，上奏主張「尊崇天子，擴大君權，削弱諸侯權勢」，這簡直就是要曹操還政於漢獻帝！終於，曹操對孔融這個政敵再也忍無可忍，很快便尋找罪狀，將其殺害。

有人認為是性格原因，導致孔融被殺。孔融是名門之後，譽滿清流，性格迂腐、疏狂，出言無忌，目空一切。孔融鄙視權貴，與當權人物多次鬧翻。早年時候，孔融封謁拜賀外戚何進榮升大將軍，因何進未及時接見，孔融奪回拜謁摔在地上，惹得何進大怒。若不是有人勸阻，孔融早已喪命。後來，孔融又與袁紹結怨，袁紹對他恨之入骨。孔融軟硬不吃，不受籠絡，不願攀附，對於當朝權貴曹操也敢譏諷，曹操豈能容他？

關興、張苞真的為父報仇了嗎？

據《三國演義》所寫，在夷陵之戰中，蜀國有兩員小將最為活躍，這就是關羽之子關興和張飛之子張苞。他們二人的心頭燃燒著復仇之火，決心替父報仇。在戰場上馳騁衝殺，顯得特別積極，立下了許多戰功，如關興刀劈李異、周平，大敗孫桓；張苞刺死謝旌、夏恂，活捉譚雄、崔禹等；而且他們還親手殺了仇人。第八十三回寫關興追趕潘璋至一山莊，在「關公顯聖」的幫助下，斬了潘璋，取心瀝血，就關羽神像前祭祀。原先在荊州投降吳軍的傅士仁和糜芳，在劉備軍威的震懾下，刺殺了擒獲關羽的馬忠，持首級向劉備投降。但劉備在盛怒之下並沒有饒恕他們，命關興設關羽牌位，用馬忠首級祭祀，並命關興在靈前將傅士仁、糜芳用刀剮之。孫權想要求和，命程秉把殺死張飛的范強、張達押解到劉備處。劉備不許和，命張苞將范、張二人萬剮凌遲，祭父之靈。

關興、張苞大戰吳軍為父復仇，殺出了疾憤，殺出了維護「忠義」的精神。那麼，歷史上的關興、張苞是否真參加了東征大戰呢？

據《三國志·關羽傳》記載：關羽遇難後，被追謚為壯繆侯，他的兒子關興繼承了這個封爵。關興，字安國，在少年時便有佳名，丞相諸葛亮對他深為器重。弱冠（二十歲）任侍中，後又任監軍。但《三國志》以及裴注所引各書中，都沒有關興參加夷陵之戰和擒獲、處死仇人的記載。《三國演義》說他在戰場上刀劈李異、周平，歷史上並無其事。據《三國志》記載：吳將李異參加了夷陵之戰，屯守巫縣和秭歸，為蜀將所破；不久陸遜破劉備於猇亭，他追蹤蜀軍，屯駐南山。史書上並沒有說他戰死在沙場上。至於周平，則史無其人。

另據《三國志·張飛傳》記載：「追謚飛曰桓侯。長子苞，早夭。次子紹嗣，官至侍中尚書僕射。」可見張苞還死在張飛以前，桓侯的封爵由次子張紹繼承了。夷陵之戰時，早已死去的張苞，怎麼還能馳騁於戰場，為父報仇呢？至於《三國演義》說他在戰場上刺死了謝旌、夏恂，活捉了譚雄、崔禹，歷史上也無其事。據史書記載：謝旌隨陸遜西征夷陵一帶，屢立戰功，何嘗被張苞刺死？至於夏恂、譚雄、崔禹，歷史上根本就沒有這三個人。

《三國演義》說夷陵之戰後，關興、張苞二人還參加過許多戰役，戰功累累，幾乎是陣陣都少不了他們。說張苞在蜀建興六年（西元二二八年）諸葛亮「二出祁山」時，隨從出征，在追趕魏將郭淮、孫禮時落入山澗中跌破了頭，被送回成都養病，不久便死去了。「孔明聞知，放聲大哭，昏絕於地。」（第九十九回）當然這都是子虛烏有的事，因為張苞早已死了，這時不會再死第二回了。又說關興死於蜀建興十二年（西元二三四年），即諸葛亮「六出祁山」出兵以前。諸葛亮聽到死訊，又是「放聲大哭，昏倒於地，半響方蘇」。（第一百二回）但史書說他二十多歲便死了，他的死應該比這更早一些。

由此可見，關興、張苞都不可能參加劉備東征。羅貫中創作《三國演義》，對關羽、張飛遇難深感惋惜。為了讓關羽、張飛的英雄業績貫串全書，他以澎湃的激情、天馬行空的想像、酣暢的筆調，虛構刻畫了關羽、張飛死後關興、張苞的英雄史：是他們殺得吳軍損兵折將，是他們奮力救黃忠，是他們斬潘璋，是他們逼迫出賣關羽的糜芳、傅士仁自行送死並取了殺害關羽的馬忠首級，迫使孫權送還殺害張飛的范強、張達二凶並將其殺死，報了父仇。羅貫中的這一系列虛構，既強化了已然作古的關羽、張飛形象和劉、關、張的「忠義」之情，也突出了這樣一個創作觀點：虎將無犬子。

陶謙是否三讓徐州？

陶謙這個人也算是一個家喻戶曉的人物，這倒不是因為他有什麼雄才偉略，人們對他的認識大都集中在「三讓徐州」上。他在曹操為父復仇、血腥屠城的困難局面下，求救於青州刺史田楷，田楷又和當時還是平原相的劉備同來協助。經過一段時間的相處，陶謙對劉備讚賞有加，並在病故之前把徐州讓給了劉備。《三國演義》的第十一回和第十二回所敘述的「陶恭祖三讓徐州」的故事情節是這樣的：

曹操進攻徐州，大肆殺戮。陶謙難以抵擋，命糜竺和陳登分別往北海孔融和青州田楷處求救。孔融、劉備和田楷都帶兵來救陶謙。原來這時劉備任平原相，因孔融被黃巾軍管亥包圍，劉備去救他，解了北海之圍以後，和孔融共同來救徐州。在徐州城下殺敗了曹操的大將于禁，入城見陶謙。陶謙見劉備大喜，當即要把徐州讓給他，劉備力辭而止，這是「一讓徐州」。曹操正在攻徐州的時候，聽說呂布已經襲破了他的根據地兗州，只好放棄徐州，急忙班師回去。曹兵退走後，陶謙會合諸將，把劉備推於上座，又要把徐州讓與他，劉備又力辭不就。陶謙無奈，只好勸劉備留屯小沛。這是「二讓徐州」。不久陶謙得了重病，派人到小沛把劉備請來，又要把徐州讓與他，並推薦孫乾、糜竺輔佐他。劉備還是推辭不就，陶謙以手指心而死。這是「三讓徐州」。眾軍舉哀畢，把徐州牌印交與劉備，劉備固辭。次日，徐州百姓擁擠到府前哭拜說：「劉使君若不領此郡，我等皆不能安生矣。」眾人和關、張二人又再三相勸，劉備才答應權領徐州。

陶謙把徐州讓與劉備，歷史上有無其事呢？

據《三國志．先主傳》記載：曹操進攻徐州時，劉備為平原相，隸屬於公孫瓚，與青州刺史田楷屯兵在齊國拒袁紹。陶謙告急於田楷，田楷和劉備都帶兵去救。這時劉備有兵數千人，陶謙又給他補充丹陽兵四千人。從此劉備就歸屬於陶謙，陶謙表薦劉備為豫州刺史，屯兵小沛。陶謙病篤時，對別駕糜竺說：「非劉備不能安此州也。」陶謙死後，糜竺便率州人到小沛迎接劉備領徐州。劉備先是推辭不就，後來經過陳登、孔融等人的勸說，才接受了徐州的州政。

從上述《三國志》的記載來看，陶謙並沒有在生前「三讓徐州」，而是在病篤的時候說：「非劉備不能安此州」，糜竺是在陶謙死後去迎接劉備就任徐州牧的。這個記載不夠明晰，分析起來有兩種可能：一是陶謙確是在病篤時對糜竺說過這樣的話，有把徐州讓給劉備的意思；二是州中大吏糜竺等人自作主張，卻假託這是陶謙的臨終遺囑。不管是哪種可能，都表明了一個問題，就是原徐州的統治集團已經對繼續統治徐州喪失信心，需要「另請高明」了。從當時徐州的軍事地位來看，南有袁術，北有袁紹和公孫瓚，西北有曹操和呂布，都對徐州虎視眈眈，是一個兵家必爭的要地；而曹操幾次進攻徐州，大肆屠戮，已使這個地區遭受了嚴重的摧殘，人口銳減，滿目瘡痍，沒有一個強有力的人物來收拾殘局，徐州是很難繼續統治下去的。與其落一個毀宗滅族的下場，還不如把徐州交給有能力的人去治理，尚可以全家保身，這就是他們讓徐州的原因。

至於陶謙其人，從史籍的記載來看，並不是一個老實儒雅的人，《三國演義》和戲曲舞台上所塑造的形象，與其本人頗有差距。據《吳書》記載：陶謙在少年時「以不羈聞於縣中」，「不羈」就是不受約束，也就是淘氣、調皮的意思。十四歲時，還是個孩子王，用布條綴成幡，騎著竹馬玩耍，有一群孩子追隨著他。長大之後，性情剛直，好頂撞上級，司空張溫說他有「痴病」。看來他是一個頗具鋒芒而又不太正常的人。說到他的政績，《後漢書》和《三國志》的《陶謙傳》所記相同。說徐州本是個好地方，糧谷充足，百姓富裕，很多外地流民都投奔到這裡來。但陶謙並沒有把徐州治理好。陳壽說他「背道任情……刑政失和，良善多被其害，由是漸亂」，最後是「昏亂而憂死」。

諸葛瑾曾勸說孔明歸附孫權嗎？

讀過《三國演義》的人都知道，諸葛亮兄弟三人分別侍奉不同的陣營，諸葛亮仕蜀，其兄諸葛瑾仕吳，其弟諸葛誕仕魏。史稱「一門三方為冠蓋（官吏），天下榮之」。但弟兄們各事其主，關係也很微妙。諸葛瑾和諸葛亮都是聰明人，對此還都處理得很有分寸。因為吳蜀是盟國，所以諸葛瑾與諸葛亮有書信往來，在家事方面也有適當的溝通。與曹魏是敵國，所以和諸葛誕沒有任何往來。建安二十年（西元二一五年），孫權派諸葛瑾入蜀「通好劉備」，史書說：諸葛瑾「與其弟亮俱公會相見，退無私面」。就是說：除了在公事的場合會面以外，在私下裡沒有任何接觸，以避免嫌疑。

但是《三國演義》卻有諸葛瑾勸說孔明歸附孫權的情節。《三國演義》第四十四回是這麼記載的，周瑜在就任大都督之後，暗想：「孔明計謀多端，久必為江東之患，不如殺之。」乃命人連夜請魯肅入帳，商議殺孔明之事，魯肅不同意這麼幹，對周瑜說：「諸葛瑾乃其親兄，可令招此人同至東吳，豈不妙哉！」第二天，諸葛瑾奉周瑜之命，來館驛見孔明。孔明暗想：「此必周郎教來說我也。」諸葛瑾在言談中提出古代聖賢伯夷、叔齊之事說：「夷、齊雖至餓死首陽山下，兄弟二人亦在一處。如今乃各事其主，不能旦暮相聚，視夷齊之為人，能無愧乎？」孔明說：「今劉皇叔乃漢室之胄（後裔），兄若能離去東吳，而與弟同事劉皇叔，則上不愧為漢臣，而骨肉又得相聚，此情義兩全之策也。」諸葛瑾想：「我來說他，反被他說了我。」遂無言回答，起身回去見周瑜。

其實這個情節是虛構的。首先，說讓諸葛瑾勸說孔明歸附孫權，是魯肅的主意，沒有史實根據，而且也很不合情理。據《三國志．魯肅傳》記載：魯肅是東吳第一個倡導結盟的人，他剛剛聽劉表死去的消息，便對孫權說：「應該趕快到荊州去爭取劉備，同心一意，共同對付曹操，劉備必然會喜而從命。如果能辦成這件事，天下就可以安定了。如不趕緊前去，唯恐被曹操搶先一步。」孫權便派他到荊州去，他在當陽遇到潰逃的劉備，說服劉備向孫權靠攏，屯兵樊口，又把諸葛亮帶到了柴桑，終於促成了孫劉結盟、共拒曹操的局面。這樣一位力主與劉備結盟的人，不可能主張招降諸葛亮，從而給聯盟帶來壞的後果，損害共同抗曹的大方向。

其次，根據史書記載，歷史上並沒有周瑜想殺諸葛亮之事。歷史上的周瑜，是一位氣度恢弘的將領，而《三國演義》卻嚴重地歪曲了他的形象，說他心胸狹窄，非常妒忌諸葛亮，一開始便有殺死諸葛亮之心，這是沒有史實根據的。而且當時大敵當前，東吳君臣壓倒一切的大事，是如何抵禦曹操的大軍。周瑜是力主抗曹的人，更應該是這樣的。諸葛亮來柴桑，結成了孫劉聯盟，兩家共拒曹操。周瑜作為一個大都督，根本不會在出兵之前，要謀殺劉備的使者，導致聯盟的破裂。

說諸葛瑾接受了周瑜的命令，親自出馬去勸說諸葛亮留在東吳，更是天方夜譚。事實是：當時張昭和孫權都打過這個主意，但諸葛瑾並沒有親自出馬去勸說諸葛亮。晉人袁準所著的《袁子》說：張昭向孫權建議，把諸葛亮留在東吳，而諸葛亮不肯留下。有人問其緣故，諸葛亮說：「孫將軍夠得上是一位人主，但看他的肚量，能夠尊重我諸葛亮，卻不能使我充分發揮才能，我因此不能留下。」據〈江表傳〉記載：過了若干年以後，孫權回憶往事時對人說：「過去劉備派孔明到吳，我曾對子瑜（諸葛瑾）說：『你和孔明同產（是一家人），而且弟弟順從兄長是順乎義理的，為什麼不把孔明留下來？』子瑜回答我說：『弟已失身於人，與劉玄德君臣名分已定，理應沒有二心。弟弟不留在這裡，就像我不會到劉備那裡去一樣。』這話足以上通神明。」

看來，孫權要求諸葛瑾留下諸葛亮，諸葛瑾向他講了道理而拒絕了。並沒有像《三國演義》所說的那樣，諸葛瑾到館驛中想要勸說諸葛亮留下，反而被諸葛亮給頂回來了。當然，在曹操的大軍即將壓境，孫劉結盟共拒曹操的形勢下，孫權此舉是不明智的：但也只是對諸葛瑾試探性地談了一下自己的想法，諸葛瑾曉之以理之後，他也就不再堅持了。當時孫劉結盟，共拒曹操，畢竟是頭等大事，孫權對此應該是很清楚的。

《三國演義》的懸案解讀

史學界對《三國演義》的研究已有好多年了，但因為這段歷史太過久遠，有些問題迄今仍懸而未決，如貂蟬究竟是什麼人？七十二疑塚孰真孰假？劉備的陵墓在何處？關羽有沒有後代？古戰場赤壁在哪裡？……探索這些問題不僅是為了滿足人們與生俱來的好奇心，更是為了撥開歷史的迷霧，還原歷史的本來面目，為後世提供科學客觀的歷史依據。

關羽死後是否身首異處？

《三國演義》第七十七回寫關羽被孫權殺害後，幽魂不散，先是玉泉山顯聖，繼而害死呂蒙，於是老臣張昭獻計移禍。張昭說：劉、關、張桃園結義，誓同生死，今若知關羽遇害，必起傾國之兵，奮力報仇。孫權聽罷甚悔不該殺關羽。張昭進言：為今之計，不如遣人將關羽首級轉送曹操，此為上策。孫權從其言，即遣使以木匣盛關羽首級，星夜送與曹操。丞相主簿司馬懿識破東吳的移禍之計，遂建議曹操刻一香木之軀以配之，葬以大臣之禮。曹操從其計，以王侯之禮葬於洛陽南門外。

關羽被擒害之後葬於何處？《三國志》、《後漢書》及《華陽國志》都不見記載。裴松之注《三國志．關羽傳》引《吳曆》說：孫權殺害關羽後，懼怕劉備興師問罪，決定移禍，「送（關）羽首（級）於曹公，（曹公）以諸侯禮葬其屍骸」。據說洛陽關陵（位於洛陽市南七公里處）即是當年曹操厚葬關羽（首級）之地。但洛陽關陵今僅存明萬曆二十四年（西元一五九六年）《重建關王塚廟記》碑一通，該碑記也說：該處「漢時有廟」，有關王大塚，「內葬靈首」。洛陽關陵及廟占地百畝，殿宇輝煌，乃古都洛陽一大名勝。關羽陵墓，除洛陽外，湖北當陽還有一座，據說是孫權埋葬關羽軀體之地，所以民間諺語說關羽「身困當陽，頭枕洛陽」。當陽關陵在當陽縣城西五里的古彰鄉。據說當陽關陵始建於東漢，南宋淳熙十五年（西元一一八八年）始有圍牆，元代至元年間（西元一二七一～一二九四年）興建廟宇，明成化三年（西元一四六七年）修葺陵園，清代有過幾次大的維修。現今的當陽關陵占地近萬平方公尺，氣勢宏偉。

如果裴松之注引《吳曆》內容可靠，那麼，歷史上的「虎臣」、「萬人敵」關羽死後身首異處就是可以肯定的。但實際上這個問題目前尚不能確定，一者《吳曆》敘地方雜事，裴松之僅僅是引出而已，未判斷其說是否可信；二者即令可信，這在證史論說中，也僅僅是孤證而已。《吳曆》說曹操厚葬關羽，但未點明葬於何處。所以，洛陽關陵係關羽「靈首」葬處之說也是缺乏史實依據的。譚良嘯在一篇短文中曾指出：《（萬曆朝）重建關王塚廟記》中所謂「漢時有廟」之說，不可信。據此，我們認為，現今的洛陽關陵很可能是附會《三國演義》的產物，因為只有《三國演義》點明曹操是將關羽首級葬在洛陽南門外。當陽關陵不僅不見於文獻記載，而且《三國演義》也沒有交代孫權對關羽身軀是如何處置的，葬於何處，完全只是民間傳說。所以，當陽關陵作為孫權埋葬關羽身軀處，雖在情理中，但當陽關陵是否真墓，似難斷定。

綜而論之，關羽死後是否身首異處？洛陽、當陽關陵是關羽真墓嗎？究竟關羽死後身首葬於何處？應該說都還是些懸案，有待作深入的研究、考證。

貂蟬究竟是什麼人？

王昭君、西施、貂蟬和楊貴妃「四大美人」中，要數貂蟬最迷人，因為她竟使英雄豪傑為之神魂顛倒。也數她最不可捉摸，因為人們至今還不清楚她的真面目。關於貂蟬的真實身分，比較接近的說法似有以下四種。

一說她是王允的歌妓。王允，東漢太原祁縣（今屬山西）人，字子師。初為郡吏，靈帝時，任豫州刺史，獻帝即位任司徒。王允為了剷除董卓，想用美人計來達到目的。可是一時又找不到合適的對象，因此常常悶悶不樂。歌妓貂蟬為了使王允開心，每日盡力歌舞，但也無濟於事。後來，王允對她說明了其中情由，並請她助一臂之力。貂蟬知情後，表示願為王允效勞。她按王允連環計的要求，以她的姿色攪起了呂布和董卓的矛盾，最後，借呂布之手殺了董卓，為王允排除異己立下了汗馬功勞。事成後，貂蟬在花園裡為王允祈禱拜月，時值有一片彩雲遮月。王允見之曰：「貂蟬美色使月亮都躲到雲後面去了。」據此，後人都傳說貂蟬有「閉月」之容。

一說她是董卓的婢女。董卓，東漢隴西臨洮（今甘肅岷縣）人，字仲穎。本為涼州豪強，靈帝時，任並州牧。昭寧元年（西元一九八年）率兵入洛陽，廢少帝，立獻帝，專斷朝政。曹操與袁紹等起兵反對，他挾獻帝西遷長安，自為太師，後來為呂布所殺。據《後漢書．呂布傳》載：「卓以布為騎都尉，誓為父子，甚愛信之。常小失意，卓拔戟擲之，布拳捷得免。布由是陰怨於卓。卓又使布守中閤，而私與侍婢情通，益不自安」。這段記載，就是平常傳說的鳳儀亭擲戟之事。可見，貂蟬是與呂布情通的董卓婢女。

一說她是呂布之妻。呂布，東漢末五原九原（今內蒙古包頭西南）人，字奉先。初從并州刺史丁原，繼殺原歸董卓，又與王允合謀殺董卓，後任奮威將軍，封溫侯，最後為曹操所擒殺。呂布之妻，據《三國志．呂布傳》注引《英雄記》載：「布見備甚敬之，請備於帳中坐婦床上，令婦向拜，酌酒飲食。」從這段記載來看，呂布的妻子是隨軍生活的。上書又載：「建安（漢獻帝年號）元年六月，夜半時，布將河內郝萌反，將兵入布所治下邳府，詣廳事閤外，同聲大呼，布不知反將為誰，直牽婦，科頭袒衣，相將從溷上排壁出，詣都督高順營」。又載：「布欲令陳宮、高順守城，自將騎斷太祖（曹操）糧道，布妻謂曰：『宮、順素不和，將軍一出，宮、順必不同心共守城也，如在蹉跌，將軍當於何自立乎？妾昔在長安，已為將軍所棄，賴得龐舒私藏妾身耳，今不須顧妾也』。布得妻言，愁悶不能自決。」這裡記述的這位科頭袒衣的婦人，應是呂布之妻貂蟬。

還有一說她是呂布部將秦宜祿之妻。據《三國志．關雲長傳》注引《蜀記》曰：「曹公與劉備圍呂布於下邳，雲長啟公：『布使秦宜祿行求救，乞娶其妻』。公許之。臨破，又屢啟於公，公疑其有異色，先遣迎看，因自留之。雲長心不自安。」從這段記載中可以看出：秦宜祿的妻子是很有姿色的。另外，因為關羽原先想娶其為妻的，可是因為曹操「自留之」，因此引起關羽的妒恨。關羽畢竟是個烈性子，他火冒三丈，一刀便把秦宜祿的妻子給殺了。元人雜劇《關公月下斬貂蟬》就是以此事附會而成，因此，秦宜祿之妻也成了傳說中的貂蟬。

總之，貂蟬的故事，或出於小說，或出於戲劇，文人的渲染與演繹使她越來越不可捉摸。由於這些故事或多或少與史實有關，真真假假，更為難辨，以致歷史上的貂蟬究竟是怎樣一個人，就成為難解的懸案了。

八陣圖遺址在哪裡？

千百年來，八陣圖因諸葛亮的神機妙算蒙上了一層神祕的色彩，而神奇的八陣圖遺址也因史載不一，真假莫辨。史載關於諸葛亮八陣圖的遺址有五種說法。

陝西勉縣八陣圖。北魏酈道元在《水經注》載：「（定軍）山東名高平，是亮宿營處……營東即八陣圖也。」該陣圖遺址在今勉縣東南，但陣圖遺蹟在酈道元時就已「傾覆難辨」，今日更是無跡可覓。

四川、重慶境內見諸史載的陣圖遺址有四。其一為新都八陣圖。唐人李吉甫在《元和郡縣志》中說：新都縣北十九里有諸葛八陣圖。現四川新都縣還有一處以「八陣」命名的八陣鄉——當今學者蕭滌非認為陣圖遺蹟即在該鄉境內。其二為廣都八陣圖。廣都縣為漢時所設，隋朝改為雙流縣。廣都八陣圖始見於梁代的《益州記》一書，陣圖遺址按史載在今雙流縣中和場，但現在也無遺蹟可尋。其三為宜賓八陣圖。據《宜賓縣志》，當年諸葛亮曾從宜賓溯金沙江而上至西昌，諸葛亮在宜賓布過八陣圖，遺址在今四川宜賓市流杯池公園內。其四為夔州（重慶奉節）草堂八陣。陣圖遺址位於四川奉節縣草堂區草堂（即杜甫在奉節的草堂遺址）附近的金馬河畔。此陣圖扼古代川鄂陸上之咽喉，為湖北入川東門戶奉節之要衝。

但古今聞名遐邇的當推夔州水八陣圖。最早用文字記載該陣圖的為北魏酈道元，他在《水經注·江水一》「江水又東逕諸葛圖壘南」下注釋說：「石磧平曠，望兼川陸，有亮所造八陣圖。」北魏以後，歷代都有文人墨客來此憑弔，尋覓歷史的痕跡，曾在夔州客居一年多的唐代詩人杜甫曾多次來此觀陣圖遺蹟。詩人觀大江東去，陣圖依然，嘆諸葛亮雖有經天緯地之才，心懷滅曹吞吳之志，卻因劉備為報義弟之仇，妄向東吳動干戈的錯誤決策所破滅，感慨之至，成千古絕句〈八陣圖〉一首：「功蓋三分國，名成八陣圖。江流石不轉，遺恨失吞吳。」曾為夔州刺史的唐代另一位大詩人劉禹錫也曾多次來此憑弔陣圖遺蹟，並在其所著《八陣圖錄》中詳細描述了八陣圖的情景：「夔州西市，俯臨江岸沙石，下有諸葛亮『八陣圖』，箕張翼舒，鵝形鶴勢，聚石分布，宛然尚存。峽水大時，三蜀雪消之際，灝湧混漾，可勝道哉。大樹十圍，枯槎一丈，破磑巨石，隨波塞川而下……及乎水落川平，萬物皆失故態。唯諸葛陣圖小石之堆，標聚行列依然。如是者近六百年，淘灑推激，迨今不動。」劉禹錫文中描述的陣圖石堆歷經數百年江水沖擊依然不動，正可和杜甫詩句「江流石不轉」相映成趣。宋代大文學家蘇軾也曾多次來此觀陣圖遺蹟。至明代，始有人從憑弔陣圖遺蹟進而探究諸葛亮八陣之陣法。明人茅元儀在所修《武備志．諸葛亮魚復江八陣圖》中展示的八陣陣法為：縱橫排開六十四個小陣，分別組成天、地、風、雲、龍、虎、鳥、蛇八陣和一個中軍陣，二者合為一大陣，陣後設二十四隊遊騎、為大陣的機動兵力。

古代，不僅文人來夔州水八陣圖遺址流連憑弔，夔州人仰諸葛亮鞠躬盡瘁、死而後已的高風，慕諸葛亮神機妙算、料敵如神的大智，也常來陣圖遺址憑弔。到宋代，觀陣圖遺址已成為夔州一種民間風俗——人日踏磧。人日即每年正月初七，磧就是陣圖遺址，它是橫臥於長江北岸的一塊大沙灘，長一千五百多公尺，寬六百多公尺。宋人張晉在《踏磧》詩裡說：「夔國先年有舊風，來看踏磧莫匆匆。」《夔州府志》、《奉節縣志》都有人日踏磧之記載。是日夔州人家家戶戶，男女老幼結伴前去觀陣圖遺址，所謂「鬼門關外逢人日，踏磧千家萬家出」便是這種民俗的真實寫照。

綜上所述，巴蜀、沔陽所存數處八陣圖遺址，究竟孰為諸葛亮真跡，仍是一個謎。

七十二疑塚孰真孰假？

曹操是三國時期傑出的政治家和軍事家，也是中國歷史上一個頗有爭議的人物。建安二十五年正月（西元二二〇年），曹操病逝於洛陽，終年六十六歲。同年二月，魏文帝曹丕遵照曹操生前遺囑，將其遺體運回鄴（今河北臨漳一帶）地安葬。

關於曹操陵墓的確切地點，這在歷史上是一個難解之謎。據《魏書．武帝紀．終令》記載：「初平二十三年六月，令曰：『古之葬者，必居瘠薄之地，其規西門豹祠西原上為壽陵，因高為基，不封不樹。《周禮》塚人掌公墓之地。凡諸侯居左右以前，卿大夫居後，漢制亦謂之陪陵。其公卿大臣列將有功者，宜陪壽陵，其廣為兆域，使足相容。』」由此可知，曹操在他生前就已籌建陵墓，其位置當在西門豹祠以西，周圍有諸侯公卿的陪葬墓。在臨漳一帶，西門豹祠有多處。不僅如此，就連安陽、磁州境內，亦有西門豹祠。因此，要考證曹操陵墓，必先找到曹魏時的鄴都三台村一帶西門豹祠的確切之處。後世僅依據晉朝陸機《吊魏武帝文．遺令》中「葬於鄴之西崗上，與西門豹祠相近」一語，多認為曹操墓就在今臨漳縣西面的豐樂鎮西門豹祠一帶。但豐樂鎮西門豹祠建於天保五年（西元五五四年），有沒有比它更早的呢？「其規西門豹祠西原上為壽陵」與「葬於鄴之西崗上」，雖同用一個「西」字，但實際地點則大相逕庭！如果將〈終令〉與〈遺令〉細細對照分析，就可看出後者有多處紕繆。為此，歷史上曾有學者認為，引自陸機〈弔魏武帝文〉中的曹操遺令，可能有詐。

又據《輿圖備考》、《方輿紀要》、楊奐《山陵雜記》所載，曹操死後，恐後人掘其陵墓，乃設七十二疑塚，使人真偽難辨，疑塚從臨漳縣三台村以西八里的講武城起始，直至磁州而止，一座座如小山布列。歷史上曾有無數的文人墨客到實地對疑塚作過考證，結果都一無所獲。

明朝俞應符〈七十二疑塚〉及清朝陳大蚧〈疑塚記〉均認為，七十二塚中必定有一座葬有曹操的屍體。這種說法對不對呢？據記載，晚清年間，因鬧饑荒，民盜發疑塚，塚內皆有屍骨，一為齊王陵，一為齊獻武帝第十一子高陽王湦墓。一碑額題曰「公主為齊王四妹」。民國初，經人盜掘的疑塚內多有墓誌，均係北魏、北齊時代王公要人墓。其中有魏墓，齊太祖獻武皇帝第八子高清，齊故開府儀同三司尚書、左僕射、雲州刺史景公等墓。史家認為，七十二疑塚可能是曹操生前所設，以惑後人，而北朝王公命婦則是「坐享其成」了。然而，曹操的真墓也始終莫得其所，使詩人、學者紛紛墮其雲霧，發出「奸雄生前欺人，死後亦欺人」的概嘆。

另外，還有一種說法。認為曹操陵墓不是建造在地面上，而是建在漳河河底。其論據為，魏文帝《止臨淄侯植求祭先王詔》中，有「欲祭先王於河上，覽省上下，悲傷感切」之句。清代沈松《全健筆錄》引《堅瓠續集》，佐證此說。其文云：「順治初，漳河水涸。有捕魚者見河中有大石板，旁有一隙，窺之黧然，疑其中多魚，乃由隙入。數十步得一石門，心怪之，出招諸捕魚者入。初啟門，見其中盡美女，或坐或倚或臥，分列兩行，有頃俱化為灰委地。內有石床，床上臥一人，冠服，儼如王者，中立一碑，漁人中有識字者就之，則曹操也。眾人因跪而斬之，磔裂其屍。諸美人蓋生而殉葬者，地氣凝結，故如生人，既而漏洩其氣，故遽成灰，獨操以水銀殮，其肌膚尚未朽腐也。」此事近乎傳奇，故不足信。

總之，集諸家言論觀之，千百年來，人們對曹操陵墓的考證僅能因襲舊說，作一概論，誰也無法指出其具體的地點。

劉備的陵墓在何處？

蜀漢昭烈帝劉備，死後所葬的惠陵，已經歷長達一千七百多年，風風雨雨，夕陽漁鼓，至今仍依傍著武侯祠巍然屹立。依現有材料，未見有惠陵被發掘、盜挖的文字記錄。清褚人獲《堅瓠集》說：「嘉靖中，盜發蜀先主墓，數盜穴墓而入。見兩人張燈對棋，侍衛十餘。盜驚拜謝，一人顧謂曰：『爾欲飲乎？』乃各飲以一杯，兼乞與玉帶數條，命速出。盜出外，口已漆矣，帶乃巨蛇也。視其穴已如舊矣。」此說借盜墓者進入惠陵受到懲罰事，比喻劉備墓不可盜挖，也說明了劉備墓從未被盜挖。

可是中國歷史幾千年，帝王幾百個，很少有皇帝陵墓未被盜挖的，那麼劉備惠陵為什麼沒有被盜挖？因此，兩宋時候就有人懷疑，惠陵不是劉備真墓，它只是紀念劉備的衣冠塚。劉備的真墓只能是在他病死的白帝城（四川奉節）處。西元一九八五年，陳劍提出劉備屍體葬在奉節說。他有三個理由：

①奉節四月份後天氣炎熱，屍體最易腐爛發臭，要將它運到千里之遙的成都，實在不易；

②據宋元以來典籍和地方志記載，甘皇后葬於奉節。而據《三國志》，甘皇后是與劉備合葬的，但她卻沒有葬在惠陵，可見劉備也是葬在奉節的；

③劉備墓在奉節，在歷史上多有傳說，近年奉節城裡多處出現人工隧道口，很像墓道，而且其走向均指向原府署（現縣人民政府大院）。

陳劍還說，近年，文物探測隊曾使用超聲波開展物探，發現在大院所在地底深處，埋藏有兩個建築結構，分別為十八公尺到十五公尺長，高五公尺，有專家認為它很可能就是劉備和甘夫人的真正墓葬。

但譚良嘯、呂一飛不同意此說，他們針對陳劍說作了批駁，認為劉備葬於惠陵，史志言之確鑿。中國早已發明屍體防腐術；至於甘皇后葬處，《三國志．先主甘皇后傳》有詳記，「後卒，葬於南郡（湖北江陵），章武二年，追謚皇思夫人，遷葬於蜀，未至而先主殂隕。丞相亮上言：『會大行皇帝崩，今皇思夫人（甘皇后）神柩以到，又梓宮在道，園陵將成，安厝有期……故昭烈皇后（甘皇后）宜與大行皇帝合葬，臣請太尉告宗廟，布露天下，具禮儀別奏。』制曰可。」按劉備是蜀漢章武三年（西元二二三年）四月，死於白帝城永安宮的。翌月，他的梓宮自永安宮護運到成都，八月安葬於惠陵，此處稱「梓宮在道，園陵將成」，是指劉備之柩正在由永安運往成都的途中，成都的惠陵正在加速修建中，這份奏章是在白帝城（或正在途中）的丞相諸葛亮給成都的後主劉禪的，可見劉備和甘皇后確是合葬於惠陵的。譚良嘯等認為，「劉備雖死於奉節白帝城，但確係運回成都安葬。此事陳壽的《三國志》記載甚明，陳壽生長在蜀地，曾在蜀國為官，豈能將國君的墓地錯記？」沈伯俊亦持此說，提出「最簡單的理由有：（一）史書明言劉備還葬成都；（二）所謂天熱屍體難運之說，亦站不住腳。秦始皇比劉備早死四百多年，仍不顧路遙，還葬咸陽，到劉備時，防腐技術大有發展，為何不可運屍回成都？」而「所謂奉節地下發掘古墓，實不可信。」

關羽有沒有後代？

關羽死於劉備稱帝之前，劉備對他是寵禮有加的，並因他的被殺害敢冒天下之大不韙興師動眾討伐東吳。關羽死後，被追謚為「壯繆」，子孫世襲。從《三國志．關羽傳》看，他至少有兩子一女。長子關平在失荊州後，出走臨沮（湖北遠安）時戰死，他大概沒有後代。襲爵的是次子關興，當吳將呂蒙白衣渡江攻陷荊州時，他和家眷都被充作俘虜，估計是後來吳蜀聯和後，才遣送回成都的。他托關羽的福蔭，二十歲就當上了侍中中監軍的官，可惜沒幾年就病死了。嫡子關統接班，爾後又被劉阿斗招為女婿（和諸葛亮獨子諸葛瞻為連襟），官拜虎賁中郎將。沒有幾時，他又死了，因為沒有子嗣繼爵，就由庶出兄弟關彝接班。蜀漢投降後，這一家子全都滅絕了。據稱是當年關羽水淹七軍擒殺的魏將龐德兒子龐會公報私仇所為。「龐德子會隨鍾、鄧伐蜀，蜀破，盡滅關氏家」（《蜀記》）。所以羅本《三國志演義》有「漢壽亭侯關彝，皆被魏兵所殺」（第一百十九回），即按此據。

如此看來，關羽是沒有後代了。可是，後人多不以為關羽無後。西南地區至今仍多流傳有所謂關羽第三子關索的故事，羅本《三國演義》還穿插有關索隨諸葛亮南征，擔任先鋒，明成化年間流行的說唱詞話《花關索傳》還介紹其生平事蹟。至今四川廣元鄉間尚見有關索妻鮑三娘墓，有碑記鮑三娘世居夔州鮑家莊，與關羽第三子關索成親，隨其夫同扶漢室情由。由此可證，關羽在成都的家族雖被殺害，但關索一脈卻繼續綿延。可也有學者說，關索僅見於民間傳說，「在《三國志》中未見記載，乃虛構之人物」（《三國演義辭典》）。

在明清小說裡也認為關羽有後代。常見的如《水滸》水泊梁山的大刀關勝，此人即被稱為關羽後代，「或曰是壯繆後」（《堅瓠祕集》）。《水滸》說他「生的規模，與祖上雲長相似，使一口青龍偃月刀」（第六十三回）。當然此處帶有很大的小說家藝術思維的虛構，是不足為依據的。可是，仍有人稱關羽有後裔。學者彭桂芳說：「自關羽之後，關羽家族的盛譽，也千古長傳：他們的子孫在光榮的傳統下，世世代代人才輩出，表現傑出卓越，令人對這個家庭更增敬意。」「子孫遍布大江南北，興盛無比。」（《五百年前是一家》）沈伯俊推測所謂關羽有後代之說，無非是滅而未盡，有漏網者；或荊州可能有關羽後代——按年齡算，關平當已婚而有子女，呂蒙對之並未屠滅；又或關羽故鄉，亦當有其兄弟子侄之後。

關羽是否有後代現在還不能下結論，因為它不僅囿於史料缺乏記載，更見於綿延幾千年的中國姓氏多有嬗變和移植。在民間，隨著關羽走上神壇的臉譜化，關姓也成為崇高有加的超級貴姓。小說平話、戲劇裡沒有一個姓關的不是好人賢人，也許這樣附名於關羽譜下後代就更多了，可是至今還未有一部正宗「關氏宗譜」，旗幟鮮明地標明關羽的嫡系子孫。

周瑜的真墓在哪裡？

說起三國時期的吳國名將周瑜，人們很自然就會想起當年那場赫赫有名的赤壁大戰。建安十三年（西元二〇八年），曹操率軍南下，周瑜和魯肅堅決主戰，並親率吳軍大破曹兵於蒲圻的烏林赤壁，創造了中國軍事史上以少勝多、以弱勝強的又一範例。此役一舉奠定了三足鼎立的歷史局面，使吳國的政治、經濟和軍事力量得以迅速發展。從此，周瑜的威名遠颺，成為中國古代著名的軍事家之一，也受到歷代文人墨客的頌揚。比如唐代大詩人李白《赤壁送別歌》云：「二龍爭勝決雌雄，赤壁樓船掃地空。烈火張天照雲海，周瑜於此破曹公。」至於說到宋朝著名文學家蘇東坡的〈念奴嬌〉和前、後〈赤壁賦〉，更是聞名遐邇了。

可是，如果有人問起周瑜的墓地在何處？恐怕就鮮有人知了。據載，周瑜死後，巴丘、宿松、舒城、廬江等地都有周瑜的墓，可到底哪一座是其真墓呢？後人很難斷定，因此也就出現了幾種不同的說法，主要有：

① 巴丘說。據《三國志．吳書．周瑜魯肅呂蒙傳》說：「策自納大喬，瑜納小喬。復進尋陽，破劉勳，討江夏，還定豫章、廬陵，留鎮巴丘。」周瑜三十六歲時，於巴丘任上病死，以死地而葬身，是極有可能的。有人則對此提出異議。《三國志．吳書》也載：「瑜還江陵，為行裝而道於巴丘病卒，時年三十六歲。權素衣舉哀，感動左右，喪當還蕪，又迎之蕪湖，眾事費度，一為供給。」由此可見，既然靈柩從巴丘（今丘陽）迎到蕪湖，就絕不會再重新回到巴丘歸葬，所以巴丘的周瑜墓是假的，只不過是一座紀念性的墓地而已。另外，周瑜「留鎮」的巴丘，應在今巴丘縣，與周瑜死地的巴丘是兩個地方。

② 舒城說。《三國志．吳書．周瑜傳》載：「周瑜字公瑾，廬江舒人也」；《三國演義》說周瑜是舒城人；權威的《辭海》也說周瑜是廬江舒縣（即今安徽舒城）人。《三國演義》又說周瑜死後，孫權極度哀傷，並命人厚葬本鄉；又據《舒城縣志》云：「周瑜墓在縣西七十里淨梵寺。」當地人叫做瑜城，據傳周瑜曾在此築城駐守。這樣看來，舒城的周瑜墓無疑就是真墓了。然而，持不同觀點的學者提出了兩點反駁的理由。首先，《三國志．吳書》只說周瑜的靈柩運至蕪湖，並沒有說厚葬本鄉，《三國演義》的說法不可信。其次，關於周瑜是舒人，明代有人考證說：「古之舒自皖以下皆是」；近人考證云：漢代的舒縣，即今廬江縣，而舒城縣在唐開元二十三年才設置，這就證明書中所言「舒」並非「舒城」，可見舒城的周瑜墓，也不能肯定就是真墓。

③宿松說。據《宿松縣志》記載，宿松的周瑜墓在縣南三十里，是周瑜的後代周本所立，過去有不少學者認為，周瑜既為後世景仰，故立墓者頗多，今宿松周瑜墓為其後人所修，便極有可能是真墓。也有學者指出，這個結論是很難成立的，證據不足，宿松的周瑜墓，不過是一座紀念性的墳墓而已。

④廬江說。廬江的周瑜墓，在離縣城東門外二里許，其墓現已較破落，只是一堆黃土。原墓高兩公尺，墓門向東，墓碑題有「吳名將周公瑾之墓」。據史載，一九四二年國民黨駐廬江部隊——七六師五二七團團長覃振元以修墓之名盜掘了周瑜墓，墓碑、華表、石獅都被挖走，連墓磚也被挖走。覃振元掘墓後，還築墓成台，並請人撰寫了一副對聯刻在石墓上，曰：「赤壁展宏圖，三十功名，公已勛垂宇宙；佳城封馬鬣，二千年後，我來樹此風聲。」真是臉皮厚得可以。據考證，在廬江周瑜墓附近的村莊裡，數戶人家短牆上有不少墓磚，磚上的花紋圖案清晰可辨，經有關專家鑑定，被確認為是東漢燒製的無疑。再結合《三國志．周瑜傳》中「廬江舒人」的記載，可以證得廬江的周瑜墓可能就是真的。

然而，由於年代久遠，史料記之不詳，不少墓地又遭受到了嚴重破壞，使人難窺真相，究竟何地周瑜墓為其真，還須對墓地進行深入考究，方能揭開歷史之謎。

諸葛亮故居在哪裡？

諸葛亮祖籍為瑯琊陽都，即現在的山東省沂水縣南，後隨父遷徙南陽。他生於漢靈帝光和四年（西元一八一年），死於蜀漢後主劉禪建興十二年（西元二三四年）。他本是一個平民百姓，因其友徐庶向劉備竭力引薦，並且當時劉備正急需招募賢才，頗為禮賢下士，三次親自請他於南陽的「草廬」之中，後來他才成了劉備的得力助手，為劉備建立蜀漢政權立下了赫赫功勞。劉備稱帝以後，他被拜為丞相，

「草廬」也就隨之而成了他的故居。但是，他的故居到底是在河南南陽還是在湖北襄陽呢？人們對此一直爭論不休。

一說他的故居是在現今的河南南陽。有人曾引用諸葛亮在〈出師表〉中的自述以及《三國志》的記載加以肯定。因為諸葛亮在〈出師表〉中說過：「臣本布衣，躬耕於南陽……先帝不以臣卑鄙，猥自枉屈，三顧臣於草廬之中」；《三國志．諸葛亮傳》也說：「亮早孤，從父為袁術所署豫章太守……會漢朝更選，朱皓代玄，玄素與荊州牧劉表有舊，往依之。」從《三國志》的記載來看，可能是朱皓代諸葛亮父親的兄弟諸葛玄之後，諸葛玄就往依荊州牧劉表了，而諸葛亮則留河南「躬耕於南陽」，這樣，劉備的三顧茅廬，是在河南南陽無疑，也就是說，諸葛亮的故居當在河南南陽。

有人則反對諸葛亮的故居是在河南南陽說，而認為諸葛亮的故居應在距河南南陽兩百多里的湖北襄陽城西三十華裡的隆中山中。其理由如下：「南陽」在漢代是郡名，管轄二十多個縣，而今天的河南南陽在漢代為「宛」。南陽郡和南郡、襄陽郡在漢代是由荊州刺史部轄的，東漢末年，由劉表任刺史。這時，東漢政權業已動搖，由於劉表受到江漢一帶大地主的支持和擁護，在地主軍閥混戰時就據有了南郡、襄陽郡，駐在襄陽，但他沒有完全占有南陽郡。而此時宛城為袁術占據，袁術東走後，又為張濟、張繡占據。到建安二年（西元一九七年），張繡向曹操投降，宛城就成了曹操的勢力範圍。劉備是在建安六年（西元二〇一年）奔依劉表的，他的三顧茅廬自然應在建安六年之後，可這時劉備和曹操已是面對面的敵人了，宛城對於劉備來說已成了敵境，而他卻能夠自由出入敵境郊區，從容三顧，是不合情理的。這是其一。再據《三國志．諸葛亮傳》，豫章是袁術的勢力範圍，在袁術生前，東漢朝廷是不能派官員到其勢力範圍來的。袁術死於建安四年（西元一九九年），朱皓代諸葛玄及諸葛玄的往依劉表，當然是在建安四年之後，此時劉表駐在襄陽，他的勢力範圍又沒有達到宛城，往依他的人是不會住到離襄陽二百多里的宛城的。這是其二。又《漢晉春秋》記載說：「（諸葛）亮家於南陽之鄧縣，在襄陽城西二十里，號曰隆中。」這裡的鄧縣不是今天河南的鄧縣，因為它在襄陽北面一百多里的地方，這個鄧縣的故城遺址在襄陽境漢水北岸十餘里處。劉表當時雖然沒有完全占據南陽郡，但其勢力範圍已伸展到了南陽郡的博望、新野一帶，鄧縣更在其南，接近襄陽，在劉表的勢力範圍內。諸葛亮及其從父往依劉表後當是住在這裡的。所以，諸葛亮的故居應在襄陽的隆中山中。這是其三。

觀此二說，可以說是各有理由，但也各有偏差。第一說的偏差在於沒有顧到《漢晉春秋》的記載；而第二說則又丟開了臥龍崗這一與諸葛亮有著緊密聯繫的地點。還有，《三國志》中並未明確記載諸葛亮是否跟諸葛玄奔依劉表之事。因此真相如何，只能猜測。正因為這樣，所以就各執一說，爭論不休。

古戰場赤壁在哪裡？

赤壁是東漢末年曹操和孫權、劉備鏖戰之地，赤壁之戰孫劉在策略上以少擊多，戰術上智取強敵，戰爭結局奠定了三國鼎立的局面，影響深遠。後代文人雅士常以赤壁為題，託物詠志，發思古之幽情。然而，赤壁古戰場的地理位置究竟在哪裡，迄今仍不能確定。北宋蘇東坡在黃州（今黃岡縣）所作的膾炙人口的〈念奴嬌．赤壁懷古〉也只是說「故壘西邊，人道是，三國周郎赤壁」，對於黃岡城外之赤鼻磯，是否就是赤壁古戰場，語甚曖昧。而「人道是」，所指之「人」，實際上就是唐代詩人杜牧，他的「折戟沉沙鐵未銷，自將磨洗認前朝。東風不予周郎便，銅雀春深鎖二喬」的〈赤壁〉絕句，就是視黃岡城外之赤鼻磯為古戰場的。然而，赤鼻磯的地理位置既不在樊口上游，又不在大江之南，與史書所載不合，並非真正的古戰場。可見，不是杜牧搞錯了地方，定是文人借題發揮，因而以訛傳訛，使大文豪蘇東坡也墜入雲裡霧中。

古戰場赤壁的位置，目前主要有兩種見解：「嘉魚縣東北」說和「蒲圻縣西北」說。兩種說法各有所本。「嘉魚縣東北」說，可能本自王力主編的《古代漢語》，該書下冊第二分冊對赤壁的注解是：「周瑜破曹軍於赤壁，地在今湖北嘉魚縣東北。」朱東潤主編的《中國歷代文學作品選》也贊成這種說法。

「蒲圻縣西北」說，則可能本自陰法魯主編的《古文觀止譯註》，該書指出：「那個赤壁，在今湖北省蒲圻縣西北，長江南岸。」

再向上推溯，「嘉魚縣東北」說初見於《大清一統志》，該書說：赤壁山「在嘉魚縣東北江濱」，且引據《水經注》曰：「赤壁山在百人山南，應在嘉魚縣東北，與江夏接界處，上去烏林二百里。」此說後為清末著名地理學家楊守敬首肯：「赤壁當在嘉魚縣東北與江夏接界處」，且認為「《大清一統志》所定最確」（見楊守敬《水經注疏》）。此說因而為近代不少學者所接受。然而，「蒲圻縣西北」說論據也較充分。持此說的最早為《元和郡縣圖志》，該書稱：「赤壁山在蒲圻縣西一百二十里，北臨大江，其北岸即烏林，即周瑜用黃蓋策，焚曹公舟船敗走處。」（《元和郡縣圖志．江南道三》蒲圻縣條）持此說的還有《資治通鑑注》（胡三省著），歷代一些重要輿志著作，多數也作如是觀。兩說應以何說為準呢？這個「謎」從古至今，爭執不下，懸而未決。

「東臨碣石」的碣石今何在？

東臨碣石，以觀滄海。
水何澹澹，山島竦峙。
樹木叢生，百草豐茂。
秋風蕭瑟，洪波湧起。
日月之行，若出其中；
星漢燦爛，若出其裡。
幸甚至哉，歌以詠志！

這是曹孟德在建安十二年（西元二〇五年）北征烏桓回軍途中，在碣石登臨觀海時寫下的壯麗詩篇。曹詩描繪的這處幽州觀海勝地，令人神往，難怪乎史載北魏太武帝、北齊文宣帝、唐太宗等都曾登碣石，臨滄海，舞文弄墨，刻石賦詩。

滄海桑田，物換星移，當年曹孟德登臨的碣石至今在何處呢？自漢代以來，古碣石的位置問題，聚訟紛紜，懸而未決。各家說法基本可分為四種：一是以《漢書．地理志》、《明一統志》、《永平府志》、《讀史方輿紀要》、《昌黎縣志》為代表的「昌黎說」；二是以《魏書．地形志》、《隋書．地理志》、《元和郡縣補志》、《通志》、《通考》為代表的「盧龍說」；三是以東漢文穎說、《水經注》、郭璞《山海經》注、《新唐書．地理志》、《輿地廣記》為代表的「臨榆說」；四是以胡渭《禹貢錐指》為代表的「淪海說」。

近幾十年來，關於古碣石位置問題的討論，一直未曾停息過，但各種意見基本趨向於「臨榆說」和「昌黎說」兩家。主「臨榆說」者以史學家顧頡剛為代表。《漢書．武帝紀》載，元封元年（西元前一一〇年），武帝「行自泰山，復東巡海上，至碣石」。注引東漢文穎說：「（碣石）在遼西絫縣。絫縣今罷，屬臨榆。此石著海旁。」郭璞《山海經》注、酈道元《水經注》均從之。顧頡剛逐一分析了歷來關於古碣石在渤海沿岸的多種解釋後，認為「以〈禹貢〉著作年代在戰國時看來，文穎說比較可靠」，「漢初期傳的碣石在景縣（故城在今昌黎縣南），應該與〈禹貢〉作者的觀念一致」。另外，馮君實據歷代記事和詩篇的描繪，考察了碣石的自然面貌和它的重要策略地位後指出，傳統的四種說法中，「淪海說」根本靠不住；昌黎境內有碣石山是人們公認的，毋庸置疑；「盧龍說」實際很籠統，所說在乎州（盧龍東離海三十里，指的還是昌黎碣石山。他以古籍記載證明，臨榆海邊確有碣石存在，「如果沒有理由證明臨榆碣石沉於大海或為積層所掩埋，那它在今天就不但存在，而且可以從榆關鎮以南沿海找到它，可能就是今天的北戴河海濱，具體地說就是金山嘴。」此外，黃盛璋、李長傅認為，秦漢碣石在金山嘴附近或即是絫縣的小碣石山。

胡渭的「淪海說」影響極大，以致清末楊守敬、熊會貞等人合撰的《水經注疏》及《水經注圖》，又基本因襲了此說，其影響直至今天。一九五〇年以來，不少古典文學選本和中國文學史著作對《觀淪海》中「碣石」的注解，幾乎都認為它早已沉淪於海。而譚其驤一九七六年發表的《碣石考》一文，以充分的論據，否定了碣石「淪海」的觀點，指出魏武東臨的碣石即今昌黎縣境之大碣石山。在他主編的《中國歷史地圖集》的有關圖幅內，亦標明碣石山位於昌黎之北，可謂「昌黎說」之代表。嗣後，不少人從有關古碣石的各個側面，加以論證，發表了與譚氏相同觀點的文章。陳可畏透過西漢後期的一次大地震來考證碣石山的地理位置，王育民從考古發現以及《水經注》等古籍有關碣石的記載加以考證，于洋則以正史《地理志》、地理總志及方志等史料和實地考察為據，均確認碣石即今昌黎縣北的碣石山。高洪章、董寶瑞基本贊同譚其驤的上述結論，但不同意譚氏認為碣石「不是淪於海，而是沒於陸」的解釋，並指出《辭海》對碣石的解釋，並不符合《水經注》的原意。近年出版的一些工具書，如修訂本《辭海》、《辭源》、《中國名勝詞典》，幾乎都主張碣石「昌黎說」。這個公案至今誰也未能說服誰，孰是孰非，難以定奪。

諸葛亮有沒有寫過〈後出師表〉？

人們頭腦中似乎有這樣一個「常識」：蜀漢政權在劉備亡故後，由諸葛亮主持發動了對曹魏的六次北伐，西元二二七年「一出祁山」之前，諸葛亮向後主劉禪上疏〈前出師表〉，次年「二出祁山」前又寫上〈後出師表〉。〈後出師表〉提到「鞠躬盡瘁，死而後已」，它是諸葛亮心跡的表白，以後又演化為一個成語，專門用來讚美那些獻身國家和民族的偉大人物。但是，諸葛亮真的寫過〈後出師表〉嗎？

在陳壽《三國志．蜀志．諸葛亮傳》中，只載有〈（前）出師表〉，而沒有〈後出師表〉。〈後出師表〉又是劉宋裴松之注《三國志》時引錄東晉習鑿齒《漢晉春秋》的，而《漢晉春秋》中的這篇〈後出師表〉又是出於三國孫吳大鴻臚張儼的《默記》。著名的《昭明文選》，也只選錄〈（前）出師表〉，而不收〈後出師表〉。由此，有悖於「常識」的見解便出現了：〈後出師表〉並非諸葛亮所作。

否認諸葛亮寫〈後出師表〉的理由大致可歸納為如下幾點：

一、〈後出師表〉與〈（前）出師表〉的立意完全不同。〈（前）出師表〉表示了諸葛亮對北伐必勝的信心：「願陛下託臣以討賊興復之效；不效，則治臣之罪，以告先帝之靈。」又說：「當獎率三軍，北定中原，庶竭駑鈍，攘除姦凶，興復漢室，還於舊都。」〈後出師表〉卻語氣沮喪：「然不伐賊，王業亦亡；唯坐待亡，孰與伐之？」雖然此時已有街亭一敗，但「受任於敗軍之際，奉命於危難之間」的諸葛亮怎會雄心全挫呢？而且，如果是諸葛亮自己所寫，此文應該暢所欲言，沒有必要故意貶低自己。

二、〈後出師表〉寫作的目的不明確。根據歷史記載，當時蜀漢並沒有人反對北伐，〈後出師表〉談到「議者謂為非計」，不符合當時的情況。因此諸葛亮根本無須上此表以說服別人。表中又有許多可能起渙散人心作用的話，以諸葛亮之智慧，豈能為此！

三、〈後出師表〉提及的一些事情與史實明顯不符，人名也有錯誤。《蜀志．趙雲傳》說趙雲「建興七年卒」，〈後出師表〉上於建興六年十一月，卻說：「自臣到漢中，中間期年耳，然喪趙雲、陽群、馬玉、閻芝、丁立、白壽、劉郃、鄧銅等及曲長屯將七十餘人」，而且陽群、馬玉、閻芝、丁立、白壽、劉郃、鄧銅等人，均不見史書記載，顯係作偽者故意捏造，以混淆視聽。

四、〈後出師表〉和〈（前）出師表〉文辭風格迥然不同。〈（前）出師表〉是忠臣志士無意為文，故風格至為高邁。〈後出師表〉是作偽者有意為文，因而辭意不免庸陋，如「群疑滿腹，眾難塞胸，今歲不戰，明年不征」四句，均一句四字，兩句對偶，意思完全雷同，〈（前）出師表〉就沒有這樣的句子。清代學者黃式之就說：「〈前表〉悲壯，〈後表〉衰颯；〈前表〉意周而辭簡，〈後表〉意窘而辭繁。」

既然認為〈後出師表〉非諸葛亮所作，那麼，偽造者又是誰呢？由於〈後出師表〉出於張儼的《默記》，因此，一些學者就認為它是張儼所作。但有人指出張儼對於諸葛亮的將才是估價很高的，對北伐也抱有樂觀態度，以為假使諸葛亮壽命長一些，北伐是可以取得勝利的——這與〈後出師表〉悲觀失望的態度全然不同，因此，偽作者不可能是張儼。也有的認為偽作者應是諸葛亮的胞侄諸葛恪。諸葛恪在二五二年孫權臨死時，受命為吳大將軍，全權輔佐幼主孫亮。當時孫氏皇族與江南大族的勢力非常強大，諸葛恪為了樹立自己的威望和掌握兵權，就發動對魏的戰爭。然而這卻引起舉國反對，正如〈後出師表〉中所說的「議者謂為非計」。於是，諸葛恪一方面「著論以諭眾」，另一方面偽制〈後出師表〉，以便使自己的伐魏主張得到一個有力的旁證。張儼死於西元二六六年，這個偽製品後來被收錄進他所撰的《默記》。

但是，堅持〈後出師表〉是諸葛亮所作的學者，針對諸葛恪偽造一說提出異議。他們認為，由於親屬關係，諸葛恪可以得到諸葛亮的文字，因此〈後出師表〉還是出於諸葛亮的手筆。

諸葛亮究竟有沒有寫過〈後出師表〉，迄今仍是一個未解之謎。

《三國演義》中的醫學問題

《三國演義》不僅是一部文學名著，它還是一部百科全書。用傳統醫學和現代醫學的知識，去挖掘、詮釋、探討，會發現《三國演義》中有取之不盡的醫學寶藏，書中的醫學理論、疾病過程、診斷方法和藥物作用有許多對今天的醫學活動和養生之道有著重要的、獨特的指導意義。

諸葛亮為何英年早逝？

諸葛亮，字孔明，號臥龍，乃三國之「智絕」。他上知天文，下曉地理，兼修儒道之術。時運不到，躬耕南陽，「淡泊以明志，寧靜以致遠」，頗有黃老之風；時運一到，應時出世，「鞠躬盡瘁，死而後已」，極盡孔孟之道。他滿腹經綸，指揮若定，火燒博望，曹軍喪膽；舌戰群儒，孫權失色；六出祁山，七擒孟獲。每常自比為管、樂，其才不可量，智計百出，鬼神莫測。建興二十年四月，諸葛亮率軍從斜谷出祁山，占據了五丈原，與魏國將軍司馬懿相持於渭河以南。諸葛亮幾次向魏軍挑戰，司馬懿都堅守營寨不應戰。諸葛亮派人送去婦女服飾用品，想藉此激怒司馬懿。但司馬懿在會見諸葛亮派來的使節時，卻只問諸葛亮的飲食起居，而不提軍旅之事。使者回答說：「諸葛丞相起早睡晚，體罰二十以上的案件都要親自過目；所吃的東西一日不過數升。」司馬懿聽了後說：「諸葛亮這樣下去，能長久嗎？他的身體要垮了。」果然，就在這年八月，諸葛亮病死於軍中，享年不足五十四歲。

諸葛亮正值事業如日中天，卻折壽早逝，人們在惋惜之餘，往往把死因歸結於「勞累過度」所致。《三國演義》共一百二十回，書從孔明出山以後，只言其才智而未言他，至八十五回「劉先主遺詔託孤」之時，乃有「凡事更望丞相教之」之託。於是八十七回便有「諸葛丞相在於成都，事無大小，皆親自從公決斷」之載。他由於「願盡愚忠」，常事無巨細，均必躬親，負擔繁重，夜以繼日，不知休息，還要「硬熬」、「硬挺」，於是積勞成疾，寢食失調，以致傷身折壽。此即所謂「過勞死」。

「勞累過度」傷身，無疑是諸葛亮早逝的原因之一，但往往被人們忽視的「思慮過度」傷神，則更應是其折壽早逝的主要原因。由於劉備的「三顧」之恩，使諸葛亮「感激」不已；其臨終託孤，更使諸葛亮「夙夜憂嘆，恐託付不效，以傷先帝之明」，故常「庶竭駑鈍」，為盡忠報效蜀漢二主，可說是「處心積慮」，竭盡神思。因脾「在志為思」，「思傷脾」，孔明「政事無巨細，咸決於親」。思慮過度，其脾必虛。《三國演義》一百零三回言「懿問曰，『孔明寢食及事之煩簡若何？』使者曰，『丞相夙興夜寐，罰二十以上皆親覽焉。所啖之食，日不過數升。」漢之一升乃今之十八至三十克也，「日不過數升」，則其日食之物充其量不過三百克，堂堂鬚眉，日理萬機，而所食竟如此之少，明顯有脾虛運化失司之象。而脾胃為後天之本，氣血生化之源，如此則損之大矣。

「過勞死」和「過慮死」也成了一種現代「文明病」。尤其是事業如日中天，碩果倍出的中年知識分子，因「過勞」、「過慮」而損壽早逝者屢見不鮮。保健專家認為，「過勞死」與「過慮死」，一般與現代社會的資訊量急遽增加、生活節奏加快、心理負擔加重、生活方式複雜多變，以及競爭激烈等因素有著密切的關係，但比較直接的原因，則和一些知識分子的事業心極強、操心勞累過度、忽視醫療保健、缺乏保健知識和條件有關。如果人們平時注重保健，不忽視這些潛在的病態，則「過勞死」與「過慮死」是完全可以及時預防和避免的。

劉備的帝王相是病態嗎？

《三國演義》中的劉備，「身長七尺五寸，兩耳垂肩，雙手過膝，目能自顧其耳，面如冠玉，唇若塗脂。」人們稱為「大耳劉備」。作者寫劉備這些與眾不同的相貌，想表明劉備是個非常之人，擁有帝王之相。他去東吳招親，喬國老見到劉備時說：「玄德有龍鳳之姿，天日之表。」吳國太一見就喜歡，立即決定招他為婿，這才使劉備免遭周瑜的暗算。但是，劉備的外貌，若從醫學角度來看，卻是一種疾病的症狀，是不健康的表現。

「雙手過膝」是性腺功能減退性巨人症的一種症狀。常見於腦垂體或視丘下部功能減退症、無睪症、睪丸發育不全症等疾病。其原因是病人在骨骺軟骨閉合之前，由於發生性腺功能減退，或因性腺功能低下，以至骨骼生長過長。其特徵是：病人身材過高，四肢細長，且不成正常比例，其指距大於身長，站立時中指尖可以超過大腿外側的中點，甚至到達膝蓋；生殖器不發育，第二性徵缺乏等。但是，劉備的身高只有七尺五寸，折算成現代的高度為一百七十二公分，並不過高；且生有兒子「劉阿斗」，說明性腺功能也正常。因此，劉備不可能患有性腺功能減退性巨人症。

劉備帝王之相的另一個特徵是「兩耳垂肩」。我們在參觀寺廟裡的菩薩像時，會發現他們的耳朵幾乎和劉備的一樣，都是又大又長，兩耳垂肩。這些「大命之人」的外貌特徵是依據「耳長而聳者祿」的相面理論而產生的。然而，據《世界之最》記載，中國夏代有個叫「務先」的人也是兩耳垂肩，他「耳長七寸」，折合成現代的尺寸有十二公分左右。但他並沒有因「兩耳垂肩」的帝王相而富貴發達，卻是一個再也普通不過的老百姓。

中醫對耳朵的大小、色澤也有精闢的論說，認為「腎開竅於耳」，耳朵和全身健康狀況有密切關係。耳朵大，肉厚潤澤，是形盛的表現，說明先天腎陰實足；耳薄小而乾枯則是形虧的表現，說明先天腎陰不足；耳腫起，是邪氣實的表現；耳瘦削則是正氣虛的表現。因此，中醫把觀察耳朵的外形變化視為醫生診病不可忽視的一部分，但耳朵的大小並不能顯示一個人的命運好壞。

曹操的頭風是哪一種疾病引起的？

羅貫中在《三國演義》中花了很多筆墨，描寫了曹操「頭風」病的症狀、病因和誘發因素。第二十二回中，袁紹遂令書記陳琳寫征伐曹操的檄文，並於各處關津隘口張掛。檄文傳至許都，當時曹操方患頭風，臥病在床，左右將此檄文傳進，曹操見之，毛骨悚然，出了一身冷汗，不覺頭風頓癒。又第二十三回中，建安五年，太醫吉平對董承說：「操賊常患頭風，痛入骨髓；方一舉發，便召某醫治……」

中醫認為，「頭風」是指頭痛經久不癒，時發時止，甚至一觸即發的一種病症。頭風是由風寒或風熱侵襲，痰涎風火，鬱遏頭部經絡，使氣血壅滯所致。表現為頭痛常常反覆發作，病勢一般較劇，痛連眉梢、眼睛，目昏不能睜開。有的還伴有鼻流臭涕、噁心、眩暈、耳鳴、頭部麻木等。中醫又把「頭風」痛在一側的，叫「偏頭風」；把兩太陽處連腦痛者，叫「夾腦風」。

中國古代很早就認識到七情不調（即喜、怒、哀、樂、悲、恐、驚七情）是誘發頭風的重要原因。《三國演義》第七十八回中，就有一段敘述曹操受驚嚇後，頭痛復發的故事。建安二十四年，曹操自埋葬關公以後，每晚闔眼便見關公，這使他十分驚恐，為了求得安寧，避免行宮舊殿的「妖魔」，於是他決定砍樹建新宮殿，誰知當他用佩劍去砍伐一株長了幾百年的老梨樹時，竟然出現了怪事：一劍劈下去，樹中的血濺滿了他一身。曹操大驚，當晚睡臥不安，只好坐在殿中，靠著茶几打了一會兒瞌睡，忽然看見那個「梨樹神」身穿黑衣、舉著寶劍向他砍來，曹操嚇得大叫一聲，驚醒之後，立即感到「頭腦疼痛，不可忍」。急傳旨遍求良醫治療，不能痊癒，後又請華佗診脈視病，華佗說：「大王頭腦疼痛，因患風而起。病根在腦袋中，風涎不能出，枉服湯藥。可用利斧砍開腦袋，取出風涎，方可除根。」多疑而心狠的曹操以為華佗欲害他，便將其打入牢中致死。此後曹操又遇幾次驚駭，幻見被他慘殺的馬騰父子、伏皇后、董貴人、伏完、董承等二十餘人，渾身血汙，前來索命。曹操病勢加劇，更覺頭目昏眩。次日，又覺氣衝上焦，目不見物，不多時便氣絕而死，壽年六十六歲。

這個故事雖然帶有藝術誇張的色彩，但卻說明了一個醫學道理，強烈而緊張的情緒和刺激，可以引起劇烈的頭痛。那麼，曹操的「頭風」可能是哪一種疾病引起的呢？曹操的「頭風」病史很長，從《三國演義》中所論述的建安五年算起，到建安二十四年，至少有二十年以上的病史。從現代醫學來看，以偏頭痛的可能性最大。偏頭痛是常見的神經血管性頭痛的一種。偏頭痛為反覆發作性頭痛，多則可每日發作，少則數年發作一次，一般發作次數並無規則。每次頭痛可持續數小時，數天，甚至數十天。發作前常有左側眼前或右側眼前發花、閃光、閃星火或其他視幻覺。曹操見到被他慘殺的伏皇后等二十餘人，也許就是偏頭痛引起的視幻覺。

中醫治療偏頭痛以祛風通絡的藥物為主，針灸也有一定的效果。據《後漢書．華佗傳》記載，曹操的頭風經華佗針灸治療，「佗針，隨手可差」，即針到病除。目前，醫生還主張合理休息，勞逸結合，避免過敏藥物和食物，禁煙忌酒，並輔以麥角胺等藥物治療。

麻沸散是一種什麼藥？

在中國古典文學巨著《三國演義》中也有不少關於華佗的故事，如為周泰治金瘡、為關羽療箭毒、為曹操醫頭風等，並透過曹操的御史大夫華歆之口說出了華佗的高超醫術。

第七十八回中，華歆說：「華佗字元化，沛國譙群人也。其醫術之妙，世所罕有。但有患者，或用藥，或用針，或用灸，隨手而癒。若患五臟六腑之疾，藥不能效者，以麻肺（沸）湯飲之，令病者如醉死，卻用尖刀剖開其腹，以藥湯洗其臟腑，病人略無疼痛。洗畢，然後以藥線縫口，用藥敷之；或一月，或二十日，即平復矣。其神妙如此！」

古代由於缺乏麻醉藥，外傷病人在手術過程中十分痛苦，經常痛得昏過去。華佗根據《神農本草經》中關於烏頭、莨菪子、羊躑躅功效的記載，又結合自己的臨床經驗，將幾種具有麻醉作用的藥物，編了一組醫方。經過多次試驗，證實這些藥物確有麻醉作用。華佗將這醫方定名為「麻沸散」。據記載「麻沸散」是由蔓陀羅花一斤，生烏草、香白芷、當歸、川芎各四錢，天南星一錢組成。華佗又從多喝酒，能使人醉至不省人事中得到啟發，將「麻沸散」和酒在外科手術前一起吞服，麻醉效果則更好。由於全身麻醉的應用，外科手術在治療疾病中得到了廣泛開展。據史書記載，華佗曾有酒服麻沸散做過腫瘤切除、脾切除、腸胃吻合等腹部大手術。

華佗在西元二一三年已發明了麻沸散，而西方醫學家使用乙醚或笑氣進行全身麻醉是在十九世紀中期，比中國足足遲了一千六百多年。所以，華佗不僅是中國第一個，也是世界上第一個使用麻醉術進行手術的人。在當時的歷史條件下，華佗的麻沸散和高難度的外科手術技術，確實是中國醫學和中國古代文化的驕傲。

關雲長刮骨療毒怎麼會受得了？

華佗不僅是世上全身麻醉藥的發明者，從《三國演義》第七十五回來看，華佗局部手術的止血減痛方法，也足足比西方早一千三百多年。

關羽經樊城一戰，右臂被毒箭所傷後，華佗從江東駕一小舟，特為關羽治療箭傷。關羽問華佗：「用何物治？」華佗曰：「某自有治法。當於靜處立一標註，上釘大環，請君侯將臂穿於環中，以繩繫之，然後以被蒙其首。吾用尖刀割開皮肉，直至於骨，刮去骨上稍毒，用藥敷之，以線縫其口，方可無事。」

華佗發現的「麻沸散」是全身麻醉藥，而關羽的右臂箭傷只需要局部手術，不必作全身麻醉。華佗在手術時用立柱、釘環、繫繩的方法，就是一種原始的局部止血減痛的手術方法。每個人可能都有這樣的體會，一隻手或足擱得太久，由於血液循環障礙，肢體就會感到麻木。華佗正是應用了這個道理，用立柱、釘環來固定手術部位用繫繩來阻礙血液循環，從而進行局部手術，既可止血又可減痛。

三國時期，華佗的這種局部外科手術方法比西方現代外科醫學奠基人——法國的巴雷發明的同樣方法要足足早一千三百年。在巴雷之前，歐洲的外科手術要把病人用棍子擊昏，或者放血至昏迷後再進行手術，並用火紅烙鐵來燒灼血管止血，病人幾乎沒等手術結束，已經被折磨死了。巴雷發明在手術肢體的上部，用繩子緊緊綁住，然後再進行手術，這樣可以減輕疼痛和減少出血。巴雷的這種外科手術方法和《三國演義》中華佗所說的方法如出一轍。

關雲長中了什麼毒？

《三國演義》中，有一段華佗為關羽「刮骨療毒」的故事：關羽攻打樊城，右臂中箭，箭上塗有毒液。華佗為關羽檢查後，發現是烏頭箭毒所致，需施以刮骨治療方能痊癒。徵得關羽同意後，華佗開始施行手術。當時未做任何麻醉，關羽只飲了幾杯酒，華佗便施以手術，術至於骨，發現骨已青，遂用刀刮骨，沙沙有聲，帳上帳下見者皆掩面失色。而關公飲酒食肉，談笑弈棋，全無痛苦之色。片刻，華佗刮去骨上之毒，敷上瘡藥，進行縫合。術後關羽即覺右臂伸舒自如。

這個故事流傳甚廣。那麼，烏頭究竟是何毒物呢？烏頭，又名五毒根，為毛茛科植物，有毒的烏頭也是一味中藥，因其主根呈圓錐狀，似烏鴉之頭，故得名「烏頭」。烏頭有猛毒，古代作為箭毒，塗在箭頭上射人獵獸，中箭即倒。烏頭分為川烏和草烏兩種，川烏為栽培而得，草烏為野外所生，草烏之毒甚於川烏。

其實，毒箭獵獸、傷人，致獵物倒地，戰將落馬，並非骨肉之痛，而是因為毒物襲擊了心臟和神經系統。現代研究證明，烏頭中含有烏頭鹼，過量的烏頭鹼可使感覺和運動神經麻痺，直接作用於心肌，造成心律失常。由此可以推測，關公中箭落馬，右臂之傷痛非主要原因，是短暫的心律失常而不能穩坐戰騎之故。

烏頭雖然有毒，然而只要炮製得法和用量適宜，它也能發揮良好的治療作用，可作為鎮痙劑，治風痺，風濕神經痛；側根（子根）入藥，有回陽、逐冷、祛風濕的作用，治腎陽衰弱的腰膝冷痛、形寒愛冷、精神不振以及風寒濕痛、腳氣等症，因此常為醫家所用。

華佗真的可以做顱腦手術？

《三國演義》第七十八回，華佗為曹操治療頭風，華佗說：「大王頭腦疼痛，因患風而起。病根在腦袋中，風涎不能出，枉服湯藥，不可治療。某有一法，先飲麻沸湯，然後用利斧砍開腦袋，取出風涎。方可除根。」可惜曹操認為顱腦手術是不可能的，以為「此人欲乘機害我」，急令追拷華佗，枉殺無辜。其實，按當時史料記載，華佗既然能進行腫瘤切除、腸胃吻合、脾切除手術，進行顱腦手術也未嘗沒有可能。正像他當時能進行全身麻醉做腹部大手術，被一般人認為不可思議，迷惑不解，世所罕見一樣。

根據考古學家發現，丹麥出土的一具舊石器時代的人類頭顱骨化石上，有做過外科手術的殘存小孔，手術切口邊緣的骨質已經融合。這是手術後病人繼續存活，傷口癒合的痕跡。這具古老的顱骨化石告訴我們；遠在一萬年以前，人類就開始嘗試用石鑽打開顱腦，並能用手術方法治療疾病了，其中有的手術方法和今天顱腦手術中的環鑽手術十分相似。

中國古代醫學遠比西方發達，既然有了用於全身麻醉的麻沸散，華佗為何不能開顱做腦的手術呢？看來這也許是曹操在醫學方面的無知和對華佗的多疑了。

《三國演義》中，華佗正因為此而慘遭曹操殺害。第七十八回「治風疾神醫身死」中，華佗告訴獄卒：「我今將死，恨有青囊書未傳於世，感公厚意無可為報，我修一書，公可遣人送與我家取青囊書來贈公，以繼吾術。」可惜華佗的青囊書，結果被付之一炬。華佗的被害和他的著作被焚，是中國醫學史上的一大損失。《三國演義》上寫道「青囊書不曾年於世，所傳者止閹雞豬等小法，乃燒剩一兩葉中所載也。」據歷史記載，華佗著作留下來的還有《觀形察聲並三部脈經》、《枕中灸刺經》、《華佗方》、《五禽六氣訣》等。

孔明為何能罵死王朗？

《三國演義》第九十三回寫道，魏國司徒王朗為軍師，隨大都督曹真領二十萬軍馬，浩浩蕩蕩迎戰蜀軍。曹真與王朗、郭淮共議退兵之策。王朗說：「來日可嚴整隊伍，大展旌旗。老夫自出，只用一席話，管教諸葛亮拱手而降，蜀兵不戰自退。」

兩軍陣前，王朗勸諸葛亮「倒戈卸甲，以禮來降，不失封侯之位。」諸葛亮聽後在車上大笑曰：「吾以為漢朝大老元臣，必有高論，豈期出此鄙言……吾素知汝所行：世居東海之濱，初舉孝廉入世；理合匡君輔國，安漢興劉；何期反助逆賊，同謀篡位！罪惡深重，天地不容！天下之人，願食汝肉！……汝既為諂諛之人，只可潛身縮首，苟圖衣食；安敢在行伍之前，妄稱天數耶！皓首匹夫，蒼髯老賊！汝即日將歸於九泉之下，何面目見二十四帝乎！老賊速退！可教反臣與吾共決勝負！」王朗聽罷，氣滿胸膛，大叫一聲，撞死於馬下。

以上就是諸葛亮罵死王朗的故事。諸葛亮唇槍舌劍，抓住要害，一頓羞辱，竟使王朗命歸黃泉。僅僅辱罵一通，就能致人於死地嗎？

從醫學的角度看，這完全是可能的。王朗的死亡在醫學上屬於猝死，多數學者認為，發病後在六小時以內突然死亡的為猝死；而心臟病專家則認為在一小時以內的死亡為猝死。不管怎麼說，王朗的死亡是猝死。猝死的原因很多，如縊死、溺水、電擊、窒息、腦外傷、腦出血、急性心肌梗塞、大動脈瘤破裂、休克等。根據王朗的情況，可以推測為以下兩種可能：一是急性心肌梗塞或嚴重心律失常所致的心源性休克；二是腦出血。以上可以概括為急性心腦血管疾病。

由於《三國演義》沒有提供更多的資料，只能從書中簡單的幾句話進行分析。儘管發生猝死的原因很多，但王朗的死因是急性心肌梗塞或者腦出血。基本原因是長期的動脈硬化和高血壓，直接原因是嚴重的精神刺激——諸葛亮的一番羞辱。王朗本來是想遊說諸葛亮，幻想不費一兵一卒，使諸葛亮拱手而降，使蜀兵不戰而退。但王朗哪裡是諸葛亮的對手？諸葛亮對王朗的歷史和現狀瞭如指掌，他義正嚴辭，句句擊中要害，使王朗羞愧難當，無地自容，血壓驟然升高，造成腦出血；或者在冠狀動脈硬化的基礎上，突發心肌梗塞和心律失常而致猝死。

是什麼病要了姜維的命？

姜維是三國時一個重要人物。他足智多謀，文韜武略，堪稱奇才。關於姜維之死，史料記載不多，人們普遍認為是被誅殺的。但《三國演義》中有這樣一段描述：魏將鄧艾、鍾會攻取四川後，姜維用計離間鄧、鍾二將，並教鍾謀反。在謀殺魏將時，「姜維忽然一陣心痛，昏倒於地，左右扶起，半晌方蘇。」後「姜維拔劍上殿，往來衝突。不幸心疼轉加。維仰天大叫曰：『吾計不成，乃天命也！』遂自刎而死。時年五十九歲。」「魏兵爭欲報仇，共剖維腹，見其膽如雞卵」。《三國演義》中記述「姜維膽大如雞卵」，原意是想藉「膽乃將軍之官，謀斷出焉」的理論來證實大將軍的英勇果斷。如今病理學研究證明，膽囊增大現象恰恰多見於膽囊炎或膽管結石。可以想像，在當時的處境中，姜維按捺不住心情的緊張和激動，以致舊病復發。加上膽管擴張，膽道內壓升高，透過脊的同節反射或內臟神經反射而引起冠脈痙攣，導致心肌缺血，出現心絞痛。由此推斷，姜維患有膽心症候群，是膽心症候群毀了一代英才。

膽心症候群發生心絞痛時，疼痛持續時間較長，有的甚至長達十餘小時，用硝酸甘油、速效救心丸等擴張冠狀動脈解除痙攣的藥物不能緩解疼痛，且發作頻繁。症狀多在進食油膩或情緒波動時誘發，有的伴有噁心、嘔吐，且痛勢劇烈難忍。疼痛有時從右脅部向下引到右下腹，上至胃脘部。有的患者心前區疼痛發作時先從脊柱兩肩胛區開始，疼痛放射至兩脅至左胸骨旁，有時壓迫右肋緣。超音波檢查，顯示膽囊有炎症或結石。而單純性冠心病心絞痛發作持續時間一般在三到五分鐘，很少超過十到十五分鐘，且服用硝酸甘油或速效救心丸可迅速緩解。

張飛打鼾是一種病態嗎？

打鼾是生活中常見的現象。據統計，平均三個成人中，就有一個人在睡眠時打鼾。其中男性比女性多，老年人比年輕人多，胖人比瘦人多。《三國演義》中也有兩處寫及打鼾的，一處是周瑜的假打鼾，一處是張飛的真打鼾。

書中第四十五回「群英會蔣幹中計」，曹操帳下幕賓蔣幹渡江來吳營勸降周瑜，周瑜計設「群英會」，飲宴直至夜深。周瑜佯作大醉之狀，攜蔣幹同榻共寢。蔣幹如何睡得著？看周瑜時，鼻息如雷，乃起床偷視桌上往來書信，發現了那封蔡瑁、張允的信。這裡周瑜的「鼻息如雷」是佯睡後的假打鼾，為的是使蔣幹受蒙上鉤，促使他去看桌上一封偽造的蔡瑁、張允降信。以借曹操之手，蔣幹之口去殺蔡瑁、張允兩人，以解除江東水軍的威脅。書中第八十一回「急兄仇張飛遇害」，張飛為了掛孝伐吳，酒醉寢於帳中「鼻息如雷」，這是醉後的真打鼾。

一般來說，人們在睡眠時會或多或少發出些輕微而自然的鼾聲，此屬正常生理現象，不必介意。但如果每晚入睡後，即如張飛那樣鼾聲如雷，且常伴有睡眠中阻塞性呼吸暫停和睡眠中斷，則要提防病態鼾症的可能。有的病人每小時憋氣十次以上，每次至少持續十到二十秒，患者為此常被憋醒或驚恐坐起，非常緊張和恐懼。醫學上認為，如果夜間打鼾的響度超過六十分貝，又伴有間歇性呼吸暫停三十次以上，每次暫停時間超過二十秒，即可確診患了鼾症。

鼾症又稱「阻塞性睡眠呼吸暫停症候群」。它不僅影響他人休息，也是自身健康的潛在危機。因為經常打鼾會造成「缺氧性呼吸」，使血液中二氧化碳濃度升高，造成大腦嚴重缺氧，致使大腦功能受損，可引起頭痛、記憶力減退、神經衰弱、嗜睡等一系列症狀。

為了防治打鼾，最好側臥睡覺，枕頭高低應適宜，不要用嘴巴呼吸。有呼吸道疾病時，要及時治療，只有把病根治好了，才能使打鼾現象消失。有些人睡覺時，鼾聲大作，是由於他們口腔、鼻腔或咽喉部的結構特殊或功能上的某些特點而引起的，這就不容易防治了。

張飛真的「睡不闔眼」嗎？

通常人們睡覺時，總是要闔眼的，但也確有絕少數人「睡不闔眼」，《三國演義》中的張飛就是這樣。第八十一回「急兄仇張飛遇害」中，有段描繪范強、張達趁張飛睡覺時暗殺他的故事。建安二十六年，劉備為了給關羽父子報仇，令張飛領兵自閬州出征東吳。張飛限末將范強、張達兩人，三日內製辦白旗白甲，三軍掛孝伐吳。范、張兩人請求寬限日期，卻被張飛縛於樹上，各鞭背五十，打得滿口出血，並說：「來日俱要完備！若違了限，即殺二人示眾！」范、張兩人回營商議。「比如他殺我，不如我殺他。」張飛令人將酒來，與部將同飲，不覺大醉，臥於帳中。范、張二賊探知消息，初更時分，各藏短刀，密入帳中，詐言欲稟機密重事，直至床前。二賊見張飛鬚豎目張，本不敢動手。因聞鼻息如雷，方敢近前，以短刀刺入其腹中，張飛大叫一聲而死。

張飛真的「睡不闔眼」嗎？我們先從睡覺時為什麼要闔眼說起。大腦是全身的主宰，所有人體的活動都由大腦指揮。但大腦也需要有休息的過程，這個過程就是睡眠。為了使大腦進入睡眠狀態，必須儘量減少大腦的各種興奮。肌肉要放鬆，以減少來自肌肉壓力感受器傳來的刺激；環境要安靜，以減少從聲音感受器傳來的刺激；上眼皮放鬆，使眼瞼關閉，這是達到切斷由視神經末梢傳入光刺激的一種必要生理活動。如果不閉上眼睛，則光線的刺激在眼睛裡總會引起一定的興奮，從而在大腦相應的部位也會產生興奮過程，使人不能入睡。若要安靜休息，也是以閉目養神為好，這樣可使眼睛不接受外界的刺激。

中醫稱睡不闔眼為「目不瞑」，早在二千多年前的醫學著作《靈樞．邪客》中就有記載，書中闡述，雖然陰陽不相交能使一些人「睡不闔眼」，但由於部分眼皮已經閉攏，黑眼珠總是偏轉在閉攏的一側，只露出眼白部分。因此，眼睛也不再接受光的刺激，這並不會嚴重影響睡眠。

美髯公留鬍鬚值得效仿嗎？

中國古代認為鬍鬚代表一種陽剛之美，男子沒有鬍鬚則有一種女子氣。《三國演義》開篇明義第一回就寫了「宴桃園豪傑三結義」，寫到關羽「身長九尺，髯長二尺；面如重棗，唇若塗脂；丹鳳眼，臥蠶眉，相貌堂堂，威風凜凜。」僅從儀表看，就儼然是一位大英雄，而關羽最具代表性的就是鬍鬚和眉毛，二尺長的鬍子，加上濃密的臥蠶眉，是標準男子漢的特徵。其實，在古代「鬚眉」二字就是男子的別稱。《三國演義》第二十五回寫道，曹操請關公赴宴，關公在酒醉的時候，自綽其髯而言曰：「生不能報國家，而背其兄，徒為人也！」曹操問他：「雲長髯有數乎？」公曰：「約數百根。每秋月約退三五根。冬月多以皂紗囊裹之，恐其斷也。」於是曹操叫人用紗錦作囊，與關公護髯。第二天，在早朝時面見漢獻帝，獻帝見關公帶一紗囊垂於胸前，就問之。關公奏曰：「臣髯頗長，丞相賜囊貯之。」獻帝讓他當殿披拂，結果鬍子「過於其腹」。獻帝說：「真美髯公也！」於是，眾人皆稱關公為美髯公。

鬍鬚的生長與雄性激素密切相關，是男子漢的特徵，體現著陽剛之美。男童不長鬍鬚，待到青春發育期之後，由於睪丸酮等雄性激素的分泌，開始在口周長鬍鬚，同時聲音變粗，喉結突出，體態也變得偉岸粗壯，有了男子漢的特徵。中醫認為，鬍鬚的多少、色澤的好壞與人的氣血盛衰有關。二千多年以前的醫學古籍《黃帝內經》指出：「血氣盛則髯美長，血少氣多則髯短，血氣皆少則無髯。」現代醫學用鬍鬚來幫助診斷疾病。例如，男子鬍鬚特別稀少或全部脫落，可能是性功能減退；女子長出了小鬍子，提示可能患有腦垂體腫瘤、腎上腺皮質腫瘤、柯興氏病等。法醫還能根據作案現場留下的鬍鬚來辨別作案人的血型、年齡，以協助破案。

從衛生保健的角度看，留鬚並不足取。因為濃密的鬍子能吸附、有留許多灰塵和空氣汙染物。鬍子位於口鼻周圍，口鼻是呼吸道、消化道的門戶，若鬍子上的汙染物過多，就很容易進入體內危害健康。有人對留長鬚的老年人吸入的空氣進行分析，發現其中有幾十種有害物質；而不留鬍子的老年人吸入的有害成分卻很少。所以，為了保障身體健康，還是以不留鬚為好。

是嫉妒心理殺死了周瑜嗎？

《三國演義》中，周瑜三殺諸葛亮，諸葛亮三氣周瑜的故事，為大家所熟知。周瑜鴻才，雄姿英發，文武雙全，年僅二十四歲就授建威中郎將，三十四歲率軍破曹，取得赤壁之戰的輝煌勝利。然而，他三十六歲就過早夭折了。周瑜的死和他的性格有密切關係。他心胸狹隘，氣量狹窄，驕傲好強，不能容人，妒賢嫉能，總想高人一籌，對才能勝過自己的諸葛亮始終耿耿於懷，並屢次設計暗害。第一次，他派諸葛亮去烏巢劫糧，想借曹操之刀，將諸葛亮殺掉；二是限諸葛亮在三天內造出十萬枝箭，並從人力物力上設置種種障礙，欲使其無法完成任務，然後以貽誤軍機的罪名將其處死；三是布置人馬在諸葛亮借得東風之後，立刻把他殺死。但三次想殺諸葛亮，三次都落空了。

赤壁大戰後，孫劉兩家為爭奪荊州，諸葛亮三次挫敗周瑜的陰謀，最後把周瑜氣死。一氣，孫劉雙方在追殲曹兵，周瑜向諸葛亮提出要占領荊州，諸葛亮說，你能占領就占領，你不能占領時，我們來占領。結果，周瑜與曹仁對陣，被箭射中，諸葛亮派兵輕而易舉地登上了荊州城樓，待周瑜負傷前來時，看到荊州城上已插上了劉備的旗號。「幾座城池無我分，一場辛苦為誰忙。」氣得跌下馬來。二氣，劉備過江招親，憑著諸葛亮的三個錦囊妙計，弄假成真，既保全荊州，又得了夫人。「周郎妙計安天下，賠了夫人又折兵」。周瑜苦心積慮，卻眼睜睜看著劉備堂而皇之地攜夫人離去，一時氣憤不已，金瘡迸裂，倒在船上不省人事。三氣，周瑜想用「假途滅虢」之計，以收西川為名，乘劉備不備，出其不意奪取荊州。結果是，諸葛亮早作準備，防守嚴密，當場戳穿周瑜的把戲，大大羞辱了他一場；心胸狹隘的周瑜，一氣之下，金瘡復裂，跌於馬下，不久便一命嗚呼！臨死前，他還埋怨老天爺太不公平，仰天長嘆曰：「既生瑜，何生亮！」

《黃帝內經》中指出：「百病生於氣矣。」這個「氣」用現代的話來解釋，就是嫉妒、生氣。嫉妒是一種不健康的情緒形態，在嫉妒心理的影響下，人的身心健康就會受到損害。特別是那些心態較差的老年人，一旦受到嫉妒心理的衝擊，內心便充滿了失望、懊惱、悲憤、痛苦和憂鬱，有的人甚至陷入絕望之中，難以自拔。現代醫學研究證明，有嫉妒心理的人，情緒往往處於焦慮不安、怨恨煩惱等消極不良的心境之中。這種消極不愉快的情緒，會使人的神經機能嚴重失調，從而影響到心血管的機能，進而導致心律不齊、高血壓、冠心病、胃及十二指腸潰瘍、精神官能症等心身疾病的發生。

那麼，怎樣才能消除嫉妒心理呢？從心理學角度來說，一個人的嫉妒心理並不是天生就有的，而是在後天環境中逐漸形成的。所以，應透過自身的道德修養、自我控制、自我調節來校正。

真的可以「望梅止渴」嗎？

「望梅止渴」是大家熟悉的一個成語，它出典於三國時期的一個小故事，在《三國演義》第二十一回中也有敘述。

一次，曹操和劉備同到後園的小亭對飲，曹操說：「適見枝頭梅子青青，忽感去年征張繡時，道上缺水，將士皆渴，吾心生一計，以鞭虛指曰：『前有梅林』，軍士聞之口皆生唾，由是不渴。今見此梅，不可不賞。」於是二人對坐，開懷暢飲，論起天下英雄。從此，「望梅止渴」一語，遂千古流傳。現在此成語，常用來比喻人們不現實的想法，用空想來自我安慰。

然而，從生理學角度來看，「望梅止渴」並非無稽之談。「望梅」確實能夠「止渴」，這是人類高級神經系統活動的一種反應，是條件反射的結果。直到二十世紀，俄國生理學家巴夫洛夫才闡明了其中的道理。

反射，是人體神經系統對外界刺激的反應。可分兩種：非條件反射與條件反射。非條件反射於生物進化中形成，生而有之，不需大腦皮質參與，如嬰兒出世即會吃奶（吸吮反射）。條件反射，則以非條件反射為基礎，於出生後逐漸建立，需大腦皮質參與。梅屬中國特有的珍貴花木，分食用梅和觀賞梅兩類。食用梅有青梅、白梅等，果實味道獨特，酸中帶甜。曹操知道軍士以前多吃過梅子，沒吃過梅子的，也聽聞其甚酸，而酸味是人人都嘗過的，所以只要見到梅子，甚至僅僅聽到、想到梅子或相關形象，都會唾液大增，口內生津（從現代醫學觀點來看，這意味著已經建立條件反射）。於是，他告訴口渴的士兵，前面有大片梅林。曹操的話果然引起他們的酸味聯想，致使口中唾液大量分泌，口渴感覺就減輕了。

中國古代醫生曾用「望梅止渴」的方法治病。史載隋煬帝因沉迷酒色，口乾舌燥，日漸消瘦。數名太醫屢治不癒，皆遭斬首。郎中莫君錫自薦代醫為煬帝治病，進宮後展紙潑墨，畫成「梅林」與「雪景」二圖，請昏君每日觀賞。隋煬帝每觀「梅林」圖，見累累梅子，便想起酸甜滋味，唾液橫溢，口乾舌燥漸消；又見「雪景」圖中萬樹披白，遂覺寒氣逼人，心火降消。十天後，病情大有轉機。當然，有的人也可以因為條件反射而誘發疾病。如對花粉過敏的哮喘病人，當嗅到花粉後就會發病。但有的病人見到假的紙花或者塑料花後，雖然沒有過敏源——花粉，也會引起氣喘。在日常生活中，條件反射的例子也是很多的，如從來沒有吃過藥，打過針的小孩，看見穿白大褂的醫生是不怕的。當他多次看病後，就會把吃苦藥、屁股上打針和穿白大褂的醫生聯繫起來，以後他一見到穿白大褂的醫生，雖然沒有吃藥或者打針，也會懼怕地躲避和啼哭。

三國時期的曹操注意到「條件反射」現象，在天氣炎熱，長途跋涉、口乾如焚的困境下，使出「望梅止渴」一計，使將士們口渴感頃刻大減，克服了困難，擺脫了困境。可見遠在一千多年前，古人就懂得了這種深奧的生理學道理。

赤壁之戰曹軍得了什麼病？

《三國演義》第四十七回寫龐統獻計將船隻連為一體，為的就是將曹軍一網打盡。然而曹操之所以接納此計，則確實有他的緣故。曹操率領的北軍不習水戰，在船隻上受顛簸之苦，曹操於是將大小船隻連為一體，最終被周瑜燒了個精光。不過，《三國演義》也記載了：「時操軍因不服水土，俱生嘔吐之疾，多有死者。」也正因為此，曹操才接納龐統的連環計，而在史書上這個因素則大大加強。

《三國志．武帝紀》在談到赤壁戰敗的原因中稱：「公至赤壁，與備戰，不利。於是大疫，吏士多死者，乃引軍還。」將赤壁戰敗主要歸咎於軍中沾染上的疾病。《三國志．先主傳》的記載中稱：「與曹公戰於赤壁，大破之，焚其舟船。先主與吳軍水陸並進，追到南郡，時又疾疫，北軍多死，曹公引歸。」除了火燒赤壁外，也同樣提及了曹操軍中沾染上的疾病。《三國志．吳主傳》的記載中稱：「瑜、普為左右督，各領萬人，與備俱進，遇於赤壁，大破曹公軍。公燒其餘船引退，士卒饑疫，死者大半。」也談到了曹軍沾染的疾病一事。《三國志．周瑜傳》的記載除了因周瑜主要策劃火燒赤壁一事對火燒一事談得比較具體外，也談到了曹軍沾染疾病一事，「權遂遣瑜及程普等與備並力逆曹公，遇於赤壁。時曹公軍眾已有疾病，初一交戰，公軍敗退，引次江北。」而且周瑜在江東政權討論是否與曹操作戰時也談到了疾病對曹軍的影響：「驅中國士眾遠涉江湖之間，不習水土，必生疾病。」

也就是說，《三國志》中各方在談到赤壁一戰的時候，都不忘提到疾病對曹軍的影響一事，可見當時曹軍所染的疾病對赤壁曹軍戰敗影響甚大。那赤壁曹軍到底得的什麼病呢？現在分析有三種可能：急性血吸蟲病、瘧疾、斑疹傷寒。

血吸蟲病分為急性、慢性和晚期三種。急性血吸蟲病又稱日本血吸蟲病，是大量日本血吸蟲尾蚴感染所致的傳染病，大都發生於初次感染的人，主要特徵是發熱、畏寒、多汗、肝臟腫大，常伴有肝臟壓痛、脾腫大、腹脹及腹瀉等，很容易被誤診為瘧疾、傷寒、敗血症等疾病。潛伏期均四十天，多流行於長江流域和江淮地區，夏秋季節感染發病，病患通常發病前一到二個月有疫水接觸史。急性血吸蟲病古已有之，湖南長沙馬王堆西漢墓發現的女屍，在腸壁和肝臟發現血吸蟲蟲卵。赤壁戰場在長江中游，是血吸蟲病流行區，雖然赤壁之戰發生於冬季，不是急性血吸蟲病的流行季節，但部隊移動和訓練在秋季，是急性血吸蟲病的易染時期，經一個月後發病，時間吻合。至於孫、劉兩軍，長期生活在疫區，常接觸疫水，即使感染血吸蟲病，也多為慢性，不會那麼嚴重。但有論者反駁。理由是，曹操訓練水軍的地點，應在黃河以北的鄴（今河南安陽縣境），不是血吸蟲病流行的疫區。且時間是在春正月，氣候寒冷，不會感染血吸蟲病；同時曹操水軍主要來自劉表，劉璋補充給曹操的兵卒是四川人，他們居住於血吸蟲病流行區，具有免疫力。總之，急性血吸蟲病的說法，頗有爭議。

瘧疾也是歷史悠久的疾病，流行於長江流域，傳播季節從四月到十月，共七個月之久。曹軍長途跋涉，在湖北得病的機會不小，有的病，有的死。

斑疹傷寒發病時，高熱、寒顫、昏迷、皮膚有斑丘疹。史料未曾說明曹軍症狀，做此猜測，主因有二：（一）張仲景《傷寒雜病論．序》寫，他的宗族人數，建安以來，從二百多人不到十年已有三分之二病死，其中傷寒占十分之七，也就是說，赤壁之戰前幾年，傷寒已在荊襄附近的南陽等地區流行，而張仲景在書裡寫陽毒患者身上「斑斑如錦紋」，這種傷寒有可能是斑疹傷寒。（二）斑疹傷寒容易在戰爭、饑荒時傳染開來（東漢末年即是），且多發病於寒冷的地區、時節，如冬春季節。

然而，不管是急性血吸蟲病、瘧疾或斑疹傷寒，曹軍到底罹患何病，由於文獻不足，不可能有絕對肯定的答案，以上三種，只是推測。

魏延真有「反骨」嗎？

《三國演義》第五十三回說道，關羽取長沙時，黃忠因沒有用百步穿楊之箭射殺他，被太守韓玄推下問斬。正在這緊要時刻，帳外閃進一將，手起刀落斬殺韓玄救了老將黃忠。此人便是蜀漢名將魏延。然而，當關羽引魏歸來時，孔明卻「喝令刀斧手推下斬之」。劉備問何故，孔明說：「吾觀魏延腦後有反骨……故而斬之。」最後，魏延雖然保住了性命，卻再沒有被諸葛亮重用過。

魏延頭上果真有「反骨」嗎？其實，它很可能是顱骨上的一個骨瘤。顱骨的結構像夾心餅乾，內層和外層是緊密、堅硬的密質骨，分別稱為內板和外板，中間夾有一層鬆質骨。骨瘤通常發生於下顎骨、上頜骨和顱頂骨的內板或外板表面。魏延的「反骨」可能長在頂骨或枕骨上，是骨膜過度增生形成的良性腫瘤。這種腫瘤很常見，多發於青年，生長緩慢，一般沒有什麼症狀，或症狀較輕，常不引人注意，往往只有在體檢、理髮時才易被發現。人體停止發育後，腫瘤也就停止生長，極少有惡變。所以僅需觀察，不必治療。事實也證明，自從諸葛亮發現魏延的「反骨」以後，魏延又健康地生活了幾十年，戎馬倥傯，並無影響。

這種骨瘤生長位置與人的忠誠與背叛沒有絲毫聯繫，但其位置與症狀卻大有關係。它若長在頭面部，體積較大，使面部不對稱，影響容貌。要是腫瘤向顱內生長，則可能出現比較嚴重的顱內壓迫症狀。顱內是一個密閉的腔，腫瘤向裡生長，便侵占了腦組織的位置，使腦組織受壓，產生頭痛、癲癇等症狀。若在眼眶部，則表現為眼球凸出，視力降低，甚至失明，但這種情況極為少見。

如發現頭部皮下有這樣的腫塊，即類似魏延的「反骨」，不必驚慌，可拍一張X光片，與腦膜瘤等其他腫瘤相區別。如果對容貌影響較大，或向內生長，壓迫腦組織，以及有惡變徵象，可手術切除。

流傳千古的三國故事

《三國演義》是古代歷史小說中影響較大的一部作品，它廣泛流傳，魅力無窮，在中國文學史上和人民生活中都有著難以估量的重大影響。一些經典的三國故事，如「桃園結義」、「三英戰呂布」、「溫酒斬華雄」、「七擒孟獲」等更是流傳極廣的篇章。

「桃園三結義」的故事是真是假？

翻開《三國演義》，第一回就是「宴桃園豪傑三結義，斬黃巾英雄首立功」。《三國演義》尊蜀漢為正統，著力推崇蜀漢人物，所以把劉、關、張三人出世的故事，放在全書之首，突出了作者所設計的主線。

漢靈帝中平元年（西元一八四年），二月爆發了黃巾大起義。黃巾起義危及到幽州的安全，太守劉焉出榜招募義兵。劉備，這個已經淪落到「販屨織蓆為業」的小販，和「頗有莊田，賣酒屠豬」的個人工作者張飛以及殺人犯關羽三人在涿縣相逢，一見如故，便在桃園結為異姓兄弟，共同開始了鏖戰疆場、創建蜀漢政權的征途。隨著幾百年來《三國演義》這部文學巨著的廣為流傳，「桃園三結義」的故事也變得膾炙人口、婦孺皆知了。

但史書上並沒有「桃園三結義」的記載，他們並不是拜把兄弟，《三國演義》中那些「大哥」、「二弟」、「三弟」等親暱的稱呼，都是不合乎史實的。陳壽《三國志．關羽傳》中記載：「先主與二人寢則同床，恩若兄弟。而稠人廣坐，侍立終日，隨先主周旋，不避艱險」；《三國志．張飛傳》中提到：「羽年長（張飛）數歲，飛兄事之。」這兩段史料足以說明兩個問題：一則劉關張三人關係親密，「恩若兄弟」；二則是「恩若兄弟」而非結拜兄弟，史料也無結義之說。

在歷史上，劉備、關羽和張飛是個什麼關係呢？關羽被東吳人殺害後，魏文帝曹丕詔問群臣：「劉備是否會出兵伐吳，為關羽報仇？」侍中劉曄回答說：劉備和關羽「義為君臣，恩猶父子」，「關羽被殺害，如果劉備不能為他報仇，對關羽的恩義就不算是全始全終了。」在這裡，從魏國人看來，劉備和關羽的關係又是「恩猶父子」了。古人有「君臣如父子」的觀念，所以這個說法並不值得奇怪；同時也可以反證：劉備和關羽的關係並不是把兄弟，他們的同時代人對此是很清楚的。

有專家考證「桃園三結義」的故事大概在宋元時期就開始流傳。宋末元初赫經在《重建廟記》中已經出現了「初，王（關羽）及車騎將軍飛與昭烈為友，約為兄弟」的說法；《關羽戲集》中也引用了元末詩人的詩句「桃園一日兄和弟，俎豆千秋帝與王」；元雜劇《劉關張桃園三結義》中已經有了一個比較完整的故事：蒲州州尹欲謀自立，請關羽為帥。關羽殺之，逃往涿州范陽。張飛則在當地開了一家肉店。張飛故意在店前用千斤巨石壓住一把刀，並揚言如有人能搬開巨石，就分文不取，送肉給他。一日關羽路過張飛的肉店，搬動張飛用以壓刀的千斤巨石而不受肉。張飛回店後得知消息，專門去關羽入住的客店相訪，並拜關羽為兄長。二人後來又遇到劉備，二人見劉備長相非凡，便邀其一起喝酒。劉備大醉而臥，只見有赤練蛇鑽入劉備七竅之中，關羽覺得「此人之福，將來必貴」，於是又共拜劉備為兄長。三人在城外桃園殺牛宰馬，祭告天地，並立誓「不求同日而生，只求同日而死。」

羅貫中不愧為文學巨匠，這些史料、故事到了他的手上立刻就發生了根本性的改變。羅貫中刪除了一些荒誕的成分，改成了三人在國難當頭，欲投軍破賊、保國安民、共舉大事這個目標一致的大前提下結為兄弟，尤其在三人焚香再拜說誓言時道出：「念劉備、關羽、張飛，雖然異姓，既結為兄弟，則同心協力，救困扶危；上報國家，下安黎庶。不求同年同月同日生，只願同年同月同日死。皇天后土，實鑑此心，背義忘恩，天人共戮！」這樣一來，立意也就高了，朋友關係拔高了一大步，把一個單純的結拜變成了一種共赴國難的相互扶持，使人備感崇高而親切。

「三英戰呂布」是否確有其事？

呂布，字奉先，五原（今內蒙古包頭市）人，三國時期的著名武將。因其驍勇善戰，但又勢利多變，常被民間評為「人中呂布，馬中赤兔」和「三姓家奴」。《三國演義》第五回還寫了「三英戰呂布」的故事，也是《三國演義》中很熱鬧的一段情節。說的是華雄被斬後，董卓又起兵二十萬，與呂布等守虎牢關（即汜水關）。袁紹派八路諸侯，往虎牢關迎敵。在交戰中，呂布英勇無敵，八路諸侯都戰不過他。公孫瓚還險些喪命，被張飛救下。張飛酣戰呂布，戰了五十餘回合，不分勝負。關羽見張飛勝不了呂布，便舞動青龍偃月寶刀前去助戰。三匹戰馬，丁字擺開，廝殺三十回合，仍勝不了呂布。劉備見狀掣寶劍，騎黃鬃馬斜刺過來，三個人把呂布圍在當中，走馬燈般的輪流廝殺。呂布畢竟難敵三人，漸漸覺得難以招架，便朝劉備虛晃一戟，拍馬衝出了包圍圈逃回虎牢關。

《三國演義》中寫的故事大部分都能在史書上找到一點影子，但「三英戰呂布」這個故事卻連一點影子也沒有，百分之百是羅貫中虛構的。因為目前所見，唯一記載劉備參與討伐董卓的史料見於《三國志．先主傳》注引《英雄記》：「會靈帝崩，天下大亂，備亦起軍從討董卓。」很顯然，這個材料記載得相當簡略，詳情不得而知。但是，在《三國志．先主傳》中卻並沒有提到劉備參與討伐董卓，而且，它所記載的劉備在這一時期的行蹤也與討伐董卓無關。《三國志．先主傳》：「大將軍何進遣都尉毌丘毅詣丹陽募兵，先主與俱行，至下邳遇賊，力戰有功，除為下密丞。復去官。後為高唐尉，遷為令。為賊所破，往奔中郎將公孫瓚。」從這個過程可以看出，當時劉備沒有時間，也沒有可能參與討伐董卓之戰，因此，《英雄記》的記載便成為孤證，是否屬實不得而知。這樣說來，既然劉備是否參與討伐董卓之戰都不一定，那麼「三英戰呂布」之事便更是無從談起了。另外，從《三國志．呂布傳》及《後漢書．呂布傳》中也可以看出，書中的確記載了呂布抵抗關東義軍的事情，但卻沒有一絲一毫的史料與劉關張有關，更沒有關於「三英戰呂布」的記載。因此，可以肯定這個故事是虛構的。

不過，民間藝人可不這樣認為。他們覺得，其他人不上陣尚可，唯獨劉、關、張應該上陣交鋒，一展威風。於是，從《三國志平話》到元雜劇再到《三國演義》，人們都各自發揮想像，重寫了這一次戰事。《三國志平話》裡，在催糧官曹操的勸說下，劉、關、張兄弟點手下三千虎騎選日登程來到了虎牢關。他們見過冀王袁紹，諸侯軍有人瞧不起他們。這天呂布搦戰，陶謙步將曹豹上陣，只一個回合，便被呂布捉了去，又被放回來，說是呂布只等著捉拿十八路諸侯。次日，長沙太守孫堅又引軍出馬，不到三個回合又被呂布殺得大敗。孫堅逃入林中，掛在樹上的頭盔戰袍被呂布得了去。呂布正行之間，遇上張飛，反被張飛奪了袍甲。原來，瞧不起張飛等人的正是孫堅，這回得了孫堅敗陣丟棄的袍甲，張飛便徑到冀王袁紹帳前獻上孫堅的袍甲，聲音像洪鐘：上次孫堅說我們是貓狗無能之徒，這回你看，孫堅連袍甲也被呂布奪了。孫堅大怒，要斬張飛，眾人勸解，張飛才得脫身。第二天呂布又來搦戰，劉、關、張便上陣了。先是張飛出馬持槍和呂布交戰幾十回合不分勝敗，接著關羽就縱馬掄刀，劉備也使雙股劍助戰。這就有了「三英戰呂布」。呂布被打得大敗，退回虎牢關。次日，他下關單搦張飛出戰。張飛圓睜環眼，直取呂布，三十回合不分勝負，再戰三十回合，張飛越戰越勇，呂布則心裡害怕，撥馬上關，堅閉不出。元雜劇有兩個長長的劇本，一個叫《虎牢關三戰呂布》，一個叫《張翼德單戰呂布》，把這段故事鋪演得更熱鬧更生動。到《三國演義》，則保留了三英戰呂布的情節。

這樣一來，後人都知道了關羽溫酒斬華雄、張飛單戰呂布的故事，特別是三英戰呂布，更是家喻戶曉。現在河南滎陽縣汜水鎮附近的虎牢關遺址，還有為紀念三英戰呂布而立的「三義廟」，廟裡還保存著一座紫檀木雕的關羽像。據說，張飛的營寨當年就紮在東南面的山上。

劉備「三顧茅廬」還是諸葛亮「毛遂自薦」？

《三國演義》寫劉備「三顧茅廬」請諸葛亮出山輔助他建功立業的禮賢下士的態度，寫得有聲有色，把劉備對諸葛亮的尊敬，關羽、張飛的居功不服，描繪得維妙維肖，趣味橫生。這段三顧茅廬的故事，是羅貫中根據陳壽《三國志．諸葛亮傳》和裴松之注的記載，而進一步創作的小說故事。劉備與諸葛亮第一次相見，是否是「三顧茅廬」，學術界有不同的看法。

《三國志．諸葛亮傳》對劉備與諸葛亮第一次相見的記載是：劉備屯兵新野時，徐庶見劉備，備受器重。徐庶對劉備說：「諸葛孔明者，臥龍也，將軍願與他相見嗎？」劉備說：「您和他一起來吧。」

徐庶說：「可以登門去見此人，不能叫他屈駕來此。」於是，劉備親自到諸葛亮那裡去請教。凡三次前往，乃相見。但沒有寫關羽、張飛同往，也沒有寫相見於茅廬之中。裴松之引《襄陽記》說：劉備向司馬德操請教時事。司馬德操說：「我乃儒生俗士，豈識時務？識時務者在乎俊傑。此間自有臥龍鳳雛。」劉備問為誰，司馬德操說：「諸葛孔明、龐士元也。」這表明是司馬德操首先向劉備推薦諸葛亮的。羅貫中寫《三國演義》時，把這兩種史料都吸收了進去。寫司馬德操推薦於前，但只說：「臥龍、鳳雛，兩人得一，可安天下。」而沒有說出臥龍、鳳雛是誰。徐庶推薦於後，才說出了諸葛亮的名字。諸葛亮自己寫的〈出師表〉中也說：「先帝不以臣卑鄙，猥自枉屈，三顧臣於草廬之中。」這是最有力的證據。陳壽在《三國志》中寫到的〈隆中對〉，更詳細地記錄了劉備三次往訪以及諸葛亮侃侃而談的內容。

劉備三顧茅廬一直被當做求賢若渴、尊重人才的典範。劉備當時正處於危難時期，急需人才，三顧茅廬從情理上看，完全是可能的。後來的作家、詩人都把這個千古美談引入自己的作品中。唐代大詩人李白寫道：「當其南陽時，隴畝躬自耕。魚水三顧合，風雲四海生。」杜甫的詩也寫道：「三顧頻煩天下計，兩朝開濟老臣心。出師未捷身先死，長使英雄淚滿襟。」元代至治新刊《全相三國志平話》扉頁，即刊刻了劉備三顧茅廬的畫面，劉備在草門外與書僮談話，關羽、張飛在一旁站立，諸葛亮在茅屋內席地面坐。明人還寫有傳奇《草廬記》，專門寫這段故事。京劇、徽劇、青陽腔、川劇、漢劇、滇劇、秦腔、豫劇、河北梆子、同州梆子等，都有這段故事的劇目，有的叫《三請諸葛》，有的叫《三請賢》或《三顧茅廬》，演出很受歡迎。

近來有人指出：三顧茅廬的記載並不可信。諸葛亮是位胸有宏圖之士，劉備請他出山，當然正合他的心意，他豈能大擺架子，使找上門來的機會可能失去？當時的諸葛亮不過是個二十七歲的青年，劉備則是個有聲望的政治家，對諸葛亮怎能那樣低聲下氣？當時，劉備正面臨著曹操幾十萬南征大軍的威脅，〈隆中對〉對燃眉之急的現實問題不提，是不合乎情理的。同時，劉備初見諸葛亮，不會安排現場記錄。所謂〈隆中對〉，很可能是後人為了附會〈出師表〉中的三顧茅廬之說而加以杜撰的。

據三國時期魏人魚豢所撰《魏略》記載：曹操統一中國北方以後，荊州成為眾矢之的，直接面臨曹操、孫權這兩方面的軍事陣營的威脅，荊州牧劉表又缺乏應對之策。被曹操趕出中原地區的劉備此時駐紮在樊城，引起了諸葛亮的注意。為了使荊州免受戰火的蹂躪，諸葛亮親赴樊城去找劉備。見面的時候劉備正在會客，劉備見諸葛亮非常年輕，又素不相識，並沒把諸葛亮放在眼裡，而把他晾在一邊。等到會客結束，只剩下諸葛亮一人，劉備還是不理不睬。正好有人送來了一支牦牛尾，劉備只顧自己用牦牛尾編織飾物。諸葛亮見此情景，不禁正色而言道：「我以為將軍必定胸懷大志，想不到原來卻只知道結牦而已。」這才把劉備的注意力集中到自己的身上。經過一番交談，劉備發現眼前的年輕人的確與眾不同，是一位難得的人才，便把諸葛亮留為己用。這就是最早的「毛遂自薦」的版本。除《魏略》一書之外，後來西晉司馬彪在其著作《九州春秋》中也提到了與這個內容差不多的故事。從諸葛亮終生積極進取的性格看，《魏略》、《九州春秋》所記載的諸葛亮登門見劉備是可能的。

清代洪頤煊認為，三顧茅廬與樊城自請相見都是真實的。他在《諸史考異》中說：諸葛亮初見劉備於樊城，劉備雖以上客待之，但沒有特別器重他。等到徐庶舉薦時，劉備再次相見，始情好日密。並指出：初見是在建安十二年，再次相見是在建安十三年。諸葛亮以後甚為感激，因而記入了〈出師表〉中。清代嚴可均《全三國文》載諸葛亮的著作〈算計〉，即是從《魏略》中選取的一段諸葛亮的話。陸侃如認為，樊城與新野兩次相見也是可能的，因而《三國志．諸葛亮傳》與《魏略》記事互不相同。

是不是陳宮「捉放曹」？

《三國演義》中的「捉放曹」情節，素來膾炙人口，其經過京劇和各種地方戲的傳唱，更是家喻戶曉。它寫的是曹操謀刺董卓不成，匆匆逃出洛陽，在中牟縣被捕，縣令陳宮聽他說謀刺董卓是要「為國除害」，回家鄉則要「召天下諸侯興兵共誅董卓」，不禁大為感動，毅然放棄了向董卓邀功請賞的機會，當即棄官與曹操一起出走。而當他發現曹操由誤殺呂伯奢全家到故意殺死呂伯奢本人，並悍然宣稱「寧教我負天下人，休教天下人負我」時，馬上判定曹操是個「狼心之徒」，堅決與之一刀兩斷。這個故事，不僅使曹操的奸雄面目第一次得到大暴露，而且表現了陳宮關心國事、善惡分明的正直品格。

其實，上述情節帶有很大的虛構成分。歷史上雖然有「捉放曹」一事，但並非陳宮所為，事情的起因和經過也與《三國演義》所描述的不同。

曹操在東歸途中，確實曾經被捕而又很快獲釋，《三國志．魏書．武帝紀》是這樣記載的：「出關，過中牟，為亭長所疑，執詣縣。邑中或竊識之，為請得解。」裴松之注引郭頒《世語》說得更為具體：「中牟疑是亡人，見拘於縣。時掾亦已被卓書；唯功曹心知是太祖，以世方亂，不宜拘天下雄俊，因白令釋之。」在這裡，對曹操獲釋起了關鍵作用的，不是中牟縣令，而是那位慧眼識英雄的不知名的功曹，是他勸說縣令放了曹操。而無論縣令還是功曹，都與陳宮毫無關係，因為陳宮從未擔任過這兩種職務。另外，曹操殺呂伯奢全家是在中牟被捕之前（呂伯奢本人因不在場，並未被殺），而不是像《三國演義》寫的，在獲釋之後。對於曹操殺人的原因，裴注引了三種說法，而這三種說法都不涉及陳宮。總而言之，「捉放曹」這件事，自始至終都與陳宮完全不相干。

歷史上的陳宮與曹操的相識本來沒有什麼戲劇性。《三國志．魏書．呂布傳》注引《典略》云：「陳宮字公台，東郡人也。剛直烈壯，少與海內知名之士皆相連結。及天下亂，始隨太祖……。」也就是說，當中平六年（西元一八九年）發生「捉放曹」這件事的時候，陳宮根本沒跟曹操接觸。直到初平二年（西元一九一年）曹操擔任東郡太守時，陳宮才成為他的部下。這也證明陳宮與「捉放曹」無關。

那麼《三國演義》為什麼要把「捉放曹」這件事加在陳宮的頭上呢？這是因為歷史上的陳宮與曹操的關係經歷了親密合作—一刀兩斷—生死鬥爭的過程，很有典型意義。正因為歷史上的陳宮是這樣一個個性鮮明的人物，而歷史上的曹操又確有殺死呂伯奢全家，宣稱「寧我負人，毋人負我」等惡德劣行和被執於中牟的經歷，羅貫中在精心編撰《三國演義》時，便採用張冠李戴、移花接木等藝術手法，巧妙地將陳宮拉進「捉放曹」故事中，繪聲繪色地描寫了二人的結識、分歧和決裂。這樣，不僅在人物關係上起了刪繁就簡的作用，而且使陳宮的所作所為帶上正義的色彩，使他成為表現曹操奸雄性格的一個有力的襯托人物。

諸葛亮真的「揮淚斬馬謖」嗎？

諸葛亮揮淚斬馬謖是家喻戶曉的三國故事，京劇中有所謂「失、空、斬」的傳統劇目，也即《失街亭》、《空城計》和《斬馬謖》。故事大意說：司馬懿率軍出關，馬謖自告奮勇，立下軍令狀去守街亭。在街亭，馬謖不聽王平勸告，將軍隊駐紮在山上，被魏軍四面圍定，斷了水路，軍中大亂，倉皇間失了街亭。司馬懿引大軍五十萬，望西城蜂擁而來。諸葛亮萬不得已，使用空城計，嚇退司馬懿，為退兵漢中贏得了寶貴的時間。為了嚴明軍法，諸葛亮揮淚將馬謖推出轅門外斬首。

但是，這些全是小說家的藝術加工，史實與這些說法是有很大出入的。讓我們來看看史書上「斬馬謖」的真相。晉時陳壽所著的《三國志》及後來裴松之為其作的注釋中，對此事的描寫散落諸人傳中，不妨將其綜合起來分析一下。首先是〈向朗傳〉中的記述，當時向朗為丞相長史，隨軍征戰，而向朗素與馬謖善，「謖逃亡，朗知情不舉，亮恨之，免官還成都。」此段意思十分明顯，就是街亭之戰後，馬謖並未投案自首，而是畏罪潛逃，而向朗知情不報，被諸葛亮免去官職，傳說中及至諸葛亮死後，向朗始復出仕官。其中「優遊無事」，達數十年！第二是《馬謖傳》中裴松之注，提及《襄陽記》記載說馬謖臨死前曾寫信給諸葛亮，說「明公視謖猶子，謖視明公猶父，願深唯殛鯀興禹之義，使平生之交不虧於此，謖雖死無恨於黃壤也。」後諸葛亮待其遺孤如同己出。這一段說明馬謖臨死前未曾與諸葛亮謀面，否則也不必寫這麼一封信，要諸葛亮效仿殺鯀而用禹的故事，將自己的遺孤託付於諸葛亮了。而後又稱「十萬之眾為垂涕。亮自臨祭，待其遺孤若平生。」但以上均未提及馬謖是如何死的，而在〈諸葛亮傳〉中稱諸葛亮「戮謖以謝眾」。〈王平傳〉中又載：「丞相亮即誅馬謖及將軍張休、李盛」。從這兩傳來看，馬謖是被諸葛亮下令處死的，但到底有沒有付諸實施呢？答案是沒有。在《馬謖傳》中有明確記載：「謖下獄物故」，即病死獄中。

綜合以上史料，可得出這樣一個結論：馬謖在街亭違背軍令，不遵諸葛亮的指示，以致於最後慘敗而歸，並直接導致此次出擊祁山的戰果——隴右三郡得而復失，無奈之下大軍退回漢中，馬謖深知自己失敗，後果嚴重，因此便畏罪潛逃，而身為丞相長史的向朗礙於情面或出於愛才之心，知情不報，事洩後導致在家賦閒達二十年之久。馬謖最終也被緝拿歸案，並被諸葛亮處以極刑，然而還未及行刑，馬謖便於獄中病故了。這便是史書的馬謖之死。只是在小說家的撰寫過程中，將馬謖畏罪潛逃一事略過不提，並作了一些虛構，這一段就藝術角度來看，比之史實的確更是感人而富有感染力。

「溫酒斬華雄」的是關羽嗎？

溫酒斬華雄，被說成是關羽出世以來第一件大放異彩之事。故事見於《三國演義》第五回：曹操招兵買馬，會合袁紹、公孫瓚、孫堅等十七路兵馬，攻打董卓。劉備、關羽和張飛也追隨公孫瓚一路前往。董卓大將華雄戰敗了十八路兵馬的先鋒孫堅，又在陣前殺了兩員大將，非常得意。十八路諸侯都很驚慌。袁紹說：「可惜我的大將顏良、文醜不在，不然，就不怕華雄了。」話音未落，關羽高聲叫道：「小將願意去砍下華雄的腦袋！」袁紹看關羽不過是個馬弓手，就生氣地說：「我們十八路諸侯有幾百員大將，現在卻要派一個馬弓手出戰，會被華雄恥笑的。」關羽大聲說：「我如果殺不了華雄，就請砍下我的腦袋。」曹操聽了，十分欣賞，就倒了一杯熱酒，遞給關羽說：「將軍喝了這杯酒，再去殺敵。」關羽接過酒杯，放在桌上說：「等我回來再喝吧！」說完，提著大刀上馬去了。關羽武藝高強，轉眼間，就砍下了華雄的腦袋。他回到軍營，曹操忙拿起桌上的酒杯遞給他，杯中的酒還是熱的。

其實，這是個典型的「張冠李戴」的故事情節。歷史上雖有斬華雄之事，但操刀者不是關羽，而是《三國演義》中那位華雄的手下敗將孫堅。《三國志．吳書．孫破虜傳》寫得明明白白，孫堅確曾被董卓軍擊敗，但「（孫）堅復相收兵，合戰於陽人，大破（董）卓軍，梟其都督華雄等」。而且當時關羽不在雒陽前線，怎能斬華雄？據史書記載：初平元年（西元一九〇年）正月，關東州郡起兵討董卓，推渤海太守袁紹為盟主。當時公孫瓚尚在幽州，並未前來會合。劉備這時也沒有依附公孫瓚，更不會隨公孫瓚前來討董。原來劉備鞭打督郵，棄官亡命之後，不久就趕上募兵，劉備一干人等參加了募兵，在下邳遇到黃巾軍，力戰有功，劉備被任命為下密丞，後來又做了高唐尉，又升任高唐縣令。不久為黃巾軍所破，便投靠了中郎將公孫瓚，被任命為別部司馬。劉備任別部司馬的時間，《三國志》沒有記載，《資治通鑑》和元人郝經的《續後漢書》都編排在初平二年（西元一九一年）十月，是在關東州郡結盟將近兩年以後。從當時的情勢來看，這還是較為符合實際的。所以，在初平元年（西元一九〇年）年初，在各州郡起兵討董卓的時候，劉備大約還在下密為縣丞，或在高唐為縣尉、縣令，並沒有在洛陽外圍的前線，關羽是不會在那裡斬華雄的。

然而，自宋代以來，民間形成了「尊劉、貶曹、抑孫」的傾向，孫吳集團的人物在三國故事中往往充當陪襯，而且每每被貶低甚至醜化。在元代的《三國志平話》和元雜劇《虎牢關三戰呂布》中，原本是「勇摯剛毅」，「有忠壯之烈」的孫堅被寫成一個看不起身分低微的劉關張，自己卻無多大本事的官僚。特別是在鄭德輝所撰的元雜劇《三戰呂布》中，孫堅的形象更是遭到嚴重醜化，被寫成一個驕橫倨傲、色厲內荏的草包，一個武藝平常、好吹牛皮的小醜。羅貫中寫《三國演義》時，吸取了《三國志·吳書·孫破虜傳》的主要內容，描述了自告奮勇擔任先鋒、斬胡軫、拒絕董卓聯姻之議等情節，表現了孫堅「勇摯剛毅」的一面。

為了突出關羽這一人物形象，羅貫中將這一史實進行了大量移植。這個情節移植後，不僅烘托出關羽的英雄氣概，對曹操的知人及袁氏兄弟的愚頑也起了點染作用。同時，這段移植的故事用詞相當準確、精練、言簡意賅，難怪連魯迅先生都認為「溫酒斬華雄」一節，寫得「真是有聲有色」。

諸葛亮「草船借箭」是真的嗎？

諸葛亮「草船借箭」是《三國演義》中最精彩的故事之一。小說中寫道，周瑜非常嫉恨諸葛亮，總想藉機殺掉諸葛亮。

一天，周瑜命諸葛亮造十萬枝箭，並說十天內就要。諸葛亮痛快地答應了，並以三天為限。周瑜很吃驚。爾後諸葛亮向魯肅借了二十艘快船，六百名士兵，把每條船用布蒙上，兩邊堆滿一捆捆的乾草。到第三天，天還沒亮，諸葛亮便派人將魯肅請來，說：「請您和我一同去取箭。」然後，把二十條快船用長繩連起來，一直往江北駛去。當時，長江上霧很大，對面看不見人。魯肅心裡疑惑，問諸葛亮怎麼回事。諸葛亮只是笑，並不回答。不久，船靠近曹操的水寨。諸葛亮命令將船頭朝東船尾朝西，一字排開。又叫士兵一起敲鼓吶喊。曹操聽了報告，說：「霧天作戰，恐怕有埋伏。先讓水陸軍的弓箭手向他們射箭，霧散後再進軍。」於是，箭像雨點一樣射向那二十條船。箭射在草捆上，排得密密麻麻。過了一會兒，諸葛亮命令船頭掉過來，再由西向東排開，於是，另一面又被射滿了箭。等到太陽要升起來時，霧也快散了。諸葛亮命令軍士開船，並一起大喊：「謝謝丞相的箭！」船到了南岸，周瑜已經派了五百名軍士在江邊等著搬箭，卸完後共有十二三萬枝箭。

讀了這段故事，人們常常會對諸葛亮的聰明才智讚嘆不已。其實，諸葛亮並沒有做過這件事。那麼，這個故事是不是羅貫中憑空杜撰的呢？那也不是，因為類似的故事曾發生在孫權和曹操的身上。

根據《三國志．吳書．吳主傳第二》裴松之注，建安十八年（西元二一三年）正月，曹操與孫權對壘濡須（今安徽巢縣西巢湖入長江的一段水道）。初次交戰，曹軍大敗，於是堅守不出。一天，孫權藉水面有薄霧，乘輕舟從濡須口闖入曹軍前沿，觀察曹軍部署。孫權的輕舟行進五、六里，並且鼓樂齊鳴，但曹操生性多疑，見孫軍整肅威武，恐怕有詐，不敢出戰，喟然嘆曰：「生子當如孫仲謀，劉景升兒子若豚犬耳！」隨後，曹操下令弓弩齊發，射擊吳船。不一會，孫權的輕舟因一側中箭太多，船身傾斜，有翻沉的危險。孫權下令調轉船頭，使另一側再受箭。稍後，箭均船平，孫軍安全返航。曹操這才明白自己上當了。由此可見，導演「草船借箭」的不是諸葛亮，而是孫權，並且這件事發生在赤壁之戰以後五年。

「七擒孟獲」是否真有其事？

「七擒孟獲」是《三國演義》大書特書的篇章，歷來廣為流傳。說的是劉備病逝白帝城後，蜀國南邊相繼發生叛亂。建興三年（西元二二五年），諸葛亮經過充分準備後，親率大軍南渡瀘水（金沙江），前往南方平亂。

及至南方，諸葛亮打聽到孟獲不但打仗勇猛，而且在南方中部地區各族中很有威望，就決心把孟獲爭取過來，於是下了一道命令：只許活捉孟獲，不能傷害他。諸葛亮善用計謀，蜀軍和孟獲軍隊交鋒的時候，蜀軍故意敗退下來。孟獲仗著人多勢眾，一股勁兒追了過去，很快就中了蜀軍的埋伏。南兵被打得四處逃散，孟獲隨即就被活捉了。孟獲被押到大營，心裡想，這回一定沒有活路了。沒想到進了大營，諸葛亮立刻叫人給他鬆綁，好言好語勸說他歸降。但是孟獲不服氣，說：「我自己不小心中了你的計，怎麼能叫人心服？」諸葛亮也不勉強，陪著他一起騎著馬在軍營外兜了一圈，看看蜀軍的營壘和陣容。然後又對孟獲說：「你看我軍人馬如何？」孟獲傲慢地說：「以前我沒弄清楚你們的虛實，所以敗了。今天承蒙您給我看了你們的陣勢，我看也不過如此。像這樣的陣勢，要打贏你們也不難。」諸葛亮爽朗地笑了起來，說：「既然這樣，咱們來個約定，如果我能再抓到你，你就歸順蜀國，怎麼樣？」孟獲不以為然地答應了。孟獲被釋以後，回到自己的部落，重整旗鼓，又一次進攻蜀軍。但是他是一個有勇無謀的人，哪裡是諸葛亮的對手，第二次又被活捉了。諸葛亮勸降，見孟獲還是不服，又放了他。像這樣又放又捉，一次又一次，一共將孟獲捉了七次。到了孟獲第七次被捉的時候，諸葛亮還要再放。孟獲卻不願意走了。他流著眼淚說：「丞相七擒七縱，待我可說是仁至義盡了。我打心底裡敬服。從今以後，不敢再反了。」孟獲回去以後，還說服各部落全部投降，南中地區就此重新歸蜀漢控制。

「七擒七縱」的最早由來是《華陽國志》卷四〈南中志〉。另外在《三國志．諸葛亮傳》注引《漢晉春秋》也有簡要的記載。但《三國志．蜀志．諸葛亮傳》、〈出師表〉及當時率軍首領，《三國志．蜀志》卷十三《李恢．呂凱傳》均沒有直接記載。而北宋的《資治通鑑》則提到：孟獲被「七擒七縱，而亮猶遣獲，獲止不去，曰：「公，天威也，南人不復反矣。」顯然是採納了《華陽國志》的記載。

繆鉞曾指出，諸葛亮沒有那樣大的本事，把孟獲當小孩一樣隨便放了又捉。方國瑜也認為，七擒七縱孟獲之事不過是民間傳說，載於志書者更多附會，不值辯論。方國瑜還在其所著《彝族史稿》一書中對此問題作了一番深入的考證，認定關於諸葛亮七擒孟獲之說「像煞有其事，完全是虛構的。」譚良嘯也在《諸葛亮「七擒孟獲」質疑》一文中說，七擒一事，實近乎離奇，諸葛亮俘孟獲不殺當是有的，但「七擒七縱」則令人難以置信。另外，黃承宗指出，據《滇元紀略》記載，「七擒孟獲」的地點涵蓋現在雲南省內的廣大地區。從當時交通情況看，是兵卒步行，輜重馬匹馱運。諸葛亮的南征開始於建興三年春，平定完叛亂班師回成都是秋天。從成都出發，到了「五月渡瀘，深入不毛」的渡瀘處，已經用了三四個月時間，剩下的時間，即使完全不停的走也走不完各點，更談不上還要在七個地點都要打仗。所以「七擒七縱」的故事實際上是不存在的，後來的《三國演義》和劇本加以渲染，使情節尤為離奇，怪誕不稽。

關羽「千里走單騎」實有其事嗎？

關羽千里走單騎，「過五關，斬六將」，成為中華文化中捨生取義、神勇蓋世的典故。這個已成典故化作成語的情節，卻是羅貫中為了表現關羽不辭艱辛千里尋兄的忠貞之節和義勇之概而虛構的。《三國演義》第二十七回「美髯公千里走單騎，漢壽侯五關斬六將」寫關雲長保護甘、糜二夫人，從許昌出發到河北尋找劉備，一路上闖過東嶺關、洛陽、汜水關、滎陽，到滑州渡過黃河，共殺了孔秀、韓福、孟坦、卞喜、王植、秦琪六員魏將。正是避我者生，擋我者亡，讓讀者看得十分痛快。

我們要考證這一情節，單從地理方位分析和斬將過關的關名就可以了。按《三國演義》所述，關羽聞知劉備消息，是在征汝南的陣上，遂與孫乾相約去會劉備。當時劉備在袁紹處，袁紹在黃河北與曹操的兵馬對峙，時曹操在許昌，關羽想要來去明白，乃回許昌辭曹操。曹操懸迴避牌避而不見，關羽於是掛印封金，留書而走。關羽離開曹操的具體時間及所走的路線，史書上並無記載。但可以肯定，他是不會走過小說所列的那五關的。當時，曹操的大本營在今河南中部的許昌一帶，袁紹控制的北方黃河渡口基本在其正北方，直線距離不過四百華里，而且其間地勢平坦，並無高山大關。關羽如從許昌出發，可謂一馬平川。但按照小說上講，關羽是從許昌出發，一路上闖過了東嶺關、洛陽、沂水關、滎陽，到滑州過黃河渡口白馬津的，我們只要翻翻地圖便可知白馬津在許昌正北，而洛陽、滎陽、沂水都在許昌西北，中間還隔了中嶽嵩山。關羽有平路不走，非要繞道洛陽一帶，豈不是捨近求遠了嗎？

不過，關羽離開曹操去投奔舊主劉備倒是的確發生過的。西晉陳壽所著史書《三國志．關羽傳》中有明確記載：「及（關）羽殺顏良，曹公知其必去，重加賞賜。羽盡封其所賜，拜書告辭，而奔先主於袁軍。」從這段歷史記載中，我們還是看到了關羽的忠義和劉備的獨特魅力。不過在這段歷史故事中，我們還可以看到曹操的氣度。《三國志．關羽傳》中說：關羽走後，曹操的大多部將都主張派兵追擊，但被曹操拒絕。曹操說：「人各有志，各為其主，就不必為難關羽了。」後世對曹操的話多有感慨，讚揚曹操的大度。裴松之在為《三國志》作注的時候，針對這件事就評論到「曹公知羽不留而心嘉其志，去不遣追以成其義，自非有王霸之度，孰能至於此乎？斯實曹公之休美。」得到了曹操命令的部下也就放棄了追殺關羽的打算，關羽也得以安全的回到劉備身邊，中途沒有遇到絲毫的困難。但是不管怎麼說，關羽的「忠、義」精神非常可嘉，羅貫中把這個故事寫到小說之中，並進行了加工和改造，使之成為千古美談。原本體現出曹操大度的史實就被有意的刪除掉了。

關羽過五關的故事來源於民間傳說，而早期三國故事的說書人不清楚，當時曹操已經以許昌為臨時首都，而還以為曹操仍在長安。因此，元代《三國志平話》裡將關羽辭曹的起點寫為長安，並按照長安城外的灞陵橋，虛構了「灞陵挑袍」。這樣，關羽從長安出發，一路東行，過洛陽、汜水關、滎陽、黃河渡口，地理完全合理，沒有任何錯誤。羅貫中在寫《三國演義》時，發現了關羽從長安出發是個明顯的錯誤，就按照歷史，將關羽辭曹的起點從長安改成許昌，但仍然保留了「灞陵挑袍」的故事，並將許昌的「八里橋」演變成「灞陵橋」。羅貫中雖然改變了關羽的出發地點，但由於保留了過五關的故事，而又無法改變關羽的出行路線，故仍保留了洛陽、汜水關、滎陽、黃河渡口這四個關口，這樣就導致關羽莫名其妙地轉了一個大圈子。

誰是「單刀會」中的孤膽英雄？

單刀會的故事是表現關羽豪勇的主要情節，《三國演義》中的單刀會把關羽的英勇豪氣完全展示出來，而相對的東吳魯肅卻儼然小丑一般。其實早在《三國演義》之前，民間的藝術家們就根據《三國志》創作了單刀會的故事，最著名的是元代戲劇家關漢卿的《關大王獨赴單刀會》，多少年來一直盛演不衰，此劇是一曲強者的讚歌，一首英雄的頌詩，蘊含著潛在的民族意識。劇中讚譽了關羽的英勇機智，及藐視強敵、臨陣安之若素的豪邁氣概。史實上單刀會確有其事，但與戲劇和《三國演義》相反的是，「單刀赴會」的孤膽英雄不是關羽，而是魯肅。

西元二一五年，劉備取益州，孫權令諸葛瑾向劉備索要荊州。劉備拒絕，孫權極為惱恨，便派呂蒙率軍取長沙、零陵、桂陽三郡。長沙、桂陽蜀將當即投降。劉備得知後，親自從成都趕到公安（今湖北公安），派大將關羽爭奪三郡。孫權也隨即進駐陸口，派魯肅屯兵益陽，抵擋關羽。雙方劍拔弩張，孫劉聯盟面臨破裂，在這緊要關頭，魯肅為了維護孫劉聯盟，不給曹操可乘之機，決定當面和關羽商談，這便是有名的「單刀會」。

《三國志．魯肅傳》載：肅住益陽，與羽相拒。肅邀羽相見，各駐兵馬百步上，但請將軍單刀俱會。肅因責數羽曰：「國家區區本以土地借卿家者，卿家軍敗遠來，無以為資故也。今已得益州，既無奉還之意，但求三郡，又不從命。」語未究竟，坐有一人曰：「夫土地者，唯德所在耳，何常之有！」肅厲聲喝之，辭色甚切。羽操刀起謂曰：「此自國家事，是人何知！」目使之去。《魯肅傳》注引《吳書》曰：「肅欲與羽會語，諸將疑恐有變，議不可往。肅曰：『今日之事，宜相開譬。劉備負國，是非未決，羽亦何敢重欲干命！』乃趨就羽。羽曰：『烏林之役，左將軍身在行間，寢不脫介，戮力破魏，豈得徒勞，無一塊壤，而足下來欲收地邪？』肅曰：『不然。始與豫州觀於長阪，豫州之眾不當一校，計窮慮極，志勢摧弱，圖欲遠竄，望不及此。主上矜愍豫州之身，無有處所，不愛土地士人之力，使有所庇廕以濟其患，而豫州私獨飾情，愆德隳好。今已藉手於西州矣，又欲翦併荊州之土，斯蓋凡夫所不忍行，而況整領人物之主乎！肅聞貪而棄義，必為禍階。吾子屬當重任，曾不能明道處分，以義輔時，而負恃弱眾以圖力爭，師曲為老，將何獲濟？』羽無以答。」

由此可見，在「單刀會」上魯肅義正辭嚴地責備關羽，在魯肅的指責下，關羽無言以對。這時關羽的一個手下不樂意了，大聲說：「天下的土地人民，唯有德者居之，哪裡有什麼一定的呢。」魯肅聽了，厲聲喝斥，言辭激烈。關羽沒法，只好借坡下驢，拿起刀站起來說：「這是國家大事，你知道什麼！」打個眼色，叫部下離開。最終，雙方經過會談，緩和了緊張局勢。隨後，孫權與劉備商定平分荊州，「割湘水為界，於是罷軍」。魯肅以他的大智大勇，使得一次重大危機得以化解，孫劉聯盟暫時得以維持。

小說和電視劇《三國演義》對這段歷史中魯肅形象的刻畫的確稍顯偏差，為了凸顯諸葛亮和周瑜，魯肅的個性被描述成過於忠厚而缺少謀略；「單刀會」中，為了突出關羽的英雄氣概，魯肅被塑造成了一個目光短淺，缺少膽識的人，而「單刀會」的目的也變成了魯肅為討回荊州為關羽設的「鴻門宴」。

諸葛亮是如何「收姜維」的？

在傳統戲曲舞台上，有一齣戲叫做《收姜維》，又名《天水關》，京劇和許多地方劇種都有此劇，情節都是根據《三國演義》改編的。據《三國志．姜維傳》記載：姜維自幼少孤，和母親一起生活。他喜好鄭玄的經學，在郡中做上計掾，不久，任州中從事。姜維的父親曾為郡中功曹，羌族、戎族叛亂時，他親自保護郡太守，戰死疆場。因此，魏朝賜姜維中郎，命他參與管理本郡的軍事。

在第九十三回前半段「姜伯約歸降孔明」，敘述了姜維投降的經過。守衛天水郡的魏國大將姜維，文武雙全有勇有謀。諸葛亮想收姜維為自己的助手。他得知姜維是個孝子，其母住在冀城，便想出一條計策：命魏延虛張聲勢打冀城，姜維得知消息，便請兵殺回冀城救母。諸葛亮又派俘將夏侯楙帶兵前往冀城勸姜維投降。夏侯楙走到半路，聽老百姓說姜維已獻城降蜀，他只好往天水郡來。夏侯楙進城，把姜維已投降蜀兵的消息告訴了天水郡守城官兵。深夜，諸葛亮讓人假扮姜維攻打天水郡。守城官兵更認定姜維降蜀是事實了。姜維苦守冀城，糧草缺乏。一日他帶兵劫糧，蜀兵乘虛取冀城。姜維失城只好向天水郡逃去。天水郡眾將，誤認姜維已經投降，不准他進城。姜維無奈落荒而去，走不到數里，諸葛亮乘車而出。姜維見自己陷入重重包圍之中，便下馬投降了諸葛亮。

據《三國志．姜維傳》載：「建興六年（西元二二八年），丞相諸葛亮軍向祁山，時天水太守適出案行，維及功曹梁緒、主簿尹賞、主記梁虔等從行。太守聞蜀軍垂至，而諸縣響應，疑維等皆有異心，於是夜亡保上邽。維等覺太守去，追遲，至城門，城門已閉，不納。維等相率還冀（城），冀亦不入維。維等乃俱詣諸葛亮。」可見，姜維等人歸漢，實非本意，乃見疑於天水太守馬遵的無奈之舉。參閱魚豢的《魏略》，有助於我們對詳情的把握：「天水太守馬遵將維及諸官屬隨雍州刺史郭淮偶自西至洛門案行，會聞亮已到祁山，淮顧遵曰：『是欲不善！』遂驅東還上邽。遵念所治冀縣界乎西偏，又恐吏民樂亂，遂也隨淮去。時維謂遵曰：『明府當還冀。』遵謂維等曰：『卿諸人回覆信皆賊也。』各自行。維亦無如遵何，而家在冀，遂與郡吏上官子修等還冀。冀中吏民見維等大喜，便令見亮。二人不獲已，乃共詣亮。亮見大悅，未及遣迎冀中人。今亮前鋒為張郃、費曜等所破，遂將維等卻縮，維不得還，遂入蜀。諸軍攻冀，皆得維母妻子，亦以維本無去意，故不沒其家，但繫保官以延之。」魚豢所載與陳壽有些不同，但姜維等人降漢乃見猜於天水太守馬遵抑或雍州刺史郭淮的不同而已，姜維等人降是不得已的選擇。

姜維歸漢之後，諸葛亮的欣喜之情溢於言表。《三國志．姜維傳》中這樣記載姜維歸漢之後諸葛亮的喜悅與對姜維的稱賞：「亮辟維為倉曹掾，加奉義將軍，封當陽亭侯。時年二十七。亮與留府長史張裔、參軍蔣琬書曰：『姜伯約忠勤時事，思慮精密，考其所有，永南（李邵）、季常（馬良）諸人不如也。其人，涼州上士也。』又曰：『須先教中虎步兵五六千人。姜伯約甚敏於軍事，既有膽義，深解兵意。此人心存漢室，而才兼於人，畢教軍事，當遣詣宮，覲見主上。』」

《三國演義》說諸葛亮設計收姜維，從他母親身上大作文章。因為姜維是為了不使老母有失，才去守冀城的，從而使諸葛亮的反間計一步步地得以成功。又說馬謖失了街亭，天水、南安、安定三郡難保，諸葛亮派心腹人到冀城接姜維的老母，送入漢中。這都是與史實不符的。本來姜維的投降與營救老母毫無關係，馬謖失街亭後，姜維老母的下落也不像《三國演義》所說的那樣。據《三國志》姜維本傳記載：姜維的老母原在冀城，馬謖失守街亭後，蜀軍從冀城撤退，沒有來得及接出姜維的老母，姜維便與老母失散了。

《三國演義》中的巫術文化

《三國演義》自成書以來，一直是歷代讀者百讀不厭的經典著作，亦成為學術界研究的重中之重。然而，讀者在一遍遍閱讀《三國演義》的過程中往往是囫圇吞棗；學者的研究雖貴精細，也難免百密一疏，忽略一些重要的細節。道教、巫術、迷信與《三國演義》的關係就是這些被忽略的細節之一。

諸葛亮身上為何巫術色彩那麼濃？

魯迅先生曾在他的《中國小說史略》裡分析過《三國演義》的人物塑造，說過這樣幾句話：「至於寫人，亦頗有失，以致欲顯劉備之長厚而近偽，狀諸葛之多智而近妖。」這兩句話並不難理解，它是說《三國演義》塑造人物，也有把握不好的地方，比如說想寫劉備的忠厚，給人的感覺倒像是虛偽；想寫諸葛亮的足智多謀，無所不能，寫出來卻又帶著妖氣，顯得不太真實。

其實這裡的妖氣，主要是指《三國演義》裡關於諸葛亮的一些巫術色彩。比如赤壁之戰時，他「身披道衣，跣足散發」祭東風；又如他五出祁山時裝神弄鬼，能搞什麼奇門遁甲、縮地法；再如諸葛亮死後三十年，鄧艾帶魏軍偷渡陰平，見到諸葛亮題寫的石碣，上面寫著「二火初興，有人越此；二士爭衡，不久自死」，原來諸葛亮早已預言到炎興元年鄧艾會在此偷渡，又預言他和鍾會很快就會死於非命，這些果然都先後應驗。這類情節，《三國演義》裡還有一些。這樣寫出來的諸葛亮，就不僅僅能運籌帷幄，決勝千里，而且還會呼風喚雨，未卜先知，這就不像是常人了。在一般人看來，這些情節使諸葛亮神乎其神，帶著仙氣，更加超凡，更加值得崇拜。

但是巫術也好，妖氣也好，這裡要說的是，這種一定程度神化的諸葛亮，並非單純出自《三國演義》的創造，而是長期歷史累積演變的結果。

早在南北朝時，諸葛亮就已開始被巫化。《三國志．蜀書．諸葛亮傳》注引的《漢晉春秋》裡說道，諸葛亮死時天象異常，天上有一顆紅色的帶有芒角的星星，從東北劃向西南，投入諸葛亮的軍營，投下去又起來，下去時是大的，升起來時變小，一連重複了三次，過了一會兒諸葛亮就死了。這種記載，使諸葛亮具有了某種神祕色彩。再有，南朝宋人劉敬叔在《異苑》中記載：蜀郡臨邛縣有一口火井，在漢朝興盛的時候，火井烈焰沖天，十分熾烈旺盛，到了桓帝、靈帝在位，漢室衰微，火井中的火勢也逐漸弱了下來。後來，諸葛亮朝井看了一眼，火又旺了起來。到景曜元年，有人向井裡投了支蠟燭，火熄滅了，這一年，蜀漢便被曹魏吞併。傳說裡的這口火井，象徵著漢朝，按照古代陰陽五行的理論，漢朝屬火。諸葛亮看了一眼火井，火勢就重新變旺，這就說明諸葛亮是能興復漢室的超凡之人。

南北朝以後，關於諸葛亮的傳說仍然史不絕書。據《隋書》記載，隋文帝時，行軍總管史萬歲南征，進入蜻蛉川，又經過大小勃弄，見到一塊「諸葛武侯紀碑」，見上面寫著：「萬歲後，勝我者過此。」可見諸葛亮早就知道幾百年後有個叫「萬歲」的人要從這裡經過。又據《蜀古績記》，北宋大將曹彬伐蜀，拜謁武侯祠，認為諸葛亮雖然忠於漢室，但是和蜀地軍民辛苦奮鬥了多年，也沒能恢復中原，算不上很有軍事才能，於是動了拆毀武侯祠的念頭。不一會兒，有人來報中殿忽然倒塌，出現一塊石碑，上面寫著：「測我心腹事，唯有宋曹彬。」曹彬很驚訝，讓地方官重修祠宇，又撰文拜祭一番才離去。還有《宋史》，也記載了一個類似的故事。北宋狄青打敗儂智高後，見到一塊《孔明紀功碑》，上面刻著：「後有功在吾上者，立石於右。」於是狄青在右邊立了一塊石頭。這幾個傳說裡的諸葛亮，已經成了後知幾百年的神異人物。

再看元代《三國志平話》，乾脆直截了當地說諸葛亮就是神仙：「諸葛亮本是一神仙，自小學業，時至中年，無書不覽，達天地之機，神鬼難度之志，呼風喚雨，撒豆成兵，揮劍成河。」《三國志平話》中寫到了他赤壁祭風，還寫到他南征孟獲時，一撫琴，六月熱天就下起大雪，這類神怪描寫在《三國志平話》中不算少。另外，在有些元雜劇中，諸葛亮也是前知五百年，後知五百年，能呼風喚雨、遣鬼驅神，又能煉藥燒丹、修煉長生之術，儼然便是一位道教的神仙。

所以，現在回過頭來看《三國演義》裡的呼風喚雨、夜觀天象之類，也就不足為怪了。《三國演義》裡諸葛亮身上的巫術色彩或妖氣，有著深厚的民間信仰作基礎，是在久遠的歷史裡逐漸累積形成的。

諸葛亮的法術是跟誰學的？

諸葛亮是智慧的化身，料事如神，才能卓越，上通天文，下知地理，政治、軍事、外交無所不能，為後人傳頌。由於《三國演義》神化般的描寫，以及在大多人的心目中，諸葛亮是會一些法術的人。如：諸葛亮一出場就先告訴劉備，亮夜觀天象，劉表不久於人世；每次重要事件他總要授人錦囊妙計，還有寫諸葛亮登壇作法，呼風喚雨等。

那麼諸葛亮有沒有傳道授業的「師傅」呢？在《三國演義》中他自稱「曾遇異人，傳授奇門遁甲天書，可以呼風喚雨。」「異人」是誰，諸葛亮在此並沒有說明。他隱居隆中時，有一個叫龐德公的，是龐統的叔叔，與諸葛亮有親戚關係，是諸葛亮小妹夫的父親。有學者認為諸葛亮曾師事於他，可能有一定根據。據《襄陽記》，諸葛亮很尊敬他，每次到他家拜訪，都像漢初張良求教黃石公那樣，謙恭而虔誠，「獨拜床下」，而龐德公也受之坦然，「初不令止」。這位龐德公是一位隱居的大名士，荊州刺史劉表數次宴請他，要他以保全天下為任，說只有出來做官，才有財產留給子孫。龐德公堅辭不就，說：「我只能像鴻鵠巢於高林，黿鼉穴於深淵一樣，各得其犧宿，無法保全天下。世上的人留給子孫的都是危禍，而我留給子孫的是平安。」這對諸葛亮早年的思想可能有一定影響，〈前出師表〉曾說他躬耕南陽時，「苟全性命於亂世，不求聞達於諸侯」。不過，沒有資料能說明這位龐德公曾傳授諸葛亮呼風喚雨之類的本領。

諸葛亮在襄陽隱居時交遊的長者還有司馬徽和黃承彥。司馬徽比龐德公小十歲，善於人倫識鑑，被稱為水鏡。他曾把諸葛亮推薦給劉備。黃承彥是諸葛亮的岳父。雖然是尊長，但沒有資料說明他們之間有明確的師生關係。諸葛亮還與崔州平、徐元直、石廣元、孟公威等士人有密切交往，徐元直也曾向劉備舉薦諸葛亮。但他們是同輩朋友，並不是師生。諸葛亮後來表現出來的那些傑出才識，很多應該是在隆中時期形成的。這與他善於學習有關。史稱他和其他人的學習方法不一樣，他的幾位同輩好友，讀書都「務於精熟」，而他卻「獨觀其大略」，著重於領會精神實質，不搞尋章摘句的經學家的一套。他還善於學人之長，補己之短，他後來在一篇《教》中就談到他曾從崔州平、徐元直身上得到不少啟誨。他可能有點像杜甫說的「轉益多師」，卻不一定有像授書張良的黃石公那樣的「師傅」。

「錦囊妙計」與巫術有關係嗎？

中國巫術文化幾乎和中原華夏文明同時誕生。作為人與不可知之間的現實媒介，「巫」對於中國人來說，幾乎具有一種普世意義，巫師是最古老的「設計師」。歷代的中國人透過巫感受到超設計的力量，無論是呼風喚雨，奇門遁甲，未卜先知，還是觀星象推天運，望氣脈知生死，這一力量貫穿了中國人的精神與情感。諸葛亮在《三國演義》中的「巫性」呈現，也正是一種中國式的超設計。「錦囊妙計」這個詞的產生是最中國化的想像，「錦囊妙計」指封裝在錦囊中的神妙計謀。這也是一種超設計，這種超設計，無比優雅地被放在錦緞製的袋子裡面。

在《三國演義》中，諸葛亮一向是智慧過人，所向披靡。他從初出茅廬一直到五丈原病逝這五十餘回書中，使用過無數成功的計策，但錦囊妙計只用過三次。

第一次是在第五十四回及五十五回。當時劉備、諸葛亮趁曹操赤壁之戰失利，大肆擴充地盤，先後占領荊州大部分地區，引起東吳孫權的警惕。為了限制劉備勢力的發展，魯肅奉命向劉備討還荊州，但遭到拒絕。東吳大都督周瑜向孫權獻計：趁劉備的甘夫人病故，用孫權的妹妹為誘餌，將劉備「賺到南徐，妻子不能勾得，幽囚在獄中」。但是，這個詭計被諸葛亮一眼識破。他將計就計，讓劉備「擇日便去取親」，並派趙雲前去保護，並給了趙雲三個錦囊，教趙雲「依次而行」。結果，劉備一行人按照錦囊中的策劃，私會喬國老，智激孫夫人，其後又再氣周公瑾，使得東吳「賠了夫人又折兵」。第二次是在第九十九回。諸葛亮北伐大戰司馬懿時，派魏延、王平等大將正面迎擊魏軍先鋒張郃，又給姜維、廖化一個錦囊，教他們兩人「引三千精兵，偃旗息鼓，伏於前山之上，如見魏兵圍住王平、張翼，十分危急時「只開錦囊看視，自有解危之策」。結果，姜維、廖化兩人按「錦囊計」的安排，不救被魏軍圍困的王平、張翼，而是反襲司馬懿大營，造成魏軍陣腳大亂，張嶷等人趁機大敗魏兵。殺得魏軍「死者極多，遺棄馬匹器械無數」。第三次是在第一百零四回，諸葛亮臨終之時，給了楊儀一個錦囊，並對他說：「我死，魏延必反；待其反時，汝與臨陣，方開此囊。那時自有斬魏延之人也。」後來魏延果真造反，楊儀則用此計，魏延被馬岱殺死。作者在這裡還用了一首詩來稱讚諸葛亮：「諸葛先機識魏延，已知日後反西川。錦囊遺計人難料，卻見成功在馬前。」

錦囊妙計著力渲染了諸葛亮對劉備的指導作用，諸葛亮以「錦囊妙計」的手段調度著一切。孔明在千里外「裁處」，而他人只能「依計行事」。諸葛亮的確被「神化了」或者說「巫化了」，他不但「知凶定吉、斷言生死」，並有「錦囊妙計」的先知先覺。魯迅在《中國小說史略·元明傳來之講史》中談到《三國演義》的時候說到「狀諸葛之多智而近妖」。

不過，三國時期，確實有類似「錦襄妙計」之事，但那不是出於諸葛亮，而是出於曹操。事情發生在建安二十年（西元二一五年）。據《三國志》的〈武帝紀〉和〈張遼傳〉記載：當年八月，孫權乘曹操赴漢中進攻張魯的時機，親率十萬大軍圍攻合肥。當時張遼、李典、樂進等率七千人屯守合肥。曹操早在去漢中之前就料到孫權會來進攻合肥，便寫了一道「密教」（密封的教令），交給護軍薛悌，封皮上寫著：「賊至，乃發」，意思是：等到敵軍到來時，才可以拆開看。等到兵臨城下，薛悌當著眾將的面拆開了「密教」，只見那上面寫著：「若孫權至者，張、李將軍出戰，樂將軍守，護軍勿得與戰。」曹操這樣安排的用意是：張遼、李典非常英勇，所以讓他二人率軍去作戰；樂進為人持重，所以讓他守城；薛悌是個文吏，所以不讓他去率軍作戰，免得貽誤軍情。張遼等按此辦理，終於經過一番拚搏，以少勝多，擊退了孫權的進攻，保住了合肥。這件事，《三國演義》也有記載，見第六十七回的後半段「張遼威震逍遙津」，「密教」的內容與史書的記載大體上相同。

神祕的八陣圖是怎麼回事？

「功蓋三分國，名成八陣圖。江流石不轉，遺恨失吞吳。」這是唐代詩人杜甫在奉節魚腹浦觀諸葛亮八陣圖遺蹟後，寫下的一首著名詩篇。在詩人看來，諸葛亮的蓋世功名，是與他推演八陣的軍事才能密不可分的，八陣圖也因諸葛亮的神機妙算而蒙上了一層神祕的色彩。據《三國演義》記載：蜀漢章武元年秋，漢昭烈帝劉備為報吳國襲破荊州、殺死義弟關羽之仇，親率數十萬蜀軍、數百員戰將，以蜀將吳班為前部先鋒伐吳。大軍出夔關（今重慶奉節附近）順江而下，從巫峽建平起，直接彝陵界分，連營七百餘里，依山傍澗，結寨四十餘座，大有一舉掃平東吳之勢。不期次年夏在彝陵（今湖北宜昌葛洲壩一帶）被吳國大將陸遜火燒連營七百里，數十萬大軍死的死、逃的逃，劉備僅率百餘人倉荒逃回白帝城（今重慶奉節縣境內）。陸遜緊追入蜀至夔關，誤入長江邊諸葛亮用亂石所布八陣圖之中，忽狂風大作，飛沙走石，見怪石林立、枯樹如劍舞；橫沙立土、重疊如山，江濤怒吼似戰鼓錚錚，陸遜無路可走。後得諸葛亮岳父黃承彥指點，才得以走出陣圖。

八陣本是作戰時的布陣之法，至於它具體是怎麼運作的，很難考證清楚。有的說它是一種陣形，也有的說它是八種陣形，按《孫臏兵法．八陣》的說法，它應該是用兵布陣的統稱。不管哪一說，都與方術無關。「八陣圖」最早的歷史文字記載，可以追溯到《三國志．蜀志》中的〈諸葛亮傳〉：亮「推演兵法，作八陣圖」。其後，《晉書．恆溫傳》載：「諸葛亮造八陣圖於魚腹平沙之下，壘石為八行，行相去二丈。溫見之，謂此常山蛇勢也。文武皆莫能識之。」那麼，今人感到頗為神祕的「八陣圖」是不是子虛烏有呢？諸葛亮是否真的創有「八陣」呢？

八陣圖並非諸葛亮獨創，它是諸葛亮在黃帝兵法的基礎上發展變化而成的。唐代李筌著《太白陰經》一書中說：「黃帝設八陣之形。……其後秦田余，蜀將諸葛亮並有戰圖以教人戰。」宋代學者李昭在《八陣論》中進一步寫道：「昔黃帝溍通八卦，而建一都之法。默會九天，而設三軍之制。……至於孔明，則又上探黃帝之微意，下採成周之遺法，……而陣法備焉。故其制為八陣，自九天而進而演之，縱橫皆八，而有八八六十四陣者，所以通乎八卦也。」這說明八陣在一開始就是由黃帝根據八卦的理論創造的，諸葛亮在學習黃帝兵法的基礎上，又吸收了周文王後天八卦的「遺法」，加以融會貫通，從黃帝到諸葛亮，從八陣的創立到八陣圖的發展，其兵法的八陣與哲學思想上的八卦是相通的，是緊密相聯的。宋代著名學者、政治家趙忭在其所著《八陣圖集記》中明確指出：「八陣取諸八卦，欲包併八荒也。……八卦通神明之德，類萬物之情。……今按八陣，謂天地風雲龍虎鳥蛇八者是也。」近代著名學者王緇塵更加明確地指出：「八陣又名八卦者，以此陣配置周密，猝迂敵人，不致倉皇失措；接戰持久，則以生力軍與交戰軍相互調劑，使力不乏。而進退出沒，必極其便利。其意有類於陰陽奇偶之錯綜參互，故以八卦名之，此八陣圖之概略也。」譚良嘯先生在認真閱讀了《三國演義》第八十四回「陸遜營燒七百里，孔明巧布八陣圖」之後，把書中關於八陣圖的描寫，與唐太宗和李靖談論兵法的《李衛公問對》一書中闡述的八陣原理相對照，再參閱《握機圖》，然後寫道：諸葛亮的八陣圖，「把八陣的四正四奇與遁甲的八門相配，變成了四生門，四死門，說得玄妙而令人費解。實則並非如此。八陣與八門相配是八卦與八陣相配轉化過來的。」

作為古代戰爭中一種戰鬥隊形及兵力部署圖，諸葛亮的原「圖」今雖不見，然有傳說為諸葛亮練兵遺址的所謂「八陣圖壘」。酈道元《水經注．江水》云，這種「圖壘」皆壘細石為之。共有三處：一在陝西沔縣；一在重慶奉節；一在四川新繁，尤以在奉節者最為著名。奉節原為古魚復縣，治所在今奉節東白帝城，三國時劉備改名永安，唐改稱奉節。諸葛亮「八陣圖壘」據傳就在永安宮南江灘上。

木牛流馬究竟是巫術還是科技？

木牛流馬最早可追溯到春秋末期。據王充在《論衡》中記載：魯國木匠名師魯班為其老母巧工製作過一台木車馬，且「機關具備，一驅不還。」也許是受了魯班木車馬的啟發，約七百年後，三國時代的諸葛亮發明了木牛流馬，用其在崎嶇的棧道上運送軍糧，且「人不大勞，牛不飲食」。與王充記載魯班木車馬的寥寥數語相比，《三國志》、《三國演義》等書對諸葛亮的木牛流馬的記述可算是繪聲繪色、活靈活現、極為詳盡了。

《三國演義》第一百零二回中，有諸葛亮製造木牛、流馬的描述，說這種運輸工具「搬運糧米，甚是便利，牛馬皆不水食，可以晝夜（轉運）不絕」。司馬懿聞報，派人去搶了數匹，命巧匠仿製二千餘匹，並讓軍士驅駕木牛、流馬，到大本營搬運糧草，往來不絕。誰知諸葛亮派人以魏軍打扮混入運輸隊，暗中將木牛、流馬口中舌頭扭轉，牛馬便不能行動。正當魏兵疑為怪時，諸葛亮又派五百軍士扮作神兵，鬼頭獸身，以五彩塗面，邊燃放煙火，邊驅牛馬而行。魏兵目瞪口呆，以為諸葛亮有神鬼相助，不敢追趕，諸葛亮輕而易舉地獲得許多糧草。這麼神奇的運輸工具，在當時可算是巧思絕作了。由於《三國演義》描繪得太奇妙，以致不少人認為，所謂木牛、流馬純係小說家的杜撰，或者說是諸葛亮的巫術。但查考史書，可見諸葛亮確實製造過木牛、流馬。《三國志．諸葛亮傳》記載：「（建興）九年（西元二三一年），亮復出祁山，以木牛運，糧盡退軍……十二年春，亮悉大眾由斜谷出，以流馬運，據武功五丈原，與司馬宣王對於渭南。」上述記載沒有《三國演義》描繪得那麼神奇，但從中可見諸葛亮以木牛、流馬運糧的歷史事實。

木牛、流馬究竟為何物？《諸葛亮集》中的一段文字對木牛形象作了描繪，下文還對流馬的部分尺寸作了記載，但因沒有任何實物與圖形存留後世，多年來，圍繞著木牛、流馬，人們作過許多猜測。一種意見認為，木牛、流馬是經諸葛亮改進的普通獨輪推車。這種說法，源自《宋史》、《後山叢談》、《稗史類編》等史籍，意謂木製獨輪小車在漢代稱為鹿車，諸葛亮加以改進後稱為木牛、流馬，北宋才出現獨輪車之稱。此說還以四川渠縣蒲家灣東漢無名闕背面的獨輪小車浮雕等實物史料為佐證，認為這些東漢的獨輪車，都再現了木牛、流馬的模樣。一種意見認為，木牛、流馬是新穎的自動機械。《南齊書·祖沖之傳》說：「以諸葛亮有木牛流馬，乃造一器，不因風水，施機自運，不勞人力。」這是指祖沖之在木牛流馬的基礎上，造出更勝一籌的自動機械。以此推論，三國時利用齒輪製作機械已為常見，為後世所推崇的木牛流馬，不可能是漢代已有的獨輪車，而是令祖沖之感興趣的、運用齒輪原理製作的自動機械。第三種意見認為，木牛、流馬是四輪車和獨輪車，但是何者四輪，何者獨輪卻觀點截然相反。宋代高承《事物紀原》卷八說：「木牛即今小車之有前轅者；流馬即今獨推者是，而民間謂之江州車子。」而范文瀾則認為，木牛是一種人力獨輪車，有一腳四足。所謂一腳就是一個車輪，所謂四足，就是車旁前後裝四條木柱；流馬是改良的木牛，前後四腳，即人力四輪車。

清袁枚《新齊諧》卷十三《江秀才寄話》記載了這樣一件事：婺源秀才江水，家中耕田都用木牛。他出行時，騎一木驢，不食不鳴，人們以為是妖術。他笑道：「此武侯成法，不過中用機關耳，非妖也。」其實，諸葛亮的木牛流馬是在長期社會實踐中創造出來的，代表了古代科學技術在某些方面的成就。而《三國演義》在民間傳聞的基礎上，為其罩上了巫術文化的面紗，使其神祕化了，與歷史的真實面貌相去甚遠。不過，正因為神祕，才更加吸引人，《三國演義》在民間的影響才更加深遠。

諸葛亮手中的羽毛扇與巫術有關嗎？

品茶閒聊，一說到「搖羽毛扇的」，人們就會想到諸葛亮，「羽毛扇」在漢語中成了智囊或謀士的代名詞。戲台、螢幕上的諸葛亮，幾百年來總是手持一柄雕翎扇。《三國演義》中提到：諸葛亮執掌劉備軍隊後，常常手持羽扇，坐一輛四輪小車。小說對諸葛亮外貌特徵的定型是：頭戴綸巾，身披鶴氅，手持羽扇，有時坐一輛四輪小車。這似乎沒有疑義，古人也是這樣認識的。蘇軾〈念奴嬌・赤壁懷古〉中談到周瑜就說：「羽扇綸巾，談笑間，強虜灰飛煙滅。」周瑜是諸葛亮的對手，也是三國時一個搖羽毛扇的。

那麼，諸葛亮的扇子從何而來？在長江流域，流傳著這樣一種說法。相傳諸葛亮小的時候放牛，結識了一位白鬍子老頭，兩人常在一起讀書。老頭行蹤神祕，引起了小諸葛的好奇。一日，他偷偷將白石灰放入老頭的竹拐杖裡，老頭走後，他順著白石灰印跡找到一棵大樹下。原來老頭是一隻金鳥（一說為老鷹）變的，正在樹上打盹呢！諸葛亮就在樹下守侯，忽然，金鳥打了一個哈欠，從嘴裡掉出一顆珠子，正好落入諸葛亮口中，「咕嚕」一下滑入肚中。老頭隨即驚醒，對諸葛亮說了實言：「我是修煉了三千年的金鳥，全靠這顆珠子活命。現在，珠子沒有了，我也活不長了。我知道你很聰明，有意成全你。你必須在八月十五這天來這裡找到我的屍體，拔下我的羽毛，編成扇子，日後有何難事，搖搖扇子就有辦法了。」諸葛亮的扇子就這麼來的，以後他在劉備帳前作了軍師，這把羽扇幫他出謀劃策，屢建功績，成為智慧和謀略的象徵。

還有一種說法認為，羽毛扇是諸葛亮的夫人送給他的。諸葛亮還未迎娶妻子時，一次，與妻子的父親襄陽名士黃承彥談論國家大事，妻子在一旁聽。後來妻子就送給諸葛亮一把扇子，諸葛亮問其何意，其妻讓亮猜，亮想來想去不得而知，說一定是做為定情信物吧。其妻說：「你只知其一不知其二，那天在家父面前暢談，看你眉飛色舞，喜怒皆形於色，這如何做得大事！給你這把扇子以遮面！」

但上述的說法畢竟是傳說，諸葛亮手持羽毛扇的真正原因是什麼？據學者研究，司馬氏取代曹魏政權前後，政局混亂不堪。世家大族為了明哲保身，逃避現實，整日談說「玄理」。這些清談人士，口鋒犀利，無邊無際。為給清談助興，他們手上常執一些「談具」，如麈尾、如意、羽扇等。諸葛亮未出茅廬時，也是一位「縱橫舌上鼓風雷」的清談之士。當了蜀軍主帥後，仍喜歡手執羽扇指揮三軍。裴啟《語林》云：「諸葛武侯與宣王（司馬懿）在渭濱將戰，武侯乘素輿，葛巾，白羽扇，指揮三軍。」當時羽扇盛行軍中，《晉書．顧榮傳》記載顧榮攻打陳敏時，也有「麾以羽扇，其眾潰散」之句。也有的學者認為，諸葛亮身體虛弱，無法負載甲冑在身的重量。在這種情況下，他為了盡一個軍事家的責任，帶病出征，就只好「頭戴綸巾，身披鶴氅，手持羽扇」了。

于吉緣何被殺？

于吉是東漢末年的道士，琅琊（今山東膠南）人，被普遍認為是道教經典《太平經》的作者。根據史書記載，東漢順帝時，于吉的門徒宮崇到皇宮進獻「神書」《太平青領書》，這部書可能是于吉的著作（《後漢書．襄楷傳》）。後來，于吉寓居在中國東部的某個地方，經常往來於吳、會稽兩地，建造精舍，燒香讀道書，製作符水替人治病（《三國志．孫策傳》注引〈江表傳〉）。漢獻帝建安五年，于吉被孫策以「幻惑人心」的罪名斬首（《三國志．孫策傳》）。

《三國演義》第二十九回有「小霸王怒斬于吉」故事，寫建安五年（西元二〇〇年），因孫策絞殺吳郡太守許貢，許貢家客三人為貢報仇，槍刺孫策。許貢家客雖被擒殺，但孫策臉中一箭，身被數槍。華佗徒弟為其療傷，叫孫策靜養百日。此時，袁紹遣使陳震來與東吳聯繫，欲共抗曹操。孫策大喜，即日聚會諸將於城樓上，宴請陳震。席間，一位叫于吉的道士從樓下走過，眾將紛紛下樓朝拜。孫策大怒，叱令左右拿下于吉。于吉上樓見孫策，孫策說于吉是黃巾張角之流，令將其斬首。張昭等百官以為不可，苦苦求情，孫策遂饒其不死，囚禁獄中。獄卒因不替于吉戴枷鎖，被孫策毒打。孫策一定要殺于吉。呂範建議孫策命于吉禱雨以救天旱，孫策答應，限于吉在午時將雨求下，否則將其燒死，並令左右堆積乾柴伺候。于吉無法，只得照辦，當即沐浴更衣，登壇求雨。快到正午時分，狂風驟起，烏雲密布，但仍不見下雨，孫策即令推入柴堆，四方舉火，火焰隨風而起。突然，雷電交加，大雨傾盆，頃刻之間，雨流成河。于吉仰臥柴堆之上，大喊一聲，雨住雲收，太陽復出。眾官及百姓將于吉扶下柴堆，釋縛拜謝。孫策見狀，更加大怒，命武士將于吉一刀砍死。據說，孫策很快即被于吉的陰魂害死，年僅二十六歲。

晉朝干寶在《搜神記》中說，當時，有個名叫于吉的人在吳郡、會稽一帶傳太平教，擁有大量信徒，連孫策的母親和三分之二的部將、賓客都奉于吉為「仙人」。孫策對部下力陳迷信的危害，並且斷然捕殺了于吉。從此，孫策每當獨坐，都彷彿于吉出現在眼前。他受傷後照鏡，見于吉在鏡中，一下子又不見了，如此三次，終於撲鏡大叫，瘡傷崩裂，須臾而死。羅貫中的《三國演義》對這一傳說進一步作了加工。

東晉干寶的《搜神記》，屬魏晉時期神話志怪小說，所記多神怪災異，迷信思想頗重，自然不足為信。既如此，羅貫中為什麼要將其採入《三國演義》呢？結合歷史、結合《三國演義》的創作傾向，我們認為《三國演義》的迷信思想較明顯，採入「怒斬于吉」的故事，根本目的是為了解釋孫策之死。于神仙是善人，這是眾所周知的，他為萬民治病，祈雨救災，孫策殺了他，必然受到殺善人不得好報的懲罰。

《三國演義》具有強烈的「擁劉反曹孫」傾向，殺于吉再一次反映出孫策想獨霸江東而不得人心。本回書開頭就已說孫策有攻襲許都之心，許貢暗中遣使上書曹操，不想被孫策發覺而遭殺身之禍。在誅殺于吉之事上，儘管孫策表面上宣稱「平生誓誅妖妄，力辟鬼神」，但我們從于神仙在百姓、文武百官心目中的地位，不難想像，孫策殺于吉還是從權位著想的。在東漢時期，太平道拉攏了許多忠實信徒，導致了天下大亂。雖然太平道滅亡，而于吉自北方到江東而來，以符水治病，很快就吸引了大批人信教，即便是孫策軍中也有大量的人信教，這樣一來便直接威脅到孫策的地位。孫策之父孫堅本就是剿黃巾軍的主力，孫策豈會不知道于吉的危害，便尋機殺了于吉。不然若于吉信徒壯大，那江東就無寧日了。

關羽「顯聖」與呂蒙之死有關係嗎？

關羽死後，還有「顯聖」的傳說。《三國演義》第七十七回「玉泉山關公顯聖，洛陽城曹操感神」寫道，東漢建安二十四年（西元二一九年），關公在遠安的回馬坡被吳將馬忠用絆馬索絆倒後所獲，因他拒絕降吳，被斬後冤魂不散，來到玉泉山上空大喊三聲：「還我頭來！」後普淨法師出庵指點教化他道：「昔非今是，一切休論。後果前因，彼此不爽。今關將軍被呂蒙所害，大喊還我頭來。然而，將軍生前，誅顏良殺文醜，過五關斬六將，那些人的頭，又叫誰還呢？」關羽聽了普淨的法語，恍然大悟，心悅誠服，於是皈依普淨。又說孫權盡收荊襄之地，設宴大會諸將慶功，置呂蒙於上位。忽然關羽附體於呂蒙，大罵孫權和呂蒙，呂蒙當即七竅流血而死。

關羽玉泉山顯聖的傳說，最早見於南宋天台宗僧人志磐所著的《佛祖統記》。隋朝開皇十二年（西元五九二年），天台宗僧人到當陽縣玉泉山籌建寺院，見二人威儀如王，長者美髯而豐厚，少者冠帽而秀髮，自稱是漢將關羽、關平父子，情願皈依佛門，請於近山建寺。寺廟建成以後，為關羽授五戒。《三國演義》就是根據這一神話傳說而改編的：首先是把時代改了，把隋朝改為三國的事；其次是把僧人改為普淨。據《三國演義》所寫，這普淨對關羽還有舊恩，在關羽「過五關」時，路過沂水關，下榻於鎮國寺，把關的將領卞喜在寺中埋伏下刀斧手二百餘人，欲害關羽，由於普淨對關羽暗中示意，關羽才有所提防，斬了卞喜，化險為夷。《三國演義》又使普淨在這裡出現，是為了前後照應，使故事更連貫了。再有，原傳說顯聖時只有關羽、關平父子而沒有周倉，《三國演義》卻加上了周倉。看來周倉的傳說是出現較晚的，關羽顯聖的傳說出現時，周倉的傳說還沒有成形，自然就提不到他了。

根據《三國志．呂蒙傳》記載：呂蒙在「白衣渡江」以前向孫權上書自稱常常有病，要求「以治疾為名」把自己調回建業，可見他本是病了的。〈江表傳〉說：擒斬關羽以後，孫權在公安大會群臣，呂蒙因為有病，欲請離去。孫權笑著說：「擒獲關羽之功，是子明（呂蒙）的謀略啊！如今大功告成，慶功賞賜還沒有進行，怎能悒悒而歸呢？」遂賜呂蒙「步騎」（侍衛兵）、「鼓吹」（軍樂隊），並下令給他選配好的官屬。拜賜既畢，呂蒙回營，兵馬儀仗前呼後擁，軍樂大作。呂蒙平定荊州功勛卓著，孫權以他為南郡太守，封孱陵侯。但還沒有正式拜爵時，呂蒙便病倒了。《三國志．呂蒙傳》對他病倒以後的情況，描繪得比較詳細：「會蒙疾發，權時在公安，迎置內殿。所以治護者萬方，募封內有能癒蒙疾者，賜千金。時有針加，權為之慘戚，欲數見其顏色，又恐勞動，常穿壁瞻之，見小能下食則喜，顧左右言笑，不然則咄唶，夜不能寐。病中瘳，為下赦令，群臣畢賀。後更增篤，權自臨視，命道士於星辰下為之請命。年四十二，遂卒於內殿。」呂蒙對孫權無限忠誠，孫權對呂蒙也是非常信任和愛護的，孫權在呂蒙患病期間的表現以及呂蒙死後的懷念，是很感人的。

總之，呂蒙之死是由於舊病復發，而且是經過了一段臥病的時間才去世，不是因為關羽前來索命而暴亡的。關羽死後不久，呂蒙便死了，這不過是巧合。如果說其中有什麼因果關係的話，那也只是因為呂蒙在討伐關羽的過程中太累了，心力交瘁，引起舊病復發而導致死亡。

「左慈戲曹」有根據嗎？

左慈，東漢末三國初道人，原為廬江（今屬安徽）人，字元放。《三國演義》第六十八回「左慈擲杯戲曹操」寫左慈的神通。左慈被曹操捕捉下獄，嚴刑拷打，但他仍睡得好熟，沒有絲毫感覺。大枷鎖他不住，餓他又餓不死。左慈出獄後，曹操要龍肝作羹，左慈在牆上畫一條龍，袍袖一拂，剖開龍的肚子，取出龍肝。曹操懷疑左慈在玩魔術，龍肝預先藏在袖子裡，於是左慈再表演無中生花，要來一個空盆，水一澆，居然長出一株牡丹。曹操宴客少了松江鱸魚，左慈拿著釣竿，在魚池中釣出數十尾松江鱸魚。左慈在盆子內還變出一本《孟德新書》，和曹操原稿一字不差。最玄的是左慈喝酒時，拔下冠上玉簪，於杯中一畫，將酒分為兩半，一半自己喝，一半給曹操。曹操叱責，左慈就把杯子擲向空中，化成一隻白鳩，繞殿而飛，引得眾官仰首觀看，左慈乘機遁去。曹操派許褚領兵去追，左慈慢步而行，許褚卻怎麼也追不上。追到山中，有牧童放羊，左慈走入羊群，許褚射箭，左慈不見，許褚乾脆殺光羊群。牧童守著羊屍大哭，左慈忽然現身，讓死羊復活。曹操通緝左慈，不料三日之內，城裡城外，出現三四百個和左慈一模一樣的人。曹操把他們全部抓來斬首，不料死屍「頸腔內各起一道青氣，到上天聚成一處，化成一個左慈，向空招白鶴一隻騎坐。」無頭死屍也跳起來，提著自己的頭，奔打曹操。到此《三國演義》已經和《封神演義》沒什麼兩樣了。

左慈這些的表現，部分見諸正史，不盡為小說虛構。依據《後漢書．方術列傳第七十二》記載，左慈年輕時就有神通。在曹操的司空任內，左慈曾參加曹操的宴會，當時曹操對賓客說：「今天的盛會，山珍海味大概都有了，只差東吳松江的鱸魚。」左慈說：「這還不容易！」他要來一個銅盆，裝滿水，用竹竿掛上魚餌，在盆裡釣魚，不久釣出一尾鱸魚。曹操拍手大樂，賓客看得目瞪口呆。「一條魚不夠分給大家吃，還有嗎？」曹操說。於是左慈又從盆子裡釣出一條魚。兩條魚都身長三尺，鮮活可愛。曹操又說：「雖然有魚，可惜沒有蜀中的生薑。」左慈答道：「這也弄得到。」曹操說：「我之前派人到蜀地買錦緞，請你告訴那個人，讓他多買兩段回來。」曹操怕左慈取巧，就近隨便買來，便設計遊戲規則，要他真的到蜀地，證明到此一遊。左慈離開後沒多久，就帶著生薑回來，並對曹操說已經傳話了，要買錦的人多買兩段錦緞。後來，買錦的人從蜀地回來。曹操查問，的確在之前那個時間有這麼一個人傳達了多買兩段錦緞的事情。後來，曹操去近郊，跟隨的官員上百人。左慈準備了一升酒，一斤肉，親手倒酒切肉，百官吃飽喝足。曹操覺得奇怪，派人暗中調查，發現沿路賣酒的店家，他們的酒肉都不見了。曹操很生氣，要殺掉左慈。左慈卻鑽進牆壁裡消失了。曹操派人追拿，一度在街上發現左慈的行蹤，等到要緝捕時，街上行人忽然都變成了左慈的模樣，不知道哪一個才是真左慈。後來又有人在陽城山頭見到左慈，在追捕他時，他遁入羊群裡，又不見了。曹操知道捉不到他，派人對著羊群說：「曹公不殺你了，本來只是想試探你而已。」說完羊群中有一頭老公羊，前膝屈起，像人一樣站起來說話。大家都衝過去捉他。突然間，幾百頭羊都變成了老公羊，同樣前膝屈起，同樣像人一般站起來說話，誰也不知道該捉哪頭羊。晉人干寶的《搜神記》收錄這段故事，內容和《後漢書》大同小異。

在談論中國魔術史的專題裡，左慈的表演常被拿來當例證。但我們看左慈的演出，在盆子裡憑空釣出魚來，還有可能是魔術。人遁入羊群變成老公羊，也可能是錯覺。但老公羊像人一樣立起，開口說話，一群羊接著集體變成那隻會講話的公羊，就超過魔術的極限了。如果左慈某部分表演是魔術，那麼在左慈身上，「魔法」就是「魔術＋法術」。

左慈出現在《三國演義》第六十八回「左慈擲杯戲曹操」，事繫於建安二十一年（西元二一六年），正值曹操封魏王之時，但《後漢書》繫於曹操司空任內。《三國演義》安排在建安二十一年，不只為增加戲劇性，更有貶曹揚劉的意味。起初曹操對左慈還客客氣氣的，左慈先是交代來歷，自稱在峨嵋山修行三十年，某日聽到石壁有聲音在叫他，可是什麼都看不到。連續幾天之後，忽然有一天雷電震碎石壁，赫然出現天書三卷，名叫《遁甲天書》，共分〈天遁〉、〈地遁〉、〈人遁〉三卷。天遁教人騰雲駕霧，地遁教人穿山透石，人遁教人雲遊四海，藏形變身，飛劍擲刀，取人首級。左慈希望曹操和他同往峨嵋山中修行，他將以三卷天書相授。曹操此時不免作態一番，說自己早就想激流勇退，可惜他一退，朝廷沒人治理。左慈便推薦劉備，說劉備是帝室之後，可繼承曹操的地位。但是，曹操不可能真退，所以左慈一說完，便威脅曹操「不然，貧道當飛劍取汝之頭也。」曹操此時非常生氣，咬定左慈是劉備派來的奸細，喝令左右拿下。小說藉左慈的出現，給曹操難堪，增添曹操是國之賊、劉備是國人所望的效果。

「五丈原禳星」是巫術嗎？

占星源於天人合一、天人感應的思維和心理，認為人間的變化會在天象上顯現出來。這方面，《史記・天官書》有很詳細的記載。在民間，還有天上一顆星對應地上一個人的說法。因此，能夠占星就成了古代知識分子的一項重要素養，不但史官須懂星曆，連西漢劉向這樣的經學家都常夜觀星宿，不寐達旦。這樣的學問，諸葛亮也很精通。

赤壁之戰曹操戰敗，明明算準了他要從華容道經過，明明算到關羽會念及舊情放走曹操，可諸葛亮為什麼還要讓關羽去守華容道呢？為的是讓關羽與曹操的恩怨有個了斷，從此不再作報恩之想；也是因為此時曹操不死，等於給劉備留下了發展壯大的時機，否則曹操一死，孫、劉相爭，以當時的實力，劉備還不是孫權的對手。還有一個原因，那就是諸葛亮夜觀乾象，知道「操賊未合身亡」，乾脆給一個機會讓關羽還人情。諸葛亮所觀察到的應該是某將星依然很亮才會得出如此結論。後來，周瑜、龐統、關羽、張飛死，諸葛亮也是見「將星墜地」而得知的。

《三國演義》中會占星的人還有不少。比如漢桓帝時，遼東人殷馗看到黃星見於楚、宋之分，認定五十年後當有真人起於梁、沛之間，結果過了五十年，沛國譙郡人曹操一統北方；袁紹的謀士沮授，夜觀天象，見太白逆行於柳、鬼之間，流光射入牛、斗之分，知道有「賊兵劫掠之害」，果然此時曹操正往烏巢進發；劉璋的史官譙周見群星聚於蜀都，其大星光如皓月，認為這是帝王之象。而事實上，不久劉備即入主益州……諸葛亮與他們相比，表面上似乎看不出有什麼特別高超之處，但細加比較，我們發現，這些人只能觀察星象，而諸葛亮除此之外，還能控制星象。

《三國演義》第一百零三回「上方谷司馬受，困五丈原諸葛禳星」寫諸葛亮扶病出帳，仰觀天文，見三台星中，客星倍明，主星幽隱，相輔列曜，其光昏暗，知道自己命在旦夕。在姜維的提醒下，諸葛亮開始施行他的祈禳之法：由姜維在帳外引甲士四十九人，執皂旗，穿皂衣，環繞帳外守護，嚴禁閒雜人等入內，諸葛亮自於帳中設香花祭物，地上分布七盞大燈，外布四十九盞小燈，內安本命燈一盞。諸葛亮拜祝道：「亮生於亂世，甘老林泉；承昭烈皇帝三顧之恩，託孤之重，不敢不竭犬馬之勞，誓討國賊。不意將星欲墜，陽壽將終。謹書尺素，上告穹蒼：伏望天慈，俯垂鑑聽，曲延臣算，使得上報君恩，下救民命，克復舊物，永延漢祀。非敢妄祈，實由情切。」拜祝畢，就帳中俯伏待旦。第二天仍然帶病工作，吐血不止。從此白天議論軍機，夜裡步罡踏斗。按照他的設想，如果七日內主燈不滅，他的陽壽就可增加十二年，如果燈滅，則必死無疑。大概是他的精誠和法力所致，到第六夜時，主燈依然明亮。正在這時，意外發生了。魏兵壓境，魏延前來報信，慌亂中竟將主燈踏滅。諸葛亮前功盡棄，吐血數口，臥倒在床，不久便死了。按照小說的意思，如果不是發生這一意外，諸葛亮祈禳北是完全可以成功的。諸葛亮為什麼要祈禳北呢？這是因為北之神是掌管壽夭的，北斗七星分管諸生辰。諸葛亮布置的七盞大燈應天上的北斗七星，內安本命燈一盞，即應本命辰之星。

司馬懿也會觀天象，如果將星墜落，他便知諸葛亮已死，便會發兵攻蜀。為了迷惑敵人，諸葛亮制定了一套方案，祕囑楊儀：「吾死之後，不可發喪。可作一大龕，將吾屍坐於龕中；以米七粒，放吾口內；腳下用明燈一盞；軍中安靜如常，切勿舉哀：則將星不墜。吾陰魂更自起鎮之……」果然，那顆光芒有角的赤色大星，從東北方流於西南方，墜於蜀營內，三投再起，隱隱有聲。

諸葛亮的這些本領，正是通鬼神的直接體現。他能將自己的意願上達神靈，神靈會按照他的意願付諸實施。至於為什麼沒能增壽一紀，是因為諸葛亮也僅僅是方士，方士是人而不是神，方士的能力在某些情況下也是有限的。小說這樣寫，似乎更真實一些。

《三國演義》中的女性人物

《三國演義》是男人的天下。無論是氣度儒雅的周瑜，神機妙算的諸葛亮，還是勇冠三軍的關張趙馬黃，他們都是男人。但是《三國演義》中有不少女性形象，如傾國傾城的大喬小喬，四大美女之一的貂嬋等。她們為這個刀光劍影的時代平添了幾分兒女情長，如果沒有她們，三國的世界是單調的、不完整的。

董貴妃是董承的妹妹嗎？

《三國演義》第二十四回寫道，漢獻帝因不滿曹操專權跋扈，密授衣帶詔給國舅董承，令其謀誅曹操。後因密謀洩露，董承等五人全家被斬。於是，二十四回便寫曹操進宮來殺董貴妃，並說「貴妃乃董承之妹」。

應當說明，這裡的「董貴妃」應作「董貴人」。據《後漢書．後紀》，東漢時期，「六宮稱號，唯皇后、貴人。」這就是說，當時宮中只有「貴人」，地位僅次於皇后，並無「貴妃」。直到南朝宋時，才設置「貴妃」稱號，歷代多加沿用。

另外，《三國演義》把董貴人與董承的關係弄錯了，董貴人不是董承的妹妹，而是他的女兒。這一點，《後漢書．伏皇后紀》寫得十分清楚：「董承女為貴人，(曹) 操誅承而求貴人，殺之。」但這個錯誤並不是羅貫中本人造成的。嘉靖本《三國志通俗演義》卷五就寫道：「妃乃董承親女」。

由此可見，羅貫中對董貴人與董承的關係是依照史實敘寫的。現有的錯誤，乃是毛宗崗或者刻工造成的。其所以弄錯，並非出於藝術上的考慮，而是由於毛宗崗或者刻工錯誤地理解了《三國志．蜀書．先主傳》中「獻帝舅車騎將軍董承」一句。其實，裴松之在注中對這句話解釋得很清楚：「董承，漢靈帝母董太后之侄，於獻帝為丈人。蓋古無丈人之名，故謂之舅也。」羅貫中注意到了這條注釋，所以沒有錯。毛宗崗或者刻工大概不知道這裡的「舅」指的是丈人，而按照後代的概念，把它理解成「舅子」，這就歪曲了人物關係，鬧了笑話。

糜、甘二夫人的命運如何？

《三國演義》展現的是一個以男性為中心的、充滿尖銳複雜的政治軍事鬥爭的世界，它很少對女性進行描寫。劉備的兩個妻子——糜夫人和甘夫人就是雖然屢次出場卻著墨不多的兩個女性。甘夫人「玉質柔肌，態媚容冶」（王嘉《拾遺記》），是個有名的美人，很受劉備的寵愛。但她當時只是「妾」，地位在糜夫人之下。《三國演義》中每每稱「甘、糜二夫人」，乃是因為她後來在荊州生了劉禪，地位提高了的緣故。作為劉備的妻子，糜、甘二夫人飽嘗了擔驚受怕、顛沛流離之苦，可謂劉備的患難妻室。羅貫中在寫到她們時，也多少進行了一些藝術加工。

據《三國志．蜀書．先主傳》記載，在原徐州牧陶謙病死，劉備代領徐州牧之後，「袁術來攻先主，先主拒之於盱眙、淮陰……是歲建安元年（西元一九六年）也。先主與術相持經月，呂布乘虛襲下邳。下邳守將曹豹反，間迎布。布虜先主妻子，先主轉軍海西……先主求和於呂布，布還其妻子。」這就是劉備第一次失陷妻子。可以肯定，這裡的「妻」絕對不是糜、甘二夫人。因為據《三國志．蜀書．糜竺傳》，糜竺是在呂布襲奪下邳，劉備敗退到海西時才「進妹於先主為夫人」的，她當然不可能被呂布俘虜。另據《三國志．蜀書．甘皇后傳》：「先主甘皇后，沛人也。先主臨豫州，住小沛，納以為妾。」這就是說，甘夫人是在劉備當豫州牧時嫁給他的，時間約在建安二、三年間，比糜夫人更晚。由此可見，劉備第一次失陷的是他的前妻。

劉備第二次失陷妻子是在建安三年（西元一九八年）。這一年，曹操派劉備進攻呂布，結果反被呂布大將高順所敗，「復虜先主妻子送布」。直到曹操親自東征，生擒呂布，劉備才「復得妻子，從曹公還許。」（《三國志．蜀書．先主傳》）這次被俘虜的，自然包括糜、甘二夫人。至於那位前妻是否也在其中，則不得而知；因為我們既不知道她的姓氏，更不知道她那時是否還在人世。

建安五年（西元二〇〇年），劉備又第三次失陷妻子。《三國志．先主傳》是這樣記載的：（建安）五年，曹公東征先主，先主敗績。曹公盡收其眾，虜先主妻子，並禽關羽以歸。這一次，劉備比前兩次敗得更慘：不僅地盤丟失，人馬潰散，而且妻子和大將關羽都成了俘虜。羅貫中在描寫這一事件時，作了重大調整，虛構出「屯土山關公約三事」這一著名情節，把一場土崩瓦解式的慘敗輕輕改成了一次有理有節的暫時妥協，並為關羽後來千里走單騎，過五關斬六將作了鋪墊（第二十五回）。

建安十三年（西元二〇八年），曹操率大軍南征，不戰而得荊州，劉備率領大批軍民向江陵轉移。這時「曹公將精騎五千急追之，一日一夜行三百餘里，及於當陽之長。先主棄妻子，與諸葛亮、張飛、趙雲等數十騎走，曹公大獲其人眾輜重。」（《三國志．蜀書．先主傳》）甘夫人這次僥倖沒有被俘虜，多虧了勇將趙雲：「雲身抱弱子，即後主也，保護甘夫人，即後主母也，皆得免難。」（《三國志．蜀書．趙雲傳》）

綜觀糜、甘二夫人的生平，甘夫人的命運似乎要好一些：她由妾上升為夫人，死後又被劉備追謚為皇思夫人；後主劉禪即位後，更進一步追謚為昭烈皇后，將她與劉備合葬。但是，這一切尊榮僅僅因為她是劉禪的母親，「母以子貴」而已。至於糜夫人，那就太不幸了：儘管她是在劉備落難時嫁給他的，並且是正妻，但劉備當皇帝後卻沒有追謚她，似乎早已把她忘得一乾二淨；《三國志》也沒有為她立傳，僅僅在《糜竺傳》裡提到一句。生前備嘗艱辛，逝後又那樣寂寞！

貂蟬「巧施連環計」於史有據嗎？

人們對美女貂蟬的興趣，是與「連環計」聯繫在一起的，《三國演義》第八、九回說的就是王允把貂蟬先許呂布，後送董卓，利用呂布誅滅董卓的故事。大意是：司徒王允痛恨董卓專權禍國，殘害忠良，想要除掉他，又苦無良策，便和府中的歌姬貂蟬定下了一個連環之計。將金冠一頂使人密送呂布，呂布親到王允府中致謝。王允設宴殷勤款待，喚貂蟬出堂陪酒。貂蟬和呂布眉目傳情，呂布對她頗有愛慕之意，王允當即將貂蟬許與呂布為妾。過了幾天，王允請董卓到府中宴飲，又將貂蟬送與董卓，命人用車送至相府。呂布來質問，王允反而說是董卓霸占了貂蟬。呂布在鳳儀亭與貂蟬相會，董卓趕到，見此情景大怒，擲戟刺呂布，呂布打戟在地，急忙跑開了。王允利用呂布和董卓的矛盾，假呂布之手殺死了董卓，除掉了這個萬人痛恨的國賊。

羅貫中筆下的貂蟬巧施「連環計」的故事，構思精巧、迭宕起伏，語言痛快淋漓，令人拍案叫絕。其實，「連環計」的故事早在元代雜劇中即已形成，在《三國志平話》中，儘管貂蟬形象還不夠豐滿，但對這段故事則有較完整的描寫；元代無名氏所作《連環計》雜劇，故事情節與《平話》相似。《三國演義》在前人創作的基礎之上，用兩回篇幅對貂蟬巧施「連環計」的故事進行改造創作。不僅將貂蟬角色由過去的被動參與的配角，變成了深明大義的、有心計、有膽識、積極參與的主角，而且寫她置安危於度外，竭盡全力投入謀誅董卓的政治鬥爭，形象豐滿且個性鮮明。總之，貂蟬的行為極為不凡，堪稱一位聰明、機智、勇於自我犧牲的巾幗英雄。

那麼，貂蟬巧施連環計於史有據嗎？

據《後漢書．呂布傳》載，董卓派呂布守宮中的小門，這是對他的信任，呂布卻趁機與侍婢私通，兩情相許，又唯恐董卓識破，由此生出許多矛盾。據《三國志．呂布傳》記載：「（董）卓性剛而偏，忿不思難，嘗有小失意，拔手戟擲（呂）布。……由是（呂布）陰怨卓……先是，司徒王允以布州裡壯健，厚接納之。後布詣允，陳卓幾見殺狀。時允與僕射士孫瑞密謀誅卓，是以告布，使為內應。……布遂許之，手刃刺卓。」在呂布和董卓的矛盾中，他和董卓的侍婢私通，怕董卓發覺，「心不自安」，是一個很重要的因素。但董卓的這個「侍婢」，在《後漢書》和《三國志》中並沒有留下名字，大約就是小說和戲曲上的貂蟬。她不是王允的歌伎，也根本沒有王允「巧使連環計」的事，更沒有什麼「董太師大鬧鳳儀亭」了。董卓的確向呂布投過戟，但投的並不是方天畫戟，而是護身的手戟；投戟也不是因為貂蟬的事，而是因為其他的小事。

由此可見，所謂貂蟬巧施連環計的故事，最多不過是羅貫中對史書中王允、呂布誅殺董卓和呂布曾與董卓侍婢私通史實的大膽想像與發揮而已！

貂蟬下落如何？

在《三國演義》的整部書裡，有兩個人物，羅貫中居然連名字也沒有交代。其中一個是被張飛痛打了的督郵。當然，他只是個小人物，名字也並不重要。然而，另一個人物卻在整個三國裡發生了重要的作用，她就是貂蟬。稍有歷史知識的人應該知道，貂蟬原意是漢代侍從官員的帽飾而不是人物的名字。雖然在所有正史文獻裡，貂蟬並無明文記載，但在很多民間戲曲傳說裡，貂蟬本姓任，名紅昌。據學者孟繁仁先生考證：貂蟬，姓任，小字紅昌，出生在并州郡九原縣木耳村，十五歲被選入宮中，掌管朝臣戴的貂蟬（漢代侍從官員的帽飾）冠，從此更名為貂蟬。漢末宮廷風雲驟起，貂蟬出宮被司徒王允收為義女。不久董卓專權。王允利用董、呂好色，遂使貂蟬施「連環計」，終於促使呂布殺了董卓，立下功勛。

關於貂蟬的下落，《三國演義》沒有交代，明嘉靖刻本《三國志通俗演義》第九回「曹孟德許田圍獵」，說曹操殺了呂布之後，將呂布妻小並貂蟬載回了許都。毛宗崗評本《三國演義》第二十回，把這段文字中的「貂蟬」二字隱去，只說曹操將呂布妻女載回許都，全書中此後不再出現「貂蟬」的名字。那麼，貂蟬的下落究竟如何呢？

從民間傳說中，我們可以聽到好幾個關於貂蟬下落的版本：

一種說法是，白門樓呂布殞命，曹操重演「連環計」於桃園兄弟，遂賜與關羽。貂蟬為不禍及桃園兄弟，「引頸祈斬」，被關羽保護逃出，當了尼姑。曹操得知後抓捕貂蟬，貂蟬毅然撲劍身亡；另一說法是貂蟬在關羽安排下返回故鄉，終老故土（也有說是出家為尼，並有著作「錦雲堂暗定連環計」）；更有一說法是曹操把貂蟬明許關羽，暗應劉備，以期挑撥他們兄弟的感情，為絕曹念，關羽殺死了貂蟬；更有元代雜劇「關公月下斬貂蟬」，說曹操派貂蟬誘惑關羽，關羽怕自己把持不住，揮刀斬了貂蟬月下的影子，貂蟬飛身進入月宮。

清人梁章鉅《歸田瑣記》云：「貂蟬事，隱據呂布傳。」假如貂蟬就是與呂布私通並被發現的侍婢，那麼，她的下場肯定不會好。因為董卓既能對呂布擲戟，也必然會對侍婢飛刀，那麼，貂蟬性命焉能保全？當然，這只是推測而已！推測終歸是推測，貂蟬下落如何恐怕會成為千古之謎！

孫夫人為劉備殉情了嗎？

孫夫人乃孫權之妹，名字不詳。劉備向東吳借荊州不還，魯肅難逃干係；周瑜一為救友，二為國計，於是上書孫權，教使「美人計」，進妹予劉備為夫人，誘其喪志而疏遠屬下。孫夫人才捷剛猛，有諸兄之風，身邊侍婢百餘人，皆親自執刀侍立。不料在諸葛亮錦囊妙計的安排下，假婚成真姻；後來夫人更助劉備返蜀，於路上怒斥追襲的吳將。後劉備入益州，使趙雲領留營司馬，留守荊州。此時孫權聞知劉備西征，於是遣周善引領舟船以迎孫夫人，而夫人帶著後主劉禪回吳，幸得趙雲與張飛勒兵截江，方奪回劉禪。夷陵之戰，劉備戰敗，有訛言傳入吳中，道劉備已死，孫夫人傷心不已，望西痛哭，投江而之。後人為其立廟，號曰「梟姬廟」。京劇有一齣《別宮祭江》，川劇也有一齣《三祭江》，都是根據《三國演義》第八十四回改編而來，說的是劉備在夷陵之戰中遭到慘敗之後，早已回到東吳的孫夫人聽說劉備死於亂軍之中，極為悲痛，便到江邊灑淚祭奠，然後投江自盡。

歷史上的孫夫人是否真的投江自盡了呢？回答是否定的。

孫夫人與劉備的婚事，本來只是歷史上無數次政治性聯姻之一。原因很清楚——孫權對雄踞荊州的劉備有所畏懼，為了鞏固孫劉聯盟，便以結親來「固好」，過程也很簡單——是孫權「進妹」，即孫夫人出嫁到荊州，而不是劉備跑到東吳去娶親。那麼，孫夫人與劉備婚後的感情如何呢？史書對此沒有正面記敘，但從一些側面的線索來看，二人的感情並不那麼和諧美滿。二人成婚之時，劉備已年近半百，而孫夫人不過二十上下，年齡相差約三十多歲，如果男方有憐香惜玉之意，女方有贊襄夫君之心，倒也有琴瑟和弦的可能；偏偏一個是圖王霸業的梟雄，一個又是任性而為的驕女，雙方互不信任，何來歡愛？所以，劉備入益州不久，孫權就「大遣舟船迎妹」，而孫夫人也毫不猶豫地回了娘家，還差點帶走了劉備的寶貝兒子阿斗。從此，她一去不返，杳無音信，與劉備恩斷情絕。劉備占據益州之後便娶了寡居的吳氏（吳懿之妹，劉璋之嫂），也看不出對孫夫人有什麼留戀。正因為這樣，在《三國志．蜀書．二主妃子傳》中竟沒有一句話提到孫夫人！

總之，儘管史書上沒有記載孫夫人的最後結局，但可以肯定，她是絕不會為了劉備而殉情自盡的。羅貫中對史實作了根本的改造，把孫劉聯姻寫成了英雄美人共諧魚水之歡的喜劇。由於這一情節符合廣大群眾的審美情趣，幾百年來一直膾炙人口。不過，羅貫中並沒有寫孫夫人投江自盡。毛宗崗修訂《三國演義》時才加上了這個結局。由於這個悲劇性結局與前面的喜劇性場面形成強烈的對照，又符合人物性格的內在邏輯，因而也得到人們的認可。

吳國太究竟是什麼人？

《三國演義》中的「孫劉聯姻」，是一個頗富喜劇色彩的情節。在這齣戲中，有一個配角：吳國太，她成了促成孫劉聯姻的關鍵人物。就憑她的幾句話，劉備才得以抱得美人歸。雖說此舉讓東吳賠了夫人又折兵，但從當時的大局來看，卻不失為正確的決定，促使孫劉聯盟的正式形成。曹操得知這一消息，吃驚得「手腳慌亂，投筆於地」。《三國演義》第七回中言道：「孫堅有四子，皆吳夫人所生；吳夫人之妹，即為孫堅次妻，亦生一子一女：子名朗，字早安；女名仁。」這個次妻，就是吳國太了。不過，查遍陳壽《三國志》及其他相關資料，卻根本找不到這個吳國太的存在。也就是說，歷史上的吳夫人根本就沒有小說中提到的吳國太這個妹妹，這個妹妹純屬子虛烏有，小說中的吳夫人和吳國太應該是一個人。

那麼，吳夫人究竟何許人也？孫權的母親吳氏是孫堅的正室，史傳中稱為吳夫人；在《三國演義》中被稱為吳太夫人。吳夫人是一位才貌雙全的奇女子，但也像歷史上許多傑出的女性一樣，沒能在正史中留下她的芳名。據《三國志．吳書．妃嬪傳》記載：她本是吳郡人，父親吳輝，字光修，曾做過東漢的奉車都尉，官至刺史。雙親過世後，吳氏就與弟弟吳景一起，舉家遷到了錢唐（今浙江杭州市），投靠於親戚家中。年方及笄的吳氏出落得美豔絕倫，又加上有學識才智，因此來錢塘後也算得上是個遠近聞名的大美人了。年輕的孫堅知道後，就想要娶她為妻。但沒想到吳氏的親戚都嫌孫堅輕佻狡詐，不夠穩重，而孫氏家族的門第也不算很高，所以就想拒絕，孫堅感到失望又慚愧，並由怨而生恨。吳氏知道後，擔心會因為自己的緣由而給親戚們帶來麻煩與不利，就對親戚們說：「為什麼要為憐惜一個女子而招致災禍呢？如果我找不到好丈夫，那也是命中注定的。」在吳氏的勸說下，親戚們同意了這門婚事。

在東漢末期的戰亂年代裡，作為地方將官的孫堅，往往是常年征戰於沙場之上，而撫養、教育兒女的重任也就落到了吳夫人的身上。吳夫人教育兒女方法得當，總是寬容、誘導，諄諄教誨，讓兒女自己領悟，明辨是非，這對於子女的成長大有裨益。

據《三國志》注引《會稽典錄》記載：會稽郡的功曹魏騰，字周林，是個性格直率、剛毅不阿的人，辦事堅持原則，絕不會以長官的意志行事。有一次，魏騰違背了孫策的意旨，激怒了孫策。孫策為此火冒三丈，大發雷霆，決意要殺死魏騰。下屬們見孫策發怒，都非常害怕，不敢去勸說，又想不出什麼好辦法來解救魏騰。吳夫人知道後，就站在了水井邊要跳井自殺，侍從報告了孫策，孫策急忙前來看望母親。這時吳夫人倚扶著井沿對兒子說：「你剛剛立足江南，好不容易開創了一個新局面，很多事務尚在草創之中，根基還沒有穩固。當務之急是要禮賢下士，捨棄他們的過錯，表彰他們的功勞，這樣人們才會來投奔你。魏騰功曹辦事遵守法度，盡職盡責，你今天要是殺了他，那麼明天大家就會背離你而去。我不忍心看到你大禍臨頭，還是先投井自殺了省心。」孫策聽了母親的訴說，大為震驚，馬上省悟了過來，領會了母親的良苦用心，於是立刻釋放了魏騰。還有一次，曹操要孫權送子作人質，孫權因部下意見不同，只好「乃獨將瑜詣母前定議」。周瑜認為：一送人質，就要甘心聽從曹操指揮，這樣做的好處，僅不過封侯而已，不能稱霸天下，他建議孫權看清形勢再說。這個意見和吳國太的想法不謀而合，因此，吳國太對周瑜大加讚賞，並要孫權向對待兄長一樣對待周瑜。

孫策、孫權兄弟能夠禮賢下士，重視人才，廣攬英雄，可以說與吳夫人的教育有很大的關係。現在梅城古鎮還保留有一口「六合古井」，相傳就是吳夫人倚井教子、保釋魏騰的地方，所以大家都喜歡稱它為「教子井」。直到今天，「教子井」的水依舊清冽可飲，「六合古井」幾個字也清晰可辨，從而使得這口古井成為了傳統美德教育的好素材，也是人們暢遊三國景觀的好去所。

二喬的一生幸福嗎？

「遙想公瑾當年，小喬初嫁了，雄姿英發。」「折戟沉沙鐵未銷，未將磨洗認前朝；東風不與周郎便，銅雀春深鎖二喬。」這是圍繞三國時的英雄和美女所作的詩篇。這裡說的英雄是孫策和周瑜，美女是大喬和小喬。

東漢建安四年，孫策從袁紹那裡得到三千兵馬，回江東恢復祖業，在周瑜的協助下，一舉攻克皖城。而喬公和他的兩位國色天香的女兒當時正住在皖城東郊。孫策慕名前來求親，周瑜和他一道前來。喬公看到這兩位將軍少年了得，戰功赫赫，便把自己的這對姊妹花嫁予二人。

二喬的姓本作「橋」，至於她倆的芳名，史書失載，只好以「大喬」、「小喬」來區別。二喬長得很美，有傾國之色，顧盼生姿，明豔照人，堪稱絕代佳麗，甚至連遠在洛陽的曹操和曹植父子都聽說了江東二喬的美名。羅貫中在《三國演義》裡說，諸葛亮到江東勸說孫權聯合抗曹，為說服周瑜，就說：「曹操在漳河新建了一座銅雀台，廣選天下美女置於其中。他曾經發誓：『我第一個願望是掃清四海，成就帝業；第二個願望是得到大喬小喬，死無遺憾。』不如將軍用千金買下這兩個女子送給曹操，那不是天下太平嗎？」周瑜聽罷大怒：「老賊欺人太甚。」於是和諸葛亮聯合抗曹。

關於二喬在歷史上的記載，陳壽的《三國志》中只有《吳書．周瑜傳》有這樣一句：「從攻皖，拔之。時得喬公兩女，皆國色也。（孫）策自納大喬，（周）瑜納小喬。」裴松之注此傳時引用了〈江表傳〉，也有一句：（孫）策從容戲（周）瑜曰：「喬公二女雖流離（流離，即容顏光彩煥發），得吾二人作婿，亦足為歡。」

從二喬方面來說，一對姐妹花，同時嫁給兩個天下英傑，一個是雄略過人、威震江東的「孫郎」，一個是風流倜儻、文武雙全的「周郎」，按照傳統看法，堪稱郎才女貌，美滿姻緣了。然而，二喬是否真的很幸福呢？史書上沒有說。不過，從有關資料分析，至少可以肯定，大喬的命是很苦的。她嫁給孫策之後，孫策忙於開基創業，東征西討，席不暇暖，夫妻相聚之時甚少。僅僅過了一年，孫策就被前吳郡太守許貢的家客刺成重傷。孫策生命垂危，回到吳國，使人尋請華佗醫治。不料華佗已往中原去了，只有徒弟在吳國。徒弟說：「箭頭有藥，毒已入骨，其瘡難治。」可憐孫策沒有戰死沙場，而是死在一個窮途末路的人手中，年僅二十六歲。大喬和孫策僅過了三年的夫妻生活。大喬只好帶著襁褓中的兒子孫紹，含辛茹苦，跌打滾爬地把孩子養大。一代佳人，什麼時候死的都沒人知道！小喬運氣好一些，和周瑜情深恩愛，隨軍東征西戰，伴著他功勛赫赫，名揚天下，一起度過了十二年的幸福生活。可惜周瑜三十六歲就病死了。小喬三十歲，便孤苦伶仃地過著寂寞生活。

甄氏是怎樣一個女人？

顧愷之的《洛神賦圖》是中國古代的繪畫名作，其中最感人的一段描繪是曹植與洛神相逢並與洛神無奈離去的情景。顧愷之的《洛神賦圖》是根據曹植的〈洛神賦〉畫的，曹植的〈洛神賦〉原名為〈感甄賦〉。〈洛神賦〉是曹植為一代皇后甄氏寫的一首賦，他幾乎把所有美好的詞都用在了甄氏身上，可謂有感而發，因為曹植深深地愛著甄氏，但是，甄氏是曹植的哥哥曹丕的妻子，即曹植的親嫂子。

那麼甄氏到底是怎樣一個女人呢？據〈文昭甄皇后傳〉：甄氏乃中山無極人，上蔡令甄逸之女。生於光和五年十二月。其母張氏常夢見一仙人，手執玉如意，立於其側；臨產之時，只見仙人入房，玉衣蓋體，遂生甄氏。甄氏三歲喪父。曾有相士劉良看了她的相之後說：「此女之貴，乃不可言。」甄氏自小至大，並不好戲弄。八歲時，門外有立騎馬戲看，家中人及諸姊都上閣觀之，甄氏獨不行。姊姊覺得奇怪，問她：「門外走馬為戲，老幼競觀，汝獨不觀，何也？」甄氏回答：「豈女子之所觀耶？」年九歲，常讀書寫字，借諸兄筆硯使用。兄說：「汝當習女工，何用讀書寫字。欲作女博士耶？」甄氏回答：「古之賢者，未有不學前世成敗，以為己試。不知書，何由見之？」後來天下兵亂，加上饑饉，百姓皆賣金銀珠玉寶物。那時甄氏家巨富，盡收買藏之。甄氏對其母說：「今世亂，何多買寶物？此取禍亂之端也。匹夫無罪，懷璧其罪。又兼左右皆饑乏，不如以穀賑給親族鄰里，廣為恩惠也。」舉家皆稱其賢。十四歲時，二哥死去，甄妃悲哀過制。甄氏事嫂極盡其勞，撫養兄子，慈愛篤甚。

其實，曹丕得到甄氏，也非一般手段。在《三國演義》第三十三回「曹丕乘亂納甄氏」中曾有記載。當時，曹丕跟著曹操攻破了冀州城。進城後，曹丕不顧曹操的禁令，急不可待地闖進了袁家。袁家的男人死的死，逃的逃，只剩一班女人，其中就有袁紹二兒子袁熙的老婆甄氏。當時袁家一片混亂，哭的哭，叫的叫，袁紹的老婆劉氏抱著甄氏大哭，曹丕自然一下子看不出哪個是甄氏，大叫：「甄氏何在？」劉氏為了保住自己的性命，急忙將甄氏推了出去，回答：「在這兒，在這兒。」曹丕一步跨過去，拖住甄氏，甄氏雖滿臉淚水，卻依舊不掩國色，讓比她小五歲的曹丕很是傾心。曹丕遂對劉氏曰：「吾乃曹丞相之子也。願保汝家，汝勿憂慮。」後來曹操也過來了，一看甄氏，果然有沉魚落雁之姿。曹丕不想節外生枝，急切地對曹操說：「兒一生別無他求，只要此人在側，此生足矣！望父親念兒雖成年而無人相伴之分，予以成全！」話已至此，曹操不好拒絕，便使人做媒，讓曹丕娶了甄氏為妻。

甄氏來到曹丕家，沒想到被曹植所愛。曹丕和曹植為了甄氏，曾展開一場爭奪戰，最後以曹丕得勝了之。曹丕把曹植趕出皇宮，讓曹植遠離甄氏，切斷曹植的思慕之情。西元 220 年，曹丕稱帝，即魏文帝，國號黃初。甄氏夫榮妻貴，成了皇后。可是，她當了皇后卻備受冷落。曹丕在成為皇帝之前，對甄氏寵愛有加，但到做了皇帝後，此時甄氏已經年逾四旬，而曹丕正值三十四歲的鼎盛年紀，後宮佳麗眾多，特別是漢獻帝將兩個年輕美貌的女兒獻給他後，曹丕疏遠了甄氏。甄后從此失意，有不少怨言。以前，甄氏經常為曹丕出謀劃策，曹丕也多有採納，有道是愛屋及烏。現在甄氏見曹丕貪圖歡娛，荒蕪國事，誤國誤民，也就出面相勸。可曹丕對甄氏的話置之不理。甄氏三天兩頭勸，曹丕本來已經看她不順眼，現在更覺得她煩不勝煩。黃初年間，魏文帝曹丕新納的寵妾郭氏為謀奪後位，多方讒言，郭氏栽贓甄后，誣陷她埋木偶詛咒文帝。曹丕聽信了郭氏的話，一氣之下，勒令甄氏服毒自盡。

歷史上的甄皇后不僅賢德，而且文采出眾，留有《甄皇后詩選》，其中的〈塘上行〉堪稱樂府詩歌的典範，膾炙人口，流傳至今。

蔡文姬是紅顏薄命嗎？

蔡文姬，名琰，字文姬，陳留圉（今河南杞縣南）人，東漢文學家、書法家蔡邕之女。博學有辯才，妙解音律。蔡文姬十六歲時嫁給衛仲道，衛家當時是河東世族，衛仲道更是出色的大學子，夫婦兩人恩愛非常。可惜好景不長，不到一年，衛仲道便因咯血而死。蔡文姬不曾生下一兒半女，衛家的人又嫌她剋死了丈夫，當時才高氣傲的蔡文姬不顧父親的反對，毅然回到娘家。後為匈奴人擄至北方，為左賢王納之為妃，陷南匈奴十二年，生二子。在這十二年中，曹操也已經基本掃平北方群雄，把漢獻帝由長安迎到許昌，後來又遷到洛陽。曹操當上宰相，挾天子以令諸侯。建安十三年（西元二〇八年），曹操感念好友蔡邕之情，得知文姬流落南匈奴，立即派周近做使者，攜帶黃金千兩，白璧一雙，到胡地去贖她回來，歸嫁董祀。「文姬歸漢」是中國歷史上盛傳的佳話。據《後漢書．董祀妻傳》記載，「曹操素與邕善，痛其無嗣，乃遣使者以金璧贖之，而重嫁於祀」。曹丕〈蔡伯喈女賦〉序中也說，「家公與蔡伯喈有管鮑之好，乃命使者周近持玄玉璧，於匈奴贖其女還，以妻屯田都尉董祀」。可知蔡文姬是曹操派使者用金璧贖回的。

蔡文姬嫁給董祀，起初的夫妻生活並不十分和諧。蔡文姬飽經離亂憂傷，又因為思念兒子，時常神思恍惚；而董祀正值鼎盛年華，生得一表人才，通書史，諳音律，自視甚高，對蔡文姬自然有些不足之感，然而迫於丞相的授意，只好接納了她。在婚後第二年，董祀犯罪當死，蔡文姬顧不得嫌隙，蓬首跣足地來到曹操的丞相府求情。當時曹操正在大宴賓客，公卿大夫、各路驛使坐滿一堂，曹操聽說蔡文姬求見，對在座的人說：「蔡伯喈之女在外，諸君皆風聞她的才名，今為諸君見之！」蔡文姬走上堂來，跪下來，語意哀酸地講清來由，在座賓客都交相詫嘆不已，曹操說道：「事情確實值得同情，但文狀已去，為之奈何？」蔡文姬中肯地回答說：「明公廄馬萬匹，虎士成林，何惜疾足一騎，而不濟垂死一命乎？」說罷又是叩頭。曹操念及昔日與蔡邕的交情，又想到蔡文姬悲慘的身世，倘若處死董祀，文姬勢難自存，於是寬宥了董祀。

另外據傳說，當蔡文姬為董祀求情時，曹操看到蔡文姬在嚴冬季節，蓬首跣足，心中大為不忍，命人取過頭巾鞋襪為她換上，讓她在董祀未歸來之前，留居在自己家中。在一次閒談中，曹操表示出很羨慕蔡文姬家中原來的藏書。蔡文姬告訴他原來家中所藏的四千卷書，幾經戰亂，已全部遺失時，曹操流露出深深的失望，當聽到蔡文姬說她還能背出四百篇時，又大喜過望。於是蔡文姬憑記憶默寫出四百篇文章，文無遺誤，可見蔡文姬才情之高。

雖然蔡文姬一生嫁了三個丈夫，但《後漢書．列女傳》還是給她立了傳。據說，今陝西藍田縣有蔡琰墓。不過此墓很可能是後人根據《三國演義》第七十一回的情節建造的假塚。小說的這一回顯然是羅貫中託蔡琰、曹操之名虛構的，其中把蔡琰兩個丈夫的名字改為「衛道玠」和「董紀」。對此不能信以為真。

《三國演義》中的氣象故事

《三國演義》一書中，有許多關於氣象方面的故事和事蹟，若以現代的氣象學知識加以解釋，可發現這些故事和氣象的描述十分符合實況，可見作者對中原、華中和漢中的氣象知識和氣候概況十分了解。

諸葛亮真的可以借東風嗎？

小說《三國演義》中有一段膾炙人口的「借東風」故事。在曹操進攻荊州的時候，劉備孫權兩家結成了抗曹聯盟。諸葛亮與周瑜共同制定了火攻曹營的計劃。但連日來江上一直刮西北風，用火攻不但燒不著北岸的曹兵，反而會燒到自己。周瑜為東風之事抑鬱寡歡，病倒在床。諸葛亮知道後，給周瑜開了個「藥方」，周瑜打開一看，只見上面寫著：「欲破曹兵，宜用火攻。萬事俱備，只欠東風。」周瑜承認自己的心事被諸葛亮猜中，便問諸葛亮有何辦法。孔明曰：「亮雖不才，曾遇異人，傳授奇門遁甲天書，可以呼風喚雨。都督若要東南風時，可於南屏山建一台，名曰七星壇：高九尺，作三層，用一百二十人，手執旗幡圍繞。亮於台上作法，借三日三夜東南大風，助都督用兵，何如？」瑜曰：「休道三日三夜，只一夜大風，大事可成矣。只是事在目前，不可遲緩。」孔明曰：「十一月二十日甲子祭風，至二十二日丙寅風息如何？」瑜聞言大喜，翻然而起。便傳令差五百精壯軍士往南屏山築壇，拔一百二十人執旗守壇，聽候使令。孔明於是在十一月二十日甲子吉辰，沐浴齋戒，身被道衣，跣足散髮，上到壇上開始作法祭風。孔明一日上壇三次，下壇三次，卻並不見有東南風。是日看到近夜，天色晴朗，微風不動。一直到將近三更時分，忽聽風聲響，旗幡轉動。周瑜出帳看時，旗帶竟飄西北。霎時間東南風大起。彼時，諸葛亮早已下壇來到江邊，乘趙雲前來接應的小船，離開周瑜營寨，回劉備所在夏口去了。

赤壁之戰若非東南風配合，火攻無從施展，三分天下的態勢便不可能出現。依照《三國演義》的描繪，東南風是諸葛孔明借來的。難道諸葛孔明真的可以借來東風？

其實，孔明不曾也不會借東風，而是藉由豐富的氣象知識和資訊蒐集，知道什麼時候會改颳東南風，他故弄玄虛，裝神弄鬼。諸葛亮為什麼知道氣候的變化？最合理的解釋是，孔明高臥隆中，生活在長江漢水之間，了解氣候特性是兵戰勝負的關鍵，因此特別留意兵家必爭的江漢地帶的氣象特性。不過從赤壁之戰中長江江面盛吹東南大風，到後來曹軍敗走華容道又遇上傾盆大雨，這在天氣形勢上看來，倒是很像是一次鋒面氣旋天氣。鋒面氣旋在中國，春季最多，秋季較少。它是一個發展深厚的低氣壓系統，其中心氣壓低，四周氣壓高。空氣從外圍向中心流動，呈逆時針方向旋轉。所以，處於氣旋前部（即東部）的地方，吹東南風；氣旋後部（西部），吹西北風。氣旋內部盛行輻合上升氣流，能造成大片降雨區。因此，當連續吹東南風時，往往預示天氣將要變壞。天氣諺語說「東南風雨祖宗，西北風一場空」，「東風雨，西風晴」，是有一定實際意義的。

另外，也有人這樣去分析諸葛亮「借」來的東風：從現代天氣圖上，我們可以看到，當一個地方受到移動的閉合的高氣壓中心影響時，風向是順時針轉變的。就是說，當冷高壓開始移到海上，高氣壓後部盛行的東南風就會暫時控制長江中下游地區。由於冬季冷高壓南下過程中移動迅速，尾隨南侵的後一股冷空氣很快又到；所以，東南風持續的時間很短，人們往往忽略。而通曉天文地理的諸葛亮，他的家就住在離赤壁不遠的南陽，是掌握這次東南風出現前的徵兆的，所以他準確地作出了中期天氣預報。

這樣看來，諸葛亮在冬初的十一月份，根據長江中下游地區當時的天氣變化，預測將有東南大風出現，並進一步推斷天氣還要惡化，這是符合天氣演變規律的。

水淹七軍是天助關羽嗎？

建安二十四年（西元二一九年）七月，關羽圍攻樊城，曹操派左將軍于禁率兵來援，駐屯城外。當時大雨下了十餘天，漢水暴漲，溢出堤外，曹軍退至高阜紮營，營寨分散，「禁等七軍皆沒」。關羽的水師較強，分別切割擊破各曹營，曹軍被殺被俘者頗多，于禁只得投降。關羽還生擒驍將龐德。這是襄樊大戰中關羽取得最大戰果的一次戰役。

實際上，水淹七軍確有其事，關羽決堤卻無記載。據《三國志．蜀書．關羽傳》載「羽率眾攻曹仁於樊。曹公遣于禁助仁。秋，大霖雨，漢水迅溢，禁所督七軍皆沒。」這裡講的是秋季大雨，洪水暴溢，並未記載關羽是否決堤。《三國志．魏書．于禁傳》載：「建安二十四年，太祖在長安，使曹仁討關羽於樊，又遣禁助仁。秋，大霖雨，漢水溢，平地水數丈，禁等七軍皆沒。禁與諸將登高望水，無所迴避，羽乘大船攻禁等，禁遂降。」《三國志．魏書．龐德傳》載：「仁使德屯樊北十里，天霖雨十餘日，漢水暴溢，樊下平地五六丈，德與諸將避水上堤，羽乘船攻之，以大船四面射堤上。吏士皆降。」這裡也都未說到關羽決堤之事。還有，《水經注．卷二十八．沔水》載：「樊周四里半滄水，建安中關羽圍禁於此城會，沔水泛濫，三丈有餘，城溢遂降。城西南有曹仁記水碑，杜元凱重刊，其後書伐吳之事也。」這裡也沒有說關羽曾決堤，如關羽確有決堤灌軍之事，這記水碑不能沒有記載。

水淹七軍是關羽的計謀，不是老天幫關羽，是關羽利用了老天爺。首先，當時孫權正在進攻魏國的重鎮合肥，許多魏人都認為孫權是目前東部戰線最大的敵人，可揚州刺史溫恢卻在憂慮樊城。他預計漢水將要暴漲，可能為關羽利用，結果果如他所料。既然遠在合肥的溫恢都預計得出要發生水患，那麼常駐荊州的關羽更沒有可能不知道。因此關羽是早有所準備的。建安二十四年，孫權攻合肥，是時諸州皆屯戍。恢謂兗州刺史裴潛曰：「此間雖有賊，不足憂，而畏征南方有變。今水生而子孝縣軍，無有遠備。關羽驍銳，乘利而進，必將為患。」於是有樊城之事。（《三國志．溫恢傳》）

其次，關羽當時和于禁軍相距十里多，而「漢水暴溢，樊下平地五六丈」，如果關羽沒準備，連搶救自己的軍隊物資都來不及，哪裡有空進攻于禁。這樣于禁、龐德大可乘機喘息，整編隊伍，到時關羽就沒這麼容易俘虜三萬曹軍了。而事實是關羽馬上「乘船攻之」。能說這是湊巧嗎？應該是事先經過周密的部署，才一擊成功，取得巨大勝利。「仁使德屯樊北十里，會天霖雨十餘日，漢水暴溢，樊下平地五六丈，德與諸將避水上堤。羽乘船攻之，以大船四面射堤上。」（《三國志．龐德傳》）

其實，陳壽在寫《三國志》時，是不敢大筆描寫魏的失敗的。如在〈武帝紀〉赤壁之戰的記載中，也是只說瘟疫，不談放火，好像曹操沒吃敗仗似的，只是因為瘟疫自己燒了船退兵的。可到《周瑜傳》裡一看就真相大白了，原來是被火燒啦！而關於「水淹七軍」，我們也不能光看〈武帝紀〉和〈于禁傳〉的一面之辭，也要睜大眼睛，還歷史的本來面目。

諸葛亮如何利用氣象知識「草船借箭」？

古今中外許多軍事家都十分重視氣象氣候知識，中國古代著名軍事家諸葛亮就是一個典型代表。「草船借箭」的故事充分展示了諸葛亮豐富的氣象知識。

赤壁之戰時，東吳大將周瑜請諸葛亮前來議事。周瑜心胸狹隘，一心想除掉勝過自己的孔明。於是藉口軍中缺箭，要孔明十日內督造十萬枝箭。孔明卻說十日必誤大事，只消三日便可，並立下軍令狀。回到帳內，孔明向魯肅借船二十艘，每船配士卒三十人，船兩邊各束草人千餘。待到第三日四更時分，二十艘船列隊望北岸進發。那一夜大霧漫天，長江之中霧氣更重，面對面都看不清人。近曹寨，船上士卒擂鼓吶喊，曹操怕重霧有伏，只命弓弩手亂箭射之。而孔明偕魯肅坐船中談笑對酌。待日出霧散，二十艘船兩邊草人上早已箭滿，每船足有五六千支。孔明令收船回寨，讓士卒齊呼：「謝丞相箭！」曹操方知上當。回到岸上交付周瑜，十萬枝箭只多不少。諸葛亮乘著大霧用草船「借」來了十萬多枝箭，魯肅佩服得五體投地。諸葛亮笑著說：「我在三天前就算定今天會有大霧，因而敢認三天之限。周瑜怎麼能害得到我呢？」

諸葛亮是如何算定這場大霧會在三天後出現的呢？霧是懸浮於近地面空氣中的大量水滴或冰晶，使空氣水準能見度變小的物理現象，霧的形成過程就是近地面大氣中水氣凝結的過程。形成霧的基本條件是近地面空氣中水氣充沛，使水氣發生凝結的冷卻過程和凝結核的存在，同時要求風力微弱，大氣層較穩定。諸葛亮接受命令時，正處在晴朗少雲的深秋季節，日夜溫差大，夜間氣溫下降很多，空氣極易達到過飽和而使多餘水氣凝結，長江又為大氣提供了充足的水氣。諸葛亮見那幾天天氣單一，少有變化，風力微弱，憑著他對天氣變化的規律性把握，他料定三日之後必會出現大霧，因為完全俱備了形成大霧的條件。

「上知天文，下通地理」是軍事家必備的素養，諸葛亮以其豐富的氣象氣候知識，化險為夷，躲過了周瑜的陷害，也為後人留下了千古佳話。

陸遜如何利用天氣火燒蜀軍？

《三國演義》第八十三回「戰猇亭先主得仇人，守江口書生拜大將」中曾經敘述章武元年（西元二二一年）劉備為報關羽被殺之仇，親率大軍伐吳，攻城略地，氣勢甚盛。在猇亭，蜀軍多次挑戰，陸遜總是置之不理。當時正是盛夏季節，天氣異常炎熱，蜀軍士兵忍受不了蒸人的暑氣，叫苦連天。劉備只得讓水軍離船上岸，和陸軍一起，靠著溪溝山澗、樹林茂密的地方，紮下互相連接的四十多座軍營，以便躲避暑熱，休整軍隊，等到秋涼後再向吳軍大舉進攻。馬良感到不妥，勸劉備說：「這樣安營，是不是徵求一下丞相的意見？」劉備說：「我很懂兵法，何必問孔明。」陸遜得知劉備的營寨犯了兵法大忌，就謀劃了打敗劉備的計謀。這天，東南風颳得很猛，陸遜指揮大隊人馬帶著茅草和火種，兵分三路，一起殺進蜀營，把蜀軍四十個營地燒成一片火海，劉備在趙雲的保護下逃到白帝城。

當時已至農曆六月，江南地區梅雨天氣結束以後，鋒面北移至黃河流域、華北及東北地區，長江中下游皆受到暖氣團所控制，因此劉備的先鋒馮習說：「即今天氣炎熱，軍屯於赤火之中，取水深為不便。」劉備遂命各營，皆移於山林茂盛之地，近溪傍澗；待過夏到秋，併力進兵。於是蜀軍皆移於林木陰密之處樹柵連營，縱橫七百里。可見當時江南皆在太平洋副熱帶高壓的控制之下，故形成晴朗炎熱乾燥的伏旱天氣，陸遜便利用晚上太平洋副熱帶後部起東南風時，四處放火燒山，於是「初更時分，東南風驟起。只見御營左屯火發，方欲救時，御營右營又起火，風緊火急，樹木皆著，喊聲大震，兩屯軍馬齊出，奔至御營中。御營軍自相踐踏，死者不知其數。後面吳兵殺到，又不知傷亡多少軍馬。」

對流雨如何壞孔明計？

西元二三四年春，諸葛亮帶兵三十五萬駐紮於祁山，司馬懿調集四十萬兵馬，在長安以西渭水一帶擺開陣勢，準備與諸葛亮決戰。諸葛亮一邊布置屬下儲運糧草，一邊親自去察看地形。當他在渭河以南發現上方谷這一特殊地形時，心中無比喜悅，立刻想好一條妙計。

上方谷地處兩山之間，地勢低窪，入口處狹窄，每次只能通過一人一馬，而谷內卻能容納一千多人。此地正是設防殲敵的絕妙地帶。於是，諸葛亮命士兵把乾柴、硫磺、火藥等堆藏在谷中，同時在谷地兩邊高山上埋伏下數千名精兵。然後，諸葛亮安排大將魏延誘敵深入。

當司馬懿等人追進上方谷中，只聽一聲炮響，山上的士兵投下無數的木頭、石塊堵塞了谷口，與此同時，也丟下無數根火把，引燃了谷內的乾柴。霎那間，上方谷硝煙瀰漫，火海一片。司馬懿抱著司馬師、司馬昭大哭道：「我們父子都要死在這裡了。」正在這時，忽然狂風大作，烏雲密布，接著就下起大雨，澆滅了熊熊的烈火。司馬懿喜上眉梢，連忙說道：「天不亡我，現在不殺出去，還待何時！」說時遲，那時快，他們父子帶兵奮力衝殺，突破重圍。諸葛亮在山上看到這一切，不禁長嘆一聲說：「謀事在人，成事在天！」

人們都說諸葛亮能掐會算，怎麼這回竟失算了呢？上方谷為什麼會突降大雨，澆滅了大火，而使司馬懿父子死裡逃生呢？這果真是老天爺的安排嗎？不是。這是當時多方面的地理因素與地理環境對天氣影響的結果。上方谷位於兩山之間，谷口很小，像個葫蘆，並且谷內地勢很低，空氣潮濕，不易流動。

所以當大火在谷內突起時，氣溫劇增，水分蒸發，升上空中，與高空中的冷空氣相遇，便形成了雲。而乾柴燃燒產生的大量煙塵，又極易使水氣凝結，使得大雨突降。與此同時而起的狂風和漫天的黑霧，則是由於谷內外空氣冷熱溫差較大所產生的對流氣體造成的，火勢越大，空氣流動也越劇烈，也就更加快了雲層降雨。所以說，司馬懿父子死裡逃生的真正原因，還是在於上方谷這一獨特的地勢環境。

曹操凍土築城真有神助？

三國時期，曹操北定中原後，調集兵馬討伐西涼並殺死了西涼首領馬騰。馬騰之子馬超乃三國赫赫有名的虎將，發誓要報殺父之仇，於是親率兵馬東進，迎戰駐紮在渭北（今黃土高原中南部的渭河附近）的曹軍。曹操遠道驅兵渭水與馬超對峙，因長途跋涉，安營紮寨未穩，就屢屢被馬超的西涼軍打敗，損失慘重。曹操為保存實力，防備馬超的連連偷襲，於是命令曹軍將士取渭河沙土修築營寨大牆，但因沙土粒粗屢築屢塌，無法築成高大的防範寨牆，曹操因此苦惱而憂心如焚。

此時，有位當地的隱士求見曹操，獻上了一條退馬超的良策，他說：「連日來渭水一帶烏雲密布，夜間必颳北風，倘若北風一起定會天寒地凍。當風起之後，令士兵運土潑水到天亮，天明之時，一座堅固的冰土城就會建成。」曹操聞言拍手叫好，並依計而行，於是令士兵運土潑水，一夜之間一座白色的「冰城」營寨果然築成。第二天，馬超率兵又前來攻打營寨，馬超及部下來到「冰城」下一看，都大為震驚。冰城險峻光滑，西涼兵久攻不下，損失也相當嚴重，官兵士氣低落，軍心開始動搖。此時，靜候在「冰城」內的曹軍待機衝出營寨，一舉擊潰了馬超的西涼軍，最後得以勝利。

那麼，上述驟冷的天氣是怎樣產生的呢？其實道理很簡單，原因正是冷鋒天氣現象。曹操西伐的季節恰是農曆十月的初冬之際，此時中國北方大部分地區經常出現惡劣的冷鋒天氣。地處中國第二階梯之上的黃土高原渭水一帶，每當冷鋒過境時，南來的暖濕氣團被迫抬升，再加上地勢高峻，加劇了冷空氣的強度，故而在抬升暖濕氣團時造成烏雲密布，氣壓梯度加大，出現以北風為主的大風天氣，並使氣溫迅速下降。而冷鋒過境後，該地區又被冷氣團所占據，其較高的地勢，使氣溫進一步下降，天氣驟冷，天寒地凍，在這種氣象和天氣條件下，極易結冰封凍。

曹操正是聽取了這位隱士的良策，利用這種冷鋒天氣的變化，運土潑水築成冰寨城牆，保存了實力，穩定了軍心，鼓舞了將士們的士氣，從而一舉擊潰了西涼馬超。

《三國演義》中的計謀良策

俗話說，「老不讀三國」，說的是《三國演義》中充滿計謀，讀「三國」會讓人變得圓滑世故，進而使人行為詭祕，為人奸詐。但這句話反過來又是說《三國演義》是一本智謀百科全書。

火燒博望坡是諸葛亮的功績嗎？

「博望相持用火攻，指揮如意笑談中。直須驚破曹公膽，初出茅廬第一功」，指的是劉備三顧茅廬後，諸葛亮下山，在博望坡一役火攻曹軍，也就是「火燒博望坡」。按照《三國演義》的說法，由於三往隆中，才請得諸葛亮出山，此後劉備與諸葛亮情好日密，自然冷落了關、張二弟，時日一久引起關羽、張飛二人對諸葛亮的不滿。不久，夏侯惇引十萬曹兵，氣勢洶洶奔新野殺來，聲言一陣擒劉備，活捉諸葛亮。劉備聞報，將劍印付與孔明，命眾將皆聽諸葛亮號令。於是，諸葛亮將關羽、張飛、趙雲、劉備諸人一一派出城外，各個吩咐如此如此。諸葛亮在城裡也沒閒著，督孫乾、簡雍準備慶喜筵席，安排「功勞簿」伺候，一副成竹在胸的樣子，使劉備亦疑惑不定。結果，諸葛亮略施小計，在博望坡用火攻敗曹軍，終令關、張等人折服。

然而，歷史上火燒博望坡這場戰鬥進行之時，諸葛亮尚在南陽躬耕，並未出山。據《三國志．先主傳》，劉備投奔荊州劉表後，劉表使劉備屯兵新野，以拒夏侯惇、于禁、李典等所領曹兵於博望。兩軍相持了很長時間。一日，劉備伏兵於路旁，自燒屯營偽遁。夏侯惇不知有詐，率兵追之，為伏兵所破。原來火燒博望坡之戰乃劉備親自指揮，功在劉備，與諸葛亮毫無關係。《三國志．李典傳》亦記載了博望坡之戰。說：「劉表使劉備北侵，至葉，太祖遣典從夏侯惇拒之。備一旦燒屯去，惇率軍追擊之，典曰：『賊無故退，疑必有伏。南道狹窄，草木深，不可追也。』惇不聽，與于禁追之，典留守。惇等果入賊伏裡，戰不利，典往救，備望見救至，乃散退。」

可見，博望坡之戰發生在劉備請諸葛亮出山之前，是劉備一手策劃指揮的一場成功的伏擊戰，由此看來，《三國演義》故事與史實相去甚遠。不過，這段故事的創作並非始於《三國演義》，早在元代即已有《諸葛亮博望燒屯》雜劇。該劇情節與《三國演義》雖有異，比如糜竺兄弟放火、關羽負責放水和捉弄張飛的幾個細節等，但有一點是共同的，即都將功勞從劉備身上移到了諸葛亮頭上。在羅貫中的筆下，為了突出諸葛亮的智慧形象，不僅大幅度地改造史實，並對故事、形象進行了典型化處理，除去了元雜劇中不合情理和冗雜的情節。

司馬懿是如何韜光養晦的？

在歷史上，司馬懿兩次裝病，分別騙過曹操、曹爽。這兩個政敵都派人前來刺探，但都被城府極深的司馬懿騙過去了。據《晉書．宣帝紀》記載，建安六年（西元二〇一年），曹操為司空，聞司馬懿之名而召之，「帝（指司馬懿）知漢運方微，不欲屈節曹氏，辭以風痺，不能起居。魏武使人夜往密刺之，帝堅臥不動。及魏武為丞相，又闢為文學掾，敕行者曰：『若復盤桓，便收之。』帝懼而就職。」原來，曹操剛剛掌權的時候，曾經徵召司馬懿出來做官。那時候，司馬懿嫌曹操出身低微，不願意應召，但是又不敢得罪曹操，就假裝得了風癱病。曹操懷疑司馬懿有意推託，便派了一個刺客深夜到司馬懿的臥室去察看，果然看到司馬懿直挺挺地躺在床上。刺客還不相信，拔出佩刀，架在司馬懿的身上，裝出要劈下去的樣子。他以為司馬懿要不是風癱，一定會嚇得跳起來。司馬懿也真有一手，只瞪著眼望了望刺客，身體紋絲不動。刺客這才不得不相信，收起刀向曹操回報去了。司馬懿知道曹操不肯放過他。過了一段時期，他便讓人傳出消息，說風癱病已經好了。等曹操再一次召他的時候，他就不拒絕了。

司馬懿先後在曹操和魏文帝曹丕手下擔任重要職位，到了魏明帝即位，司馬懿已經是魏國的元老。魏明帝死後，太子曹芳即了位，就是魏少帝。曹爽當了大將軍，司馬懿當了太尉。兩人各領兵三千人，輪流在皇宮值班。曹爽雖然說是皇族，但論能力、資格都不如司馬懿。開始時，他很尊重司馬懿，「但父事之，不敢專行」，有事總聽聽司馬懿的意見。後來，曹爽的心腹提醒曹爽說：「大權不能分給外人！」曹爽是那種沒有多少謀略的人，經手下人一教唆，便想大權獨攬，把司馬懿排擠出政治中心。他用魏少帝的名義提升司馬懿為太傅，實際上是奪去他的兵權。接著，曹爽又把自己的心腹、兄弟都安排了重要的職位。司馬懿看在眼裡，裝聾作啞，一點也不干涉。

曹爽大權在手，就尋歡作樂，過起荒唐的生活來了。為了樹立他的威信，他還帶兵攻打蜀漢，結果被蜀軍打得大敗，差點全軍覆沒。司馬懿表面不說，暗中自有打算。好在他年紀也確實老了，就推說有病，不上朝了。在這段日子裡，他一面在家裝病，一面暗地聯絡心腹，以待時機。不久司馬懿告老還家，但曹爽並不放心，這一年冬天，曹爽的心腹李勝由河南尹調任荊州刺史。曹爽便讓他以告辭為名，前去察看司馬懿的虛實。據〈宣帝紀〉記載，會河南尹李勝將蒞荊州，來候帝。帝詐疾篤，使兩婢侍，持衣衣落，指口言渴，婢進粥，帝不持杯飲，粥皆流出沾胸。勝曰：「眾情謂明公舊風發動，何意尊體乃爾？」帝使聲氣才屬，說：「年老枕疾，死在旦夕。君當屈并州，并州近胡，善為之備。恐不復相見，以子師、昭兄弟為託。」勝曰：「當還忝本州（李勝南陽人，南陽郡屬荊州，故曰「本州」），非并州。」帝乃錯亂其辭曰：「君方到并州。」勝復曰：「當忝荊州。」帝曰：「年老意荒，不解君言。今還為本州，盛德壯烈，好建功勛。」勝退告爽曰：「司馬公屍居餘氣，形神已離，不足慮矣。」他日，又言曰：「太傅不可復濟，令人愴然。」故爽等不復設備。

原來，司馬懿得知李勝要來，便將計就計，披頭散髮躺在床上，裝出重病的樣子。李勝來後，司馬懿有氣無力地倚坐在床上接見客人。李勝回去將其所見所聞詳告曹爽，並說：「司馬公言語錯亂，指南為北，已經形神離散，不足為慮了。」曹爽聽後，非常高興，大喜曰：「此老若死，吾無憂矣！」便更加無所顧忌了。

延熙十二年（西元二四九年）新年，魏少帝曹芳到城外去祭掃祖先的陵墓，曹爽和他的兄弟、親信大臣全跟了去。司馬懿既然病得厲害，當然也沒有人請他去。可哪裡知道等曹爽一幫子人一出皇城，太傅司馬懿的病全好了。他披盔戴甲，抖擻精神，帶著兩個兒子司馬師、司馬昭，率領兵馬占領了城門和兵庫，並且假傳皇太后的詔令，把曹爽的大將軍職務撤了。曹爽和他的兄弟在城外得知消息，急得亂成一團。最終，曹爽就乖乖地投降了。司馬懿藉此機會，不但消滅了曹爽，而且把朝政牢牢控制在自己手中，曹操一生辛苦奪來的江山從此轉到司馬懿手上。

「空城計」是真還是假？

「空城計」是《三國演義》裡極其精彩的一個計謀，歷來為人們津津樂道。空城計是一種「虛而虛之」的心理戰術，在戰爭的緊急關頭和力量薄弱的情況下運用這種戰術，故意以空虛無兵之勢示敵，就可能使敵人疑中生疑，怕中埋伏，從而達到排危解難的目的。這個智謀故事見於《三國演義》第九十五回「馬謖拒諫失街亭，武侯彈琴退仲達」。諸葛亮屯兵於陽平，把部隊都派去攻打魏軍了，只留少數老弱殘兵在城中。忽然聽到魏軍大都督司馬懿率十五萬大軍來攻城。諸葛亮臨危不懼，傳令大開城門，還派人去城門口灑掃。諸葛亮自己則登上城樓，端坐彈琴，態度從容，琴聲不亂。司馬懿來到城前，見此情形，心生疑竇，怕城中有伏兵，因此不敢貿進，便下令退兵。此故事在民間盛傳，民間藝人多用「空城計」之名來演繹此故事。

這個「空城計」是有來歷的。東晉王隱撰《蜀記》記載了郭沖說的諸葛亮隱沒不聞於世的五件事，其中第三件事便說，諸葛亮屯於陽平，派魏延率主力東向作戰，自己只留下一萬兵馬守城。狡猾的司馬懿卻避開蜀軍主力，率二十萬兵馬徑直撲向陽平。待消息報來，魏軍距城已經只有六十里了，離城和主力會合或讓魏延回軍救援，都來不及了。這時，眾人驚惶失措，諸葛亮卻「意氣自若，敕軍中皆臥旗息鼓，不得妄出庵幔，又令大開四城門，掃地卻灑。」司馬懿疑心有伏兵，便「引軍趣北山」。不過，裴松之早就對這個「空城計」做過辨析，說明不可能有此事。理由是，諸葛亮初屯陽平時，司馬懿還在宛城為荊州都督，不可能與諸葛亮交鋒。後來他由此攻蜀，又值霖雨，也沒有攻城，在這前後，就再也沒有在陽平交兵之事。何況，司馬懿率兵二十萬，就算懷疑有伏兵，也不至於退走，他可以就近駐紮設防。還有，諸葛亮也不會讓魏延統重兵單獨行動。《三國演義》寫諸葛亮的「空城計」，顯然是的一個不可信的傳說。

不過歷史上郤真的曾有過「空城計」。《魏略》說，曹丕在位的時候，大將文聘鎮守在江夏一帶。有一回，孫權以五萬兵馬，親自包圍文聘於石陽（今湖北孝感縣西南）。石陽由文聘據守已久，孫權突然來攻，剛好在連綿大雨之後，防禦工事受到破壞，還未修補，壯丁也在田間勞動，未及返回。文聘認為，出城應戰固不可能，閉城堅守也難拒敵。他苦思之下，忽得奇計，就吩咐城裡人都藏起來，讓城中死寂一片，他自己又躲在宮衙裡，不再露面。孫權仔細量度了一番，覺得非常可疑，就對部將說：「此人是曹操信賴的將領，自然非比等閒之輩。如今知我來攻，郤毫不防備，其中必然有詐，否則便是外面埋伏奇兵了。還是撤退為好。」於是引兵退走了。這段記載，固然出自傳聞，真假亦不可知。不過，《魏略》是魏國的郎中魚豢所撰的，他記載同時代人的事蹟，應該比較可信。

另一個空城計便是「濟南空城計」。那是宋文帝劉義隆在位的元嘉七年（西元四三〇年）。那時，占據北方的是北魏拓拔氏貴族，在南方的是劉裕建立的宋朝。在如今山東省北部，沿著黃河，便是北魏和宋的邊界。黃河南岸的濟南郡則是邊境的要地。這一年，北魏突然出兵進攻濟南，濟南太守蕭承之手下只有幾百士兵，因為敵人來得意外，召請救兵已來不及。蕭承之忽生一計，便叫打開城門，藏匿士兵，故意裝出一片神祕的氣氛。城中人說：「賊人勢眾，我軍兵少，怎能如此輕敵？」蕭承之說：「如今孤城一座，兵微將寡，勢難抵敵。假如再向敵人示弱，後果不堪設想；只有使敵人疑我埋伏，不敢進迫，才是上策。」果然魏兵大至，看見城外這般模樣，十分疑惑，於是撤走了。此事記載於《資治通鑑．宋紀》。

黃蓋的苦肉計實有其事嗎？

「苦肉計」是透過自我傷害取信敵人，以便麻痺對方或進行間諜活動的謀略。苦肉計的關鍵是自己是否能「苦」到讓別人相信，這就需要深刻理解對方心理、摸準對方心理缺口，讓自己的「苦」像洪水一樣灌入對方心中引起對方同情和好感，乃至最後接納自己。苦肉計要把握好分寸，太淺了不行，太深了也不行，兩者都會讓人感到懷疑，只有恰到好處才會引起共鳴。「周瑜打黃蓋，一個願打，一個願挨」，就是其中的一種。

《三國演義》記載，西元二〇八年，曹操率領百萬大軍，想一舉擊敗東吳。在赤壁，曹軍與周瑜的三萬兵馬隔江相望。曹軍多數是北方人，不諳水戰，在船上站立不穩，一交鋒，曹兵自然大敗。曹操又下令用鐵鏈將戰船連接起來。黃蓋和周瑜密探了一番，想出了苦肉計。第二天，黃蓋假裝不服從軍令，與周瑜頂撞起來，周瑜大怒，將黃蓋痛打了一頓。黃蓋一氣之下寫了一封投降書給曹操，黃蓋選取了十艘戰船，船上裝滿乾柴，並在上面澆上油，用布遮好。一切準備停當的黃蓋帶領戰船乘風向長江北岸駛去。滿載引火物的戰船剛駛到江心，黃蓋便下令張帆。帆一升起，戰船立刻飛一般向前疾駛。當船離曹軍還有二里時，黃蓋下令點燃戰船，而船上的官兵都跳上小船，戰船像一條條火龍向曹軍的船隊衝去，火燒了曹操八十三萬兵馬。

其實，三國歷史上黃蓋並沒有什麼苦肉計，但黃蓋詐降實有其事。《三國志．周瑜傳》有記載，說戰役開始後，黃蓋經周瑜同意，用輕利之艦數十艘，全部裝滿柴草，澆上膏油，裹上帷幕，樹起牙旗，又在大船後繫上小船。隨後派人送書曹操，說要向他投降，然後浩浩蕩蕩駕船向北而去。曹操的軍吏、士兵紛紛從營房裡伸出頭來觀望，都知道是黃蓋投降來了。離曹營還有二里時，黃蓋放開大船，同時點火，當時東南風正急，一時船速如箭，火烈風猛，不但燒了曹操的水營船隻，火勢還蔓延到岸上，燒了岸上的營落。周瑜率輕銳之軍隨後進擊，曹兵只好大敗而退。

〈江表傳〉還記載了黃蓋的詐降書。詐降書大意是說，黃蓋受孫氏厚恩，多為將帥，待遇並不薄，但從天下大勢看，江東六郡人馬抵擋中原百萬大軍，實在寡不敵眾，這為海內所共見。江東的將吏，不論愚智，都知道這一點，只有周瑜魯肅偏懷淺憨，固執己見。從現實考慮，投降才是上策。到交鋒之日，我黃蓋便為前部，當隨機行事，為曹公效命。〈江表傳〉記載，曹操得到書信，還特地召見了送信的人，祕密盤問了許久，說：「只怕其中有詐，黃蓋如果真的投降，建立大功，來日封爵受賞，一定在眾人之上。」看來，曹操雖有懷疑，最後還是相信了黃蓋。

依據這些史實，羅貫中進行了增飾再創造。經過精心編排，較之史實更為精彩。有苦肉計，有闞澤獻書，二蔡詐降作內探，原來比較簡單的情節變得曲折生動了，一波未平，一波又起。黃蓋的忠誠、闞澤的膽略，還有周瑜、孔明，各種人物性格也都在曲折的情節裡又一次得到展現。曹操相信黃蓋投降也就更合情合理，他的失敗當然也更有根據。

諸葛亮如何智激孫權？

曹操擁兵百萬南下，意在一舉消滅劉表、劉備、孫權等割據勢力，統一全國。荊州劉表新亡，其繼承人幼子劉琮望風而降。暫依劉表的劉備在諸葛亮的輔佐下，雖然用計火燒博望、火燒新野，小勝了兩陣，但最終還是因兵微將寡難以抵眾，不得已棄新野，走樊城，後來到江夏與劉琦（劉表長子）會合。曹操大兵壓境、虎視眈眈，在這危急關頭，諸葛亮自請出使東吳，意在促成孫劉聯盟，共同抵抗曹操。他這次成功的外交活動，使聯吳抗曹的統一戰線得以形成。

諸葛亮透過魯肅，來見孫權，展開說服工作，也踏出〈隆中對〉聯合孫權的第一步。諸葛亮開門見山地說道：「如今天下大亂，將軍（孫權）您起兵，據有江東；而我們劉將軍（劉備）在漢水南岸招集兵馬，與曹操共爭天下。如今曹操力克群雄（袁術、呂布、袁紹等），平定北方大部，接著又南下攻破荊州，威震四海。由於無法抗衡，劉將軍才避難到此。」

一開始，諸葛亮除了凸顯曹操的赫赫功業，並把劉備從荊州倉皇逃亡、投靠劉表的經過重新演述，看起來只是眾所周知的廢話，實則另有用意。諸葛亮巧妙地暗示，劉備敗逃，不是劉備不行，而是曹操太強了，袁術、呂布、袁紹等一方之霸都成為與操爭霸的祭品。這一點認知，在接下來的辯論中發揮了不小的作用。

諸葛亮接著展開激將法：「將軍可以量力而為，作出選擇：如果能抵抗曹操，不如及早和曹操斷絕；如果抵抗不了，就該放下武器，向曹操稱臣。如今將軍您表面上服從曹操，內心卻猶豫觀望，事到臨頭還不能決斷，禍難就要來了。」諸葛亮一語點破孫權的矛盾，可以想像孫權當下的心虛。孫權不服地反譏：「那麼你們劉豫州（劉備）為什麼不投降呢？」這一問，正好落入諸葛亮的圈套。諸葛亮慷慨答道：「田橫，只是齊國壯士，卻能堅守大義，寧死不屈，何況劉豫州為皇族之後，英才蓋世，眾人仰慕。若舉事失敗，那是天意，怎麼可以向曹操低頭呢？」諸葛亮以田橫為例，說明反抗到底、不屈不撓的節義，這就反襯出孫權如果投降，且不說比不上落難的劉備，堂堂一方君主比小小的田橫還不如，這樣不丟臉嗎？到此為止，這場辯論，孫權已經屈居下風了，他已退無可退，只能硬著頭皮對抗曹操。

接著，諸葛亮又分析了雙方軍力的對比，並說服孫權看到和劉備聯合作戰的利益，進一步促使了孫、劉軍事聯盟的成立。諸葛亮先從己方說起：「我軍雖然新敗於長坂，但陸續歸隊的戰士，加上關羽的水軍，合起來有一萬人。劉琦集合江夏郡的兵士也有一萬人。」先前諸葛亮強調劉備實力不弱，在此時發揮了功效。劉備軍隊湊一湊也有兩萬人，然而曹操軍容壯盛，劉備區區兩萬，以卵擊石，又有何用？諸葛亮相信孫權必然有這層顧慮，因此在孫權質問之前，諸葛亮必須先堵住這個漏洞。諸葛亮進一步分析曹操大軍雖多卻不足懼，首先，曹軍已如強弩之末：曹軍遠來，疲於奔命，為了追擊劉備，輕騎兵一天一夜趕了三百餘里，好比強弩發射的箭到了盡頭，勁力已失，連魯國的細絹也穿透不了。其次，曹軍來自北方，不習水戰。第三，荊州民眾雖然投降曹操，但只是形勢所逼，不是真心降服。最後，諸葛亮給孫權畫了一張美好的藍圖：孫、劉聯軍，曹操必敗，三分天下的形勢成形。從投降葬送大好江山，到擊敗曹操，三分天下，一優一劣，兩相對比，孫權終於答應共同抗曹。

司馬懿忍辱負重拖死諸葛亮是真的嗎？

司馬懿「忍辱負重」的故事見於《三國演義》第一百三十回。六出祁山時，孔明自己統率一支人馬，駐紮在五丈原，一再派人挑戰，但司馬懿深知自己的韜略比不過諸葛亮，便採取拖延的戰術，希望蜀兵糧草耗完後自動退兵。於是，魏兵不出營應戰，孔明前思後想沒有什麼妙策，不得已便叫人取來一套婦人穿的服裝，放在一個大盒子裡，並附上一封書信，派人送魏軍大營。魏國的將領不敢隱瞞，便將來人引入營中見司馬懿。司馬懿當眾打開盒子一看，裡面裝有婦女服裝一套，還有一封信，拆開信一看，見上面寫道：「你既出身為大將，統帥中原的大軍，不敢武力相鬥，以決勝負，卻安於躲在土巢之中，小心地防避著刀劍，這與婦人有什麼不同？現在我派人送去一套婦女的服裝，你如果還不敢出戰，便應恭敬地跪拜接受投降，如果你羞恥之心還沒有泯滅，還有點男子漢的氣概，便立即批回，定期決戰。」司馬懿看後，心中大怒，但他也非尋常之輩，心機深不可測，涵養當然也超出常人，更何況在這種尤其需要冷靜的場合，於是便笑著說：「孔明把我看成了婦人嗎？」當即接受下來，並下令厚待送衣的使者。

魏軍眾將得知此事後，無不氣憤，齊到大帳說：「我們都是魏國的名將，怎麼能夠忍受蜀軍這樣的侮辱？請允許我們立即出戰，以決勝負。」司馬懿說：「我並不是不敢出戰而甘心忍受侮辱，無奈天子早就有了明確的旨意，令我們堅守不戰，如果現在輕率出戰，便是違抗國君命令了。」眾將還是憤怒難平。司馬懿說：「你們既要出戰，等我向天子申報批准以後，大家同心協力殺敵，你們看怎麼樣？」眾將都答應了。司馬懿便寫好表章，派人送往合肥軍前，奏書皇帝曹睿，曹睿打開一看，只見上面寫道：

「才能低下，而責任重大，陛下曾經明確指示：只堅守不戰，等待蜀人自己敗亡，無奈諸葛亮送來一身婦人服裝，將臣視作婦人，此實為奇恥大辱，臣奏請陛下，近日臣將拚死一戰，以報朝廷之恩，以雪三軍之恥。」曹睿看完後，對眾大臣說：「司馬懿既已堅守不出，為什麼又上表求戰？」衛尉辛毗說：「司馬懿本來不想出戰，必定是因為諸葛亮這一番侮辱，眾將憤怒，才故意上這道表章，希望陛下更明確地重申一下堅守不戰的旨意，以遏制一下眾將求戰的心情。」曹睿認為他說得十分有理，便命令辛毗持著皇帝的符節，到渭水司馬大營當眾宣讀道：「如果有人膽敢提出迎戰，便以違抗聖旨論處。」眾將只好按聖旨的意思去辦。

在《晉書．宣帝紀》中有這樣的記載：「諸葛亮數挑戰，帝（司馬懿）不出，因遺帝巾幗婦人之飾。」《資治通鑑．魏紀三》亦載：「司馬懿與諸葛亮相守百餘日，亮數挑戰，懿不出。亮乃遺懿巾幗婦人之服。懿怒，上表請戰。」《漢晉春秋》記載：姜維謂亮曰：「辛佐治仗節而到，賊不復出矣。」亮曰：「彼本無戰情，所以固請戰者，以示武以其眾而。將在軍，君命有所不受，苟能制吾，豈千里而請戰也！」曹睿、司馬懿君臣的這齣戲沒有被姜維識破，但還是被諸葛亮識破了。此外，唐人武少儀在其《諸葛丞相廟》一詩中亦有詩句詠及此事：「宣王請戰貽巾幗，始見才吞亦氣吞。」其實，司馬懿之所以如此忍氣吞聲，是因為司馬懿接見諸葛亮派來的使者時，只問其寢食及其事之煩簡，不問戎事。來使對曰：「諸葛公夙興夜寐，罰二十已上，皆親覽焉；所啖食不過數升。」根據這短短幾句話，司馬懿便做出斷言：「亮體斃矣，其能久乎？」（《三國志．魏書．明帝紀》）於是，司馬懿按兵不動，讓諸葛亮病發而撤，根本用不著一兵一卒。果然那一年，諸葛亮沒能等到麥收季節的來臨，兩軍對壘百餘日，他便撐不住了。「其年八月，亮疾病，卒於軍，時年五十四。」（《三國志．諸葛亮傳》）

曹操如何利用關羽的頭顱妙施反間計？

建安二十四年（西元二一九年），關羽北征襄樊，勢如破竹，後來卻敗走麥城，失守荊州，以捷報始，以噩耗終，成為驕縱大意的負面教材。而相對於孫權、呂蒙、陸遜擒服關羽的風風光光，曹操在整個過程中似乎顯得很蹩腳，大將龐德被斬，于禁投降，樊城被圍，關羽又一路挺進，嚇得曹操一度打算遷都，避開關羽的鋒芒。然而，細看曹操的行為，卻展現出一流的智謀，只占便宜，不吃暗虧，和孫權既聯合又鬥爭，和與戰的分寸掌握得恰如其分。

《三國演義》第七十七回記載，孫權擒殺關羽之後，正志得意滿，其主要謀士張昭求見。孫權問他有何事，張昭嚴肅道：「咱們的大禍不遠了！」「你這是什麼意思？」孫權不解其意。張昭道：「您殺了關公父子，關公是劉備結義的兄弟，曾誓同生死。現在，劉備已擁有兩川之兵，更加上諸葛亮的謀略，張飛、趙雲、馬超、黃忠等將領的英勇，一旦劉備知道關羽父子遇害，能善罷休麼？一定會起傾國之兵，奮力報仇。我恐怕東吳難於抵禦了！」孫權恍然大悟，非常後悔，不知該怎麼辦？張昭建議，先派人把關羽的頭給曹操，以顯示擒殺關羽是受曹操的指使。這樣，劉備必恨死曹操，西蜀之兵也就不會攻我們，轉而攻曹操。孫權同意張昭的計策，馬上派使者把關羽之頭盛入木匣中，送到曹操那裡。

曹操因為不久前關羽水淹七軍，又大挫曹仁，正坐不安席，看到關羽頭顱送到眼前，頓覺解除了心中大患，十分高興。司馬懿卻指出，這是孫權的移禍之計，破解之策是「將關公首級，刻一香木之軀以配之，葬以大臣之禮」。如此一來，劉備必定南征孫權，曹操只須以逸待勞，落井下石，攻打落敗的一方，再徐圖發展，擺平倖存的另一方。曹操立刻召見東吳使臣，收下木匣，又命工匠迅速刻一香木軀體，與關羽頭顱配在一起。一切俱備後，曹操率領文武百官，以王侯之禮隆重為關羽送葬。曹操還親自在靈前拜祭，並追贈關羽為荊王，派專門官員長期守護關羽之墓。這種葬禮在魏國可以說絕無僅有，以曹操的身分和地位，對關羽如此尊崇禮敬，也可以說無以復加了。

本來關羽的頭顱像燙手山芋，誰接到誰倒楣。曹操厚葬關羽，把嫁禍的受害者丟還給孫權，乃有之後劉備大軍伐吳之事。將計就計的關鍵在於能否看透第一個「計」，如果看透了，想出一個方法來對付它；如果看不透，那就無法「就計」，只能「中計」了。將計就計如果能夠圓滿完成，不僅能讓自己擺脫困境，而且能讓對手的計劃落空，甚至讓對手反過頭來落入自己的圈套。

劉備託孤是權謀還是真心？

夷陵之戰慘敗後，劉備回到永安（今四川奉節），由於疲憊、慚愧各種情緒的侵襲，身患重病，沒有再回成都，遂把丞相諸葛亮從成都召來，囑託後事。據《三國演義》記載，劉備為奪回荊州及報關羽被殺之仇，發動了對東吳的戰爭。最終在夷陵被東吳軍打得大敗，全軍覆沒，損失慘重。劉備退到永安駐紮下來。不久，劉備就病倒了，蜀漢章武三年（西元二二三年）四月，劉備病危，他把諸葛亮從成都召來，對他說：「你的才能勝過曹丕十倍，必能安邦定國，完成大業。我的兒子劉禪，才能平庸，如果他可以輔佐就輔佐他，如果他實在無才，你可自取之！」諸葛亮流著淚說：「陛下這樣信任我，我怎敢不竭盡全力輔佐幼主，我願以死效忠貞之節。」劉備又遺命劉禪：「你要像侍奉父親那樣與丞相相處。」劉備死後，諸葛亮便肩負起管治國家和復興漢室的重擔。

據《三國志．諸葛亮傳》載：章武三年春，先主於永安病篤，召亮於成都，囑以後事，謂亮曰：「君才十倍曹丕，必能安國，終定大事。若嗣子可輔輔之；如其不才，君可自取」。亮涕泣曰：「臣敢竭股肱之力，效忠貞之節，繼之以死！」先主又為詔敕後主曰：「汝與丞相從事，事之如父。」〈先主傳〉裴注引《諸葛亮集》：先主臨終時，呼魯王與語：「吾亡之後，汝兄弟父事丞相，令卿與丞相共事而已」。

後世的史學家們在提及此事時，多稱讚劉備與諸葛亮君臣相知之深，但也有少許學者認為這是劉備對諸葛亮的「猜疑之語」、「試探之語」、「警告之語」。其實，劉備對諸葛亮的寥寥數語，便表達了他對孔明的倚重和信任。一個飽經世事的人，面對著自己智謀不足的嗣子，並不是教給他各種權術，保住皇位，而只囑咐他像兒子對父親那樣聽從老丞相的指引，以免不辨忠奸，危及大業。假若兒子不能繼承事業，與其把國事荒廢、社稷敗壞，還不如把皇位讓給「功德蓋世」的老丞相！這應是出自劉備內心深處的感受，不僅表達了劉備的意向和情義，而且也是維持蜀漢基業的最好辦法。而諸葛亮在答話中所表現的忠貞無二、以死相報的口吻，同他以後不畏艱險、鞠躬盡瘁的伐魏事蹟，前後輝映，令人感覺到他們君臣真是如同乳水交融、珠聯璧合。非此君不能得此臣，非此臣不能答此君。無怪乎陳壽說這是「君臣之至公，古今之盛軌也」；《資治通鑑》的注者胡三省也認為：「自古託孤之主，無如昭烈（劉備）之明白洞達者。」趙翼亦盛讚劉備託孤之語云：「千載之下，猶見其肝膈本懷，豈非真性情之流露。」

劉備在歷代帝王中，具有顯著的特色。他之所以為後人熟知並廣有佳話，並非由於偶然因素。他的軍事才略雖不突出，但用人待士技壓群芳，在歷代帝王中是罕見的。劉備和其部屬的關係，比曹操、孫權更加誠懇和互諒。趙翼言：「亮第一流人，二國俱不能得，備獨能得之，亦可見以誠待人之效矣。」在赤壁之戰前，曹操已據有中夏，孫權亦有江東，而劉備則「眾寡無立錐之地」。假若不是劉備在用人與作風方面有較好的表現，恐怕是不能成就蜀漢基業的。

諸葛亮曾「智激周瑜」嗎？

「智激周瑜」是諸葛亮與周瑜初次見面時進行的一場精彩的智鬥。元代的《三國志平話》虛構了這樣一個情節：諸葛亮出使江東，說動孫權決定抗曹之後，孫權命人到豫章請周瑜掛帥領兵，周瑜卻因貪戀妻子小喬美色，每日作樂，不願出征。於是，諸葛亮和魯肅急赴豫章勸周瑜掛帥，周瑜仍不想答應。諸葛亮厲聲喝斥周瑜道：「今曹相取江吳，虜喬公二女，豈不辱元帥清名？」周瑜被激，當即表示要掛帥出征。《三國演義》吸收了它的核心，在藝術上另起爐灶，把它處理成兩大政治軍事集團的兩個傑出人物之間互相鬥智的起點，從而創造出一個膾炙人口的情節。

《三國演義》第四十四回開始，寫孫權雖然被諸葛亮激起了聯劉抗曹的雄心，但因屬下眾官見解不一，他自己也擔心寡不敵眾，對打敗曹操信心不足，所以又猶豫不決起來。經吳國太提醒，孫權便按照其兄孫策臨終前所說「外事不決問周瑜」的遺言，遣使請正在鄱陽湖訓練水師的周瑜速回柴桑議事。周瑜回到柴桑後，魯肅引諸葛亮前去拜會。魯肅問周瑜主和還是主戰。周瑜本欲主戰，卻故意說主張遣使納降。魯肅信以為真，與之爭論。諸葛亮早已看穿了周瑜的心思，也故意說主張投降曹操，並說曹操之所以大軍南征，目的之一就是要娶江東兩位美人大喬和小喬，所以只要將「二喬」送與曹操，必定退兵。諸葛亮還引證曹植〈銅雀台賦〉中「攬二喬於東南兮，樂朝夕之與共」二句，說明曹操確實欲攬「二喬」於東南。周瑜聽罷，大罵曹操欺人太甚。諸葛亮假作不解，勸周瑜何惜二女人。周瑜這才說大喬係孫權之嫂，小喬係自己之妻，並宣稱：「吾與老賊誓不兩立！」諸葛亮佯裝惶恐，仍要周瑜慎重考慮。周瑜一再被激，方說出本意：自己身受孫策重託，「安有屈身降曹之理！」並希望諸葛亮助一臂之力，共破曹賊。

其實，據《三國志》有關傳記所載，諸葛亮出使東吳，堅定了孫權的抗曹決心，經過諸葛亮深入細膩的分析，孫權馬上派周瑜、程普等率軍與劉備聯合抗曹，但這個過程中並沒有魯肅引諸葛亮拜會周瑜以及二人談話的記載。所以，可以肯定，諸葛亮以曹操欲攬「二喬」於東南「智激周瑜」，純屬《三國演義》作者的虛構。而且，諸葛亮背誦這段賦文，也完全是作者的虛構。根據史實，曹操是在建安十五年（二一〇年）冬興建銅雀台的，是赤壁之戰結束兩年後，而曹植作〈銅雀台賦〉更晚在建安十七年（西元二一二年）。《三國演義》第三十四回寫曹操曾掘出一銅雀，因係「吉祥之兆」，故命慶賀。曹植建議應建「銅雀」、「玉龍」和「金鳳」三座層台，「更作二條飛橋，橫空而上」，方顯出氣派壯觀。曹操以其言「甚善」，即命人照此建造。台成，曹植作賦詠嘆。由此可見，《三國演義》所寫「二喬」，即「二條飛橋」。古代漢語中「橋」、「喬」相通，「喬」姓古作「橋」，後來才省作「喬」。這裡諸葛亮巧妙地曲解二字，用以激怒周瑜。

此外，對照《曹植集》中的〈登台賦〉，會發現《三國演義》所載〈銅雀台賦〉中有十四句為原賦所無，即使原句也有異文，真可謂真偽糅雜。最奇怪的是，原賦根本沒有「攬二喬於東南兮」句。在《三國演義》底本中，寫的也只是「挾二橋於東西兮，若長空之蝃蝀」，明明是用來比喻拱橋的，又怎麼會扯到「二喬」上去呢？清代毛宗崗發現了這一問題，於是才將其改作「攬二喬於東南兮，樂朝夕之與共」。

總之，在這個才與才敵、智與智鬥的情節中，周瑜和諸葛亮都採取了迂迴戰術。周瑜故作姿態，藏而不露，企圖使別人大吃一驚，結果卻上了諸葛亮的當，不得不主動說出抗曹的主張；諸葛亮後發制人，因勢利導，結果出奇制勝，完全掌握了主動權。鬥智的結果證明，諸葛亮確實是智高一籌。

龐統真的「巧授連環計」嗎？

龐統，字士元，漢末襄陽（今湖北襄樊）人。少有才名，與諸葛亮交好齊名，「臥龍鳳雛，得一人可安天下」，是當時荊襄一帶流傳甚廣的一句口碑。「鳳雛」，即龐統雅號。

《三國演義》第四十七回有龐統首次登場，詐降曹操「巧授連環計」的故事。赤壁之戰中，曹操謀士蔣幹第二次到周瑜軍中，被周瑜派人送到西山庵。周瑜已先請龐統住在庵中。蔣幹夜遇龐統，約龐統往見曹操，龐統答應。曹操久聞龐統之名，見其來歸，出帳親迎，並請同觀營寨。觀畢，回帳置酒飲宴，談論兵法。龐統對答如流，曹操為之敬服。龐統乘機提出：「丞相（指曹操）教練水師之法甚妙，但可惜不全。」曹操再三請教，龐統這才講：大江之中，潮生潮落，風浪不息；北方士兵不習慣於乘船，受此顛簸，便生疾病。如果大小船隻搭配，或三十為一排，或五十為一排，首尾用鐵鏈鎖住，上鋪闊板，休言人可渡，馬亦可走矣。乘此而行，任他風浪潮水，還有什麼可怕的呢？當時曹軍染病者甚多，曹操正為此憂慮。所以他聽言，大喜，立即下令喚軍中工匠，連夜打造連環大釘，鎖住船隻。龐統又說願勸降周瑜，曹操遂命過江而去。龐統此計，為周瑜火攻曹軍創造了有利條件。

曹操鎖戰船之事，於史有載。據《三國志．周瑜傳》載：黃蓋和周瑜定詐降之計時，對周瑜說，他看到曹操的船首尾相連，可以用火攻。可見曹操的戰船是鎖上了。但並不是因為龐統獻了連環計才鎖上的，而是自己在黃蓋詐降之前便鎖上了。為什麼要鎖上？史文沒有明確交代。估計北方人不習水戰，好暈船，曹軍中很多人患了疾病，把船鎖上會平穩一些。

據《三國志．龐統本傳》載：龐統年輕時，為人樸鈍，未有識者。但他的叔父大名士龐德公對他卻十分看重，認為他不同尋常。當時，潁川人司馬徽清高雅正，素有善於鑑識人品的名聲，龐統慕名前往拜見。見面時，司馬徽正在樹上採桑，於是龐統就坐在樹下，跟他交談起來。兩人越談越投機，就這樣一個樹上，一個樹下，一直談到深夜。司馬徽覺得龐統非同凡響，誠心誠意地褒揚龐統是南州首屈一指的人才，並且讚嘆說：「龐德公確實有知人之明，龐統確有與眾不同之處！」從此，龐統的名聲漸漸顯赫。初為功曹，後領南郡太守。周瑜死，龐統送喪至吳。在龐統簡單的經歷中，沒有片言隻語提到龐統曾參加過赤壁大戰。連赤壁大戰都沒有參加，又怎麼會在大戰過程中詐降曹操「巧授連環計」呢？況且蔣幹僅在赤壁之戰以後見過周瑜一次，赤壁之戰中蔣幹根本沒有到過周瑜處。總之，歷史上龐統根本不曾詐降曹操獻「連環計」。

張郃是被諸葛亮用計射死的嗎？

張郃是一位不僅讓劉備忌憚，據說連諸葛亮都不得不小心提防的曹魏名將，熟悉「孔明揮淚斬馬謖」故事的讀者都知道，街亭之敗，雖可歸罪於馬謖用兵的可笑，但也說明了張郃善於用兵。張郃原為袁紹手下名將，官渡之戰時，受郭圖陷害，無奈投降於曹操，從此被曹操重用，跟隨曹操南征北戰，平馬超，滅張魯，多有戰功。諸葛亮一出祁山時，張郃任司馬懿先鋒，跟隨司馬懿在街亭擊敗蜀將馬謖，使諸葛亮撤兵。此後，在諸葛亮的多次北伐中，張郃先後隨曹真、司馬懿前往對抗，多有表現，連諸葛亮也嘆其勇猛。在《三國演義》中，羅貫中對張郃形象多有改變，不僅將街亭敗馬謖之功移給了司馬懿，而且將他的結局也寫得很悲慘。

《三國演義》第一百零一回寫張郃之死。說建興九年（西元二三一年）春，諸葛亮再次北伐，連敗司馬懿。都護李嚴因軍糧不濟，乃謊稱吳國欲攻蜀，向諸葛亮告急。諸葛亮先令楊儀、馬忠引一萬弓弩手去劍閣木門道埋伏，自率大軍依次撤退，以魏延、關興斷後。魏軍先鋒張郃不聽勸阻，向司馬懿討令來追趕。魏延、關興輪流殺出攔截，且戰且退。張郃放心追趕。直到木門道口，魏延回馬再戰，大敗而走。張郃殺得性起，又見魏延敗走，乃驅馬追入木門道中來。其時天色已漸昏暗，忽聽一聲炮響，蜀軍以木石塞斷歸路，兩邊萬箭齊發，將張郃與百餘部將盡皆射死。事後，諸葛亮還說：今日圍獵，本欲射一「馬」（司馬懿），卻誤射一「獐」（張郃）。

據《三國志》有關傳記記載：建興九年春三月，諸葛亮再次出兵祁山。魏國以司馬懿、張郃等率兵相拒。諸葛亮攻占祁山後，留王平守衛，自己率主力迎戰，連敗魏軍。司馬懿據險而守，不敢再戰，部下譏笑他「畏蜀如虎」，司馬懿又氣又惱，派兵出戰，結果大敗。就在這個時候，蜀軍「運糧不濟」，負責運糧的李嚴又誆騙諸葛亮退軍。魏軍張郃率部追殺，追至「青封，與（諸葛）亮交戰，被箭死」。蜀軍「糧盡退軍」，又一次失去了大好的戰機，所以後來諸葛亮上表將李嚴削職為民。

據此，我們可以知道張郃之死確實是諸葛亮「射殺」，但絕對不是諸葛亮「計射張郃」，更不是本欲射一「馬」，卻誤射一「獐」。而且，張郃追殺諸葛亮是司馬懿派去的，絕非張郃討令去追，不聽司馬懿勸阻，以致遇伏身死。《魏略》所記甚是清楚：「亮軍退，司馬宣王使郃，郃曰：『軍法，圍城必開出路，歸軍勿追。』宣王不聽。郃不得已，遂進。蜀軍乘高布伏，弓弩亂發，矢中郃髀。」事實上，恰好是張郃反對追殺，他認為：按兵法上說，圍城必須放開一條出路，歸軍最好不要去追殺，以此勸諫司馬懿，可司馬懿執意不聽，「使郃追之」，才釀成了張郃身亡的悲劇。

為張郃之死悲惜的大有人在，最悲痛的，還是魏明帝曹睿本人，由此引發了一段談話。《三國志·辛毗傳》末注引《魏略》：「諸葛亮圍祁山，不克，引退。張郃追之，為流矢所中死。帝惜郃，臨朝而嘆曰：『蜀未平而郃死，將之若何！』司空陳群曰：『郃誠良將，國所依也』」。由這段對話可見，張郃一度被明帝和重臣們視為國之支柱，他的死深為當時朝野所悲惜。

曹操「復仇東伐」的藉口成立嗎？

初平二年（西元一九一年），曹操任東郡太守，次年為兗州牧。初平四年（西元一九三年）秋，曹操引兵征徐州，擊破徐州牧陶謙，攻拔十餘城。第二年，又征陶謙，拔五城。曹操征徐州，從性質上說，是擴充地盤的兼併戰爭；但這場戰爭又具有強烈的復仇色彩，曹操提出了「復仇東伐」的口號，原因是他父親曹嵩一家被殺了，而這又與徐州牧陶謙有著直接或間接的關係。

《三國演義》第十回的後半段「報父仇曹操興師」所描述的曹嵩一家被害的情況，大意是這樣的：董卓之亂後，曹嵩一家避難琅琊郡。曹操作兗州牧後，給曹嵩寫信，請曹嵩及家人來兗州居住，派泰山太守應劭帶兵去接曹嵩一家。曹嵩見到書信便帶領一家老小四十餘人，從者百餘人，車百餘輛，往兗州而來。道經徐州，太守陶謙為了巴結曹操，出境迎接，設宴款待兩日。特派都尉張闓率兵五百人護送。到華、費二縣之間，因大雨驟至，投一古寺歇宿。張闓貪圖曹家財物，驅兵殺了曹嵩全家。應劭畏罪逃脫，去投袁紹；張闓等五百人逃奔淮南去了。

歷史上曹嵩是中常侍曹騰的養子，頗有錢財，花千萬買得太尉之官，在初平三年帶了一百多輛車的行李與金銀財寶由洛陽去琅琊，準備到離現青島不遠的諸城縣東南的海邊去養老。他不僅是招搖過市，而且招搖過了小半個中國。曹嵩與他的僕從，浩浩蕩蕩地到了徐州境內，陶謙派遣兩百名衛兵，交給張闓護送曹嵩。按照《吳書》的記載，這張闓抵抗不了一百多輛車行李與金銀財寶的誘惑，走到泰山與華縣、費縣之間，就指揮衛兵把曹嵩殺了，然後劫去曹嵩的財物逃往淮南。《後漢書．陶謙傳》不曾指出殺曹嵩的人是否姓張名闓，也沒有說曹嵩是死在「泰山華費之間」，僅僅說了殺曹嵩的是陶謙駐在（嶧縣西南的）陰平縣的「士卒」。這些士卒屬於陶謙的一名別將所管。《應劭傳》又有另外一種說法：殺曹嵩的不是什麼陰平守將及其士卒，不是所謂張闓，而是陶謙的幾名輕裝騎兵。據《應劭傳》，這幾名騎兵是陶謙自己所派。原因是陶謙欲報曹操數次攻打徐州之仇。按照前兩種說法不管是張闓殺的也好，陶謙的陰平守將殺的也好，都與陶謙沒有直接關係，陶謙事先也沒有想到會發生這樣的事。如果說他有責任，也是間接的。按照第三種說法，曹嵩一家的被殺，是陶謙一手策劃的，陶謙是有計劃、有預謀的殺人主犯。

上述各種記載，何者為是，何者為非，不僅我們現在難以搞清楚，就是一千五百多年以前南朝宋人范曄在寫《後漢書》時，也沒有搞清楚，不然在同一部《後漢書》裡，就不會出現各傳之間的矛盾了。如果讓我們採納一種較為合乎情理的說法，那麼，《後漢書．應劭傳》的說法還是較為可信的。即：曹操幾次進攻徐州，陶謙懷恨在心，因此派出輕騎，在應劭沒有帶兵到來之前，殺了曹嵩全家。《三國演義》採用了韋曜《吳書》的說法，說是陶謙派張闓領兵護送，張闓圖財殺了曹嵩一家。但此說是不大可信的，因為在此之前，曹操曾數次進攻陶謙，陶謙顯然是不會派人護送的。至於《三國演義》說曹嵩一家路過徐州，陶謙還設宴款待了兩天，則更是不可能的了。

不過，曹操一口咬定曹嵩是陶謙派人所殺，在初平四年率大軍來攻徐州，聲稱為父報仇。五個城的男女老少，幾十萬人，包括從陝西因李傕、郭汜之亂而逃到徐州來的難民，盡被曹軍殺光。這五個城是現在稱為徐州市的彭城、嶧縣之南的傅陽、睢寧西南的取慮、現在稱為睢寧的睢陵與安徽泗縣之西的夏丘，曹操血洗五城，所到之處雞犬不留，使得「睢水為之不流」，這是曹操一生的大汙點。

《三國演義》中的千古憾事

在三國的風雲舞台上，有不少我們耳熟能詳的人物。他們的面前都出現了不可多得的歷史機遇，使得他們乘時而上，從而名震當時。但同時，也有很多人，由於主客觀條件的限制，或者個人性格存在缺陷而抱恨終生，徒讓後來者感慨悲傷。

「大意失荊州」完全是關羽的責任嗎？

荊州是三國時期各方爭奪的焦點。對蜀來說，孔明隆中對：「荊州北據漢、沔，利盡南海，東連吳會，西通巴、蜀，此用武之地，非其主不能守；待天下有變，則命一上將將荊州之兵以向宛、洛」。反過來說，既然威脅到宛、洛，那魏又豈能置之不理。對吳來說，奪取荊州，「全據長江以守，以待天下之變」也是大的方針策略。荊州只要有機可乘，誰都想據為己有。

諸葛亮入川之時，把守衛荊州的重任交給了關羽，並囑咐他一定要聯孫抗曹。可關羽驕傲自滿，目中無人，硬是把孫權推到曹操那邊去了。早在劉備自立為漢中王的時候，曹操就派人約會孫權，共同奪取荊州。孫權不僅沒有答應，反而願和關羽結為兒女親家。關羽聽說大怒，對使者說：「虎女焉能配犬子？」孫權見關羽實在無禮就決定趁關羽和曹軍交戰之機，奪回荊州。他的大將呂蒙讓戰士化裝成商人的模樣，騙過了關羽的江邊守軍，順利渡江，趁關羽毫無防備，沒傷一兵一卒就占領了荊州。劉備集團失守荊州，直接導致了隆中對策略的無法完成，迫使諸葛亮只能通過崎嶇的蜀道，在祁山一次次徒勞無功的拚耗蜀漢本就貧弱的國力。而關羽，作為失守荊州的第一責任人，長期為人所詬病，甚至留下了「關羽大意失荊州——驕兵必敗」的歇後語。

對於荊州失守，絕大多數人認為是由於的關羽大意、驕傲輕敵，以及未能貫徹諸葛亮聯吳抗曹的策略所致。然而，現在看來這種說法有失偏頗，荊州之失是有多方面原因的。

首先，荊州之失關羽在責難逃。關羽恃勇高傲，目中無人，這是關羽最大的性格缺陷，尤其到了晚年，更是頭腦發熱。加上諸葛亮還頻頻誇獎，關羽全然忘記了聯吳抗曹的策略方針。關羽衝鋒陷陣，能勇冠三軍，但是讓他處理錯綜複雜的政治、軍事矛盾，他的素養就不夠了。孫權想娶關羽的女兒做兒媳，這本來是一件政治聯姻的好事，關羽應該站在政治的角度考慮這個問題，即使不同意也要用婉轉的語言拒絕，可是關羽竟然大罵「虎女焉能配犬子」，孫權豈能嚥得下這口氣？

荊州失守的另一個原因是麋芳等人的降吳。麋芳是劉備妻子糜夫人的兄弟，是劉備的至親。早在劉備在徐州時，麋芳就放棄彭城相的職務跟隨劉備。麋芳對劉備的追隨是一種政治投機，因為劉備有名望、有宗室的身分。如果劉備有一天出人頭地，作為其至親的麋芳自然可以飛黃騰達。劉備也的確沒有辜負自己這些親屬和親信，如麋竺、劉封、簡雍等人都沒有什麼才能，卻個個身居高位，麋竺甚至位在諸葛亮之上。有人認為麋芳等人降吳是關羽沒能正確處理好與部屬的關係造成的。事實上，麋芳等人的降吳，與其說是關羽的失誤，不如說是劉備一貫任人唯親的結果。而且，從關羽攻樊城到丟荊州再到兵敗身亡，蜀漢有至少半年的時間救援關羽，但卻沒有採取行動。劉備在策略上早就該想到關羽出荊州，即使劉備想不到諸葛亮也該想到。而關羽既出，前無方略指示後無援兵救濟，以至關羽要自求於孟達劉豐，可見整個蜀漢的策略布局是多麼混亂。

諸葛亮對守荊州之事也疏於指導、管理，也沒盡到最高軍事領導的責任。諸葛亮對關羽守荊州的能力曾經表示過懷疑，在交付荊州大印時，曾經「欲待不與」，但「其言已出」，就把這項重要工作託付於一個能力有限、自己不太信任之人。諸葛亮除了留給關羽一個八字方針以外，率軍西征之後，卻再也沒有過問過荊州之事。只是在取得西川之後，送來大量慰問品。而在關羽拒絕東吳提親之後，只是說過一句「荊州危矣！」仍沒有採取任何措施。以後，在接連聽到關羽的一系列勝利戰報之後，尤其是聽了關平匯報的防禦規劃後，竟然放心大膽的把「荊州危矣」放在了一邊。另外，諸葛亮也沒有在關羽的用人上給予有力的指導、幫助，提出科學的意見和建議。關羽守荊州，可以說是首當大任，在很多方面特別是人事問題、工作安排上需要具體、細膩的指導、幫助。可是，在託付荊州時，一向自詡有知人之明的諸葛亮，卻沒有給關羽提出一些指導意見。

綜上所述，荊州之失，關羽固然有不可推卸的責任，但劉備集團以及軍師諸葛亮也有失職之嫌。

令人扼腕的「華容道」確有其事嗎？

《三國演義》中的關羽，歷來號稱「義絕」。而表現關羽「義氣」的情節主要有兩個：一是千里走單騎，一是華容道放曹，這就是毛宗崗在《讀三國志法》中大加稱讚的「獨行千里，報主之志堅；義釋華容，酬恩之誼重。」小說寫赤壁之戰前，諸葛亮算定曹操必敗走華容，且夜觀天象，曹操不當身亡，考慮到曹操與關羽有恩，於是派關雲長把守華容道，讓關羽做個順水人情。小說又寫曹操果然由烏林向華容道敗退，並在途中三次大笑諸葛亮、周瑜智謀不足，未在險要處暗設伏兵。然而，一笑笑出趙子龍，多虧徐晃、張遼二人雙敵趙雲，才使曹操得以逃脫；二笑笑出張翼德，又是徐晃、張遼二將抵擋張飛，使曹操再次脫險；三笑非同小可，笑出了關雲長，且又在有一夫當關之險的華容狹路上，加之曹軍幾經打擊，此時已無力再戰。無奈，曹操只得親自哀求關羽放行，關羽念及舊日恩情，義釋曹操，使曹操得以回到江陵。本來，曹操在赤壁之戰戰敗後敗走華容道，路遇關羽時，已經是案上之肉，任人宰割，但卻由於關羽重義氣而逃過一劫。人們都為關羽惋惜，沒有活捉曹操，否則三國的歷史就要重寫了。

其實，當時曹操雖然戰敗，但面臨的形勢並不十分嚴峻。因為在赤壁交鋒之前，是曹操強大，孫劉弱小，孫權和劉備首先考慮的是如何挫敗曹操的強大攻勢，使曹操不得渡過長江，以保全自己的勢力範圍，或保證自己不被曹操消滅掉，在勝負未卜的情況下，他們沒有也無力抽出部分兵力去在曹操可能敗退的路線上去設伏。所以，曹操在敗退的路上，雖後有追兵，卻前無伏軍。據《三國志．魏書．武帝紀》注引《山陽公載記》：「公船艦為（劉）備所燒，引軍從華容道步歸，遇泥濘，道不通，天又大風，悉使羸兵負草填之，騎乃得過。羸兵為人馬所蹈藉，陷泥中，死者甚眾。軍既得出，公大喜，諸將問之，公曰：『劉備，吾儔也。但得計稍晚；向使早放火，吾徒無類矣。』備尋亦放火而無所及。」這就是說，歷史上的曹操在赤壁遭到火攻，敗退華容道時，雖然境況十分狼狽，但並未遇到任何埋伏，自然也談不上被關羽「義釋」的問題。當然，《三國演義》的上述描寫，並非全是憑空之筆。曹操從赤壁敗退，走的確實是華容道，但並沒有關羽；曹操在途中確曾大笑，但不是三次，而是一次；曹操笑的也不是諸葛亮與周瑜智謀不足，而是笑劉備雖有計謀卻遲緩；曹操笑後確也出現了敵情，但已無驚無險。

在元代的《三國志平話》中，為了突出諸葛亮的智謀，出現了曹操連續三次遭到截擊的情節，其中第三次是這樣的：曹公尋華容路去，行無二十里，見五百校刀手，關將攔住。曹相用美言告雲長：「看操與亭侯有恩。」關公曰：「軍師嚴令。」曹公撞陣，卻說話間，面生塵霧，使曹公得脫。關公趕數里，復回。在這裡，關羽根本不想放走曹操，曹操則強行「撞陣」，僅僅是因為關羽突然「面生塵露」，曹操才僥倖逃脫。羅貫中受到這個情節的啟發，作了大幅度的改造和加工，從而創造出一個深刻表現關羽內心世界的精妙篇章。

曹操是因何痛失西川的？

識人難，用人亦難，而用人必先識人，擇才方能用才。三國時代，雖然曹操頗能知人善任，然而百密也有一疏，並由此而改寫了歷史。據古代史學者的說法，天下三分竟因此而起。到底這是怎麼回事呢？

就在曹操拿下荊州，劉備逃之夭夭之際，據守蜀地的益州牧劉璋惶惶不安，他派「別駕」（官名）張松擔任特使，去向曹操交好。張松這人頭腦靈活，見識通達，可惜其貌不揚，個頭矮，放蕩不羈，看起來很不起眼。關於張松如何伶牙俐齒，不討曹操的歡喜，又如何聰明機智，正史所載不多，《三國演義》倒有相當生動的描繪。第六十回寫楊修見張松恃才傲物，想折服他，便取出曹操撰寫的兵書《孟德新書》給張松看。張松閱畢，大笑說：「這書的內容我們蜀地的小孩子也能背誦，這哪是什麼《新書》？根本就是戰國時代無名氏所作，被曹丞相抄襲竊取。」楊修不信，張松當場把曹操的兵書倒背如流，一字不錯。楊修不相信曹操是抄襲的，但透過這件事可見張松記憶力之強。他把張松推薦給曹操，但張松長得「額钁頭尖，鼻偃齒露」，額頭像鋤頭，頭尖，鼻塌，牙齒外露，曹操不信張松這種樣子會有過目不忘的本事，還以為古人和他英雄所見略同，他的新書才會和戰國時人所撰雷同，一羞之下便燒了《孟德新書》。次日，曹操與張松前去西校場看軍容。曹操問張松西川是否有這樣的軍隊。張松說：「我們沒有這般軍隊，只知道以仁義待人。」並說：「丞相在濮陽攻呂布，宛城戰張繡，赤壁遇周郎，華容道逢關羽，割鬚棄袍於潼關，這些都算得上是無敵於天下的功績！」曹操見張松盡揭他的短處，下令亂棒將張松打出。

張松取道荊州回西川，以便打探劉備虛實，不料剛到郢州界口，見前面有五百多軍士列隊，為首大將與張松通名之後，滾鞍下馬施禮：「奉主公之命，趙雲在此等候多時，為大夫遠涉路途，聊奉酒食。」張松感動至極。回到荊州，天色已晚，見館驛門前有百餘軍士侍立，馬前大將上前施禮：「奉主公之命，關羽在此等候，為大夫遠涉風塵，灑掃驛庭。」張松當然又是感動。然後就是劉備大宴三天，為張松接風洗塵，可是劉備只聊無關緊要之事而絕口不提西蜀之事。在臨別時，張松回顧幾天來的不同心情，自己忍不住獻出了地圖，還懇求劉備收下。最後，劉備得到了西川，

取得和曹操、孫權平起平坐的資本，曹操得知此事後追悔莫及。《三國志》裴注引習鑿齒云：「昔齊桓一矜其功而叛者九國，曹操暫自驕伐而天下三分。」

按照史書記載，張松東行的時間是在建安十三年（二〇八年），也就是赤壁之戰那一年，並不像《三國演義》所說是在建安十六年（西元二一一年）。據《三國志》記載：在赤壁之戰之前，劉琮投降，劉備東逃夏口，曹操占領了荊州的大部。劉璋被曹操的軍威所震懾，派遣陰溥去向曹操致敬。曹操給劉璋加官振威將軍。劉璋又派別駕從事張肅給曹操送去叟兵三百人和各種用品，曹操拜張肅為廣漢太守。劉璋更派遣別駕張松去拜見曹操，曹操對張松很不禮貌，且授予的官職也不高，只任命他為比蘇縣令。

曹操和劉備對待張松的不同態度和他們當時所處的環境是分不開的。曹操雖然新敗，但他仍舊雄霸北方，損失的兵員可在短期內補充完畢，所以說他依然是天下最大的軍閥，在他看來天下早晚是他的，因此張松在他眼中只是一個不知禮節的臣子，自是不必屈尊降貴的和他攀交情。而劉備雖是得了荊州，但他卻是處在了兩大軍事集團的夾縫之中，隨時都有死無葬身之地的可能，張松的到來對他來說簡直就是一根救命稻草，在這種心態的驅使下，張松受到如此禮遇自然是不足為奇了。

《三國演義》所述張松獻西川地圖於劉備的事，大約是根據韋曜（韋昭）《吳書》的記載：「備前見張松，後得法正，皆厚以恩義接納，盡其殷勤之歡。因問蜀中闊狹，兵器府庫人馬眾寡，及諸要害道里遠近，松等具言之，又畫地圖山川處所，由是盡知益州虛實也。」但古代史家多認為這個記載是不可靠的，所以《三國志》沒有採用，《資治通鑑》也沒有編入。《通鑑考異》說：「按劉璋、劉備傳，松未嘗先見備，《吳書》誤也。」陳壽和司馬光當然都是很有史識的，這件事確實沒有太大的可靠性。因為張松東行是在赤壁之戰的前夕，劉備敗走夏口，正是顛沛流離、驚魂未定之時。連一塊站腳之地也沒有，怎能妄言取蜀？張松怎能在兵荒馬亂之中去尋找劉備？等到孫劉兩家擊敗曹操的時候，張松已踏上歸途了。大約《三國演義》也覺得張松在那種情況下向劉備獻圖是不可能的，所以把事情改在三年以後了，說來似乎順理成章，但卻遠離了史實。

另據《三國志．法正傳》記載：張松回益州以後，向劉璋推薦了法正，法正銜命兩次出使荊州。第一次是友好性的，使劉璋實現了「絕曹公而自結先主（劉備）」的政策上的轉變。法正回來，「為松陳說先主有雄略」，這就表示張松沒有見過劉備，不然的話，法正就沒有必要介紹劉備是否「有雄略」了。從此張松和法正進一步密謀，要把西川獻給劉備，但還沒有找到合適的機會。恰好聽說劉璋要討伐張魯，又怕曹操乘機進攻益州，心懷恐懼，張松便勸說劉璋迎接劉備，以討伐張魯，與曹操爭奪漢中。於是劉璋派法正引兵四千前往荊州。在出賣益州給劉備這件事上，法正和張松都起了很大的作用，而法正的作用更大一些。《法正傳》接下來說：法正第二次到荊州，「陰獻策於先主」。可見向劉備報告「蜀中闊狹，兵器府庫人馬眾寡，及諸要害道里遠近」，「又畫地圖山川處所」，使劉備「盡知益州虛實」的，倒不是張松，而是法正了。

「活仲達」真的被「死諸葛」嚇跑了？

民間流傳有這樣一句歇後語：「死諸葛嚇跑活仲達——生不如死。」它的產生也許是受《三國演義》裡有關情節的影響，不過，歷史上確實發生過「死諸葛嚇走生仲達」的事情。

《三國演義》第一百零四回寫諸葛亮在漢中五丈原臨死之際，對退軍之事作了巧妙的安排。他死後，魏軍都督司馬懿探得蜀軍撤退，遂引兵和兩個兒子一齊殺奔五丈原。司馬懿親自領兵當先，追到山腳下，望見蜀兵不遠，乃奮力追趕。忽然山後一聲炮響，喊聲大震，只見蜀兵俱回旗返鼓，樹影中飄出中軍大旗，上書一行大字：「漢丞相武鄉侯諸葛亮」。司馬懿大驚失色，定睛看時，只見中軍數十員上將，擁出一輛四輪車來，諸葛亮端坐其上：綸巾羽扇，鶴氅皂絛。司馬懿大驚說：「諸葛亮尚在，吾中計矣！」急忙勒馬回頭便走。背後，姜維大叫：「賊將休走，你中我丞相之計也！」魏軍魂散魄飛，丟盔棄甲，各逃性命，自相踐踏，死者無數。司馬懿奔走了五十餘里，仍叫左右：「我有頭否？」左右說：「都督休怕，蜀兵去遠矣。」司馬懿方才鎮靜下來。過了兩日，鄉民奔告：「前日車上之諸葛亮，乃木人也。」司馬懿慨嘆：「吾能料其生，不能料其死也！」

據《三國志》記載：諸葛亮死後，大將姜維、楊儀按照諸葛亮臨終的布置，密不發喪，整頓軍馬從容而退。司馬懿率軍追趕，楊儀回軍向魏軍猛衝，做出進攻的樣子。司馬懿怕遭諸葛亮的暗算，不敢再追趕。於是，蜀軍從容而退，進入斜谷後，才訃告發喪。《三國志．蜀書．諸葛亮傳》注引《漢晉春秋》記載：「（諸葛亮死後）楊儀等整軍而出，百姓奔告宣王（即司馬懿），宣王追焉。姜維令儀反旗鳴鼓，若將向宣王者，宣王乃退，不敢逼。於是儀結陣而去，入谷然後發喪。宣王之退也，百姓為之諺曰：『死諸葛嚇走生仲達』。或以告宣王，宣王曰：『吾能料生，不便料死也』。」說的是諸葛亮死後，蜀軍退兵，司馬懿引軍追擊，姜維指揮蜀軍突然掉轉大旗，敲起戰鼓，作出攻擊魏軍的樣子。司馬懿大吃一驚，以為中了什麼計，甚至懷疑諸葛亮根本就沒死，便連忙退軍。蜀軍安然撤退。當地的百姓為此編了一句諺語，叫做「死諸葛嚇走生仲達」，這句話是笑話死諸葛嚇跑了司馬懿，司馬懿聽了，只能自我解嘲說「我只能料生，不能料死」。另外，還有一種說法，諸葛亮無法打敗司馬懿，又急又氣吐了血，自己燒營撤退，死於歸途。《魏書》記載諸葛之死時，說：「亮糧盡勢窮，憂恚嘔血，一夕燒營遁走。入谷，道發病卒。」兩晉時代，可能是因為統治者的鼓吹提倡，信的人還不少，東晉初年，大將劉琨上書給晉元帝時還提到「亮軍敗嘔血」。但是東晉滅亡後，裴松之在為《三國志》作注時，就曾對它加以駁斥。

其實，司馬懿驚惶失措地撤退，是被諸葛亮的威名嚇回去的。司馬懿素來很敬佩自己這個對手，《三國志．蜀書．諸葛亮傳》中說，諸葛病死，蜀軍退走後，司馬懿巡視了蜀軍原來駐營之處，由衷地讚嘆說：「真是天下奇才啊！」因為敬畏已久，所以追擊途中，突然見到蜀軍大張旗鼓地反撲過來，心中一慌，就被嚇退了，倒並不是因為見到了諸葛亮的什麼木像，這一切也不是出自諸葛亮的遺計。

「蔣幹中計」事屬有據嗎？

赤壁之戰結束了自東漢末年以來群雄紛爭的局面，為三足鼎立奠定了基礎。對於這場戰爭，當時很多人都想不到在官渡之戰中以少勝多大敗袁紹，接著又趁勢奪取荊州的一代梟雄曹操竟敗於黃口孺子周郎之手。曹操失敗的原因固然很多，但與蔣幹這個成事不足、敗事有餘的腐儒二過江東大有關係。據《三國演義》描述，戰前蔣幹兩次自告奮勇過江去遊說周瑜和打探虛實，兩次被周瑜巧妙利用：第一次要去說降周瑜，周瑜設計，故意讓蔣幹發現偽造的蔡瑁、張允私通東吳的書信，使蔣幹將書盜回向曹操報功，曹操氣急之下，中了周瑜的離間之計，誤殺水軍都督蔡瑁、張允；第二次蔣幹又主動要求過江去探聽甘寧、黃蓋欲降之真假，周瑜再次設計，使蔣幹與龐統「不期而遇」，蔣幹將龐統邀至曹營，使曹操接受了龐統獻上的致命的連環計。

其實，這一切都是虛構出來的。在歷史上的赤壁之戰中，曹操並沒有殺掉蔡瑁、張允。據《襄陽耆舊傳》記載，蔡瑁年輕時就與曹操交好，曹操率領大軍南征，不戰而得荊州以後，曾經親自造訪蔡家，「入瑁私室，呼見其妻子」，對蔡瑁優禮有加；而周瑜也不曾用過什麼反間計，曹操根本就不會隨便殺掉蔡瑁。至於龐統，根本沒去見過曹操，更沒有獻過什麼「連環計」，是曹操自己決定把戰船連起來的。既然這兩件事都不是史實，當然就與蔣幹無關了。

歷史上的蔣幹根本就不是蠢材。他是九江郡人，雖然九江郡與周瑜的家鄉廬江郡同屬揚州管轄，但二人並非「自幼同窗交契」。據《三國志．吳書．周瑜傳》注引〈江表傳〉，蔣幹「有儀容，以才辯見稱，獨步江淮之間，莫與為對。」這就是說，他生得儀表堂堂，頗有大丈夫氣概，而且才幹優卓，長於辯對，絕非庸碌之輩，不是那種鼻子上抹了白粉，逗人發笑的丑角。

需要強調的是，歷史上蔣幹確實去見過周瑜。蔣幹見周瑜之事，載於〈江表傳〉。〈江表傳〉敘此事未記確切時間，查《資治通鑑》，將此事繫於建安十四年（西元二〇九年）。就是說，蔣幹見周瑜的時間不是在赤壁之戰爆發之前，而是在赤壁之戰後的第二年。而且，蔣幹去見周瑜只有一次，而不是《三國演義》所說的兩次。更值得注意的是蔣幹見了周瑜之後的表現。周瑜一見蔣幹就猜出他是來為曹氏作說客，但仍然以禮相待，請他參觀自己的軍容，同時又毫不含糊地宣布拒絕任何遊說：「丈夫處世，遇知己之主，外託君臣之義，內結骨肉之恩，言行計從，禍福共之，假使蘇張更生，酈叟復出，猶撫其背而折其辭，豈足下幼生所能移乎？」蔣幹也很明智，他見周瑜態度如此堅決，便只是含笑而坐，「終無所言」。不僅如此，他回去見曹操時還「稱瑜雅量高致，非言辭所間。」用今天的話來說，這是一次不成功的訪問，雙方都既無所得，也無所失。蔣幹自始至終都顯得高雅、穩重，不失名士風度。

當然，羅貫中的虛構並非憑空而來。一方面，歷史上確有蔣幹奉曹操之命去遊說周瑜之事；另一方面，元代的《三國志平話》已經把蔣幹寫成了一個言大而誇的蠢材，說他到江東一無所獲，卻中了黃蓋的反間計和詐降計，害得曹操吃了大虧，結果被眾文武大臣亂刀砍死。羅貫中在這樣的基礎上，按照自己「尊劉貶曹」的思想傾向，作了新的藝術處理，塑造了一個獨特的蔣幹形象。

姜維是真的降魏嗎？

蜀漢最後一件大事就是姜維的投降了。這件事在《漢晉春秋》、《華陽國志》上都有記載，陳壽說姜維「明斷不周，終至隕斃」就是指的這件事。可是對這件事，胡三省說：「維之智固足以玩弄鍾會於股掌之上，迫於時，制於命，奈之何哉！」可見，胡三省顯然不贊同陳壽對姜維「明斷不周，終致隕斃」的批評。

《三國志．姜維傳》是這樣說的：「及鍾會將向駱谷，鄧艾將入沓中，然後乃遣右車騎廖化詣沓中為維援……月餘，維為鄧艾所摧，還住陰平。鍾會攻圍漢、樂二城，遣別將進攻關口……會與維書曰：『公侯以文武之德，懷邁世之略，功濟巴、漢，聲暢華夏，遠近莫不歸名。每唯疇昔，嘗同大化，吳（季）札、鄭僑（子產）能喻斯好。』維不答書，列營守險。會不能克，糧運懸遠，將議還歸。」儘管鍾會、鄧艾大兵壓境，蜀漢危殆，姜維與輔國大將軍董厥、左車騎張翼合兵劍閣，抗拒魏兵，深溝高壘，因守以待，並且拒絕了鍾會的誘降攻勢。此時的鍾會欲進無效，補給匱乏，大有退意。然而，正在關鍵時刻，預想不到的情況出現了：「而鄧艾自陰平由景谷道傍入，遂破諸葛瞻於綿竹。後主請降於艾，艾前據成都。維等初聞瞻破，或聞後主欲固守成都，或聞欲東入吳，或聞欲南入建寧，於是引軍由廣漢、郪道以審虛實。尋被後主敕令，乃投戈放甲，詣會於涪軍前，將士咸怒，拔刀斫石。」原來鄧艾偷渡陰平道成功，直驅成都。其時蜀漢政權面對突如其來的大兵，亂作一團。《三國志．譙周傳》記載：「景耀六年（後主號，西元二六三年）冬，魏大將軍鄧艾克江油，長驅直入。而蜀本謂敵不便至，不作城守調度，及聞艾已入陰平，百姓擾擾，皆迸山野，不可禁制。後主使群臣會議，計無所出。或以為蜀之與吳，本為和國，宜可奔吳。或以為南中七郡，阻險斗絕，易以自守，宜可奔南。」在眾說紛紜，計無所出之際，光祿大夫譙周力排眾議，主張投降。就這樣，劉禪出降。姜維只好接受殘酷現實，投戈放甲。

鍾會厚待姜維，仍將權印節號歸還姜維，而且鍾會與姜維「出則同輿，坐則同席」。鍾會如此厚待姜維，自然有他的打算。一方面，鍾會認為姜維是人中俊彥，文韜武略出眾的英傑，當然與眾不同。另一方面，則是已萌異志的鍾會，引姜維為同謀，為之馳驅。也就是盧弼說的「會之用維，以其非司馬氏之黨，且為亡國之將，而其才亦可用也」之意。「會既構鄧艾，艾檻車征，因將維等詣成都，自稱益州牧以叛。欲授維兵五萬人，使為前驅。魏將士憤怒，殺會及維，維妻子皆伏誅。」（《姜維傳》）

綜上所引，姜維降魏實出於後主敕詔、不得已之舉，以前拒絕了鍾會的誘降，此時的棄甲實屬無奈。《漢晉春秋》載：「會陰懷異圖，維見而知其心，謂可構成擾亂以圖克服也。」姜維雖然迫於後主敕令放下了手中的武器，他忠於蜀漢之志卻並未泯滅。《漢晉春秋》的作者習鑿齒去三國時代未遠，他的記載當屬可信。聰明的姜維以歷史上謀士名臣功高震主的故事窺探鍾會心曲。其實，鍾會不臣之心從他構陷鄧艾時即已暴露。姜維窺破鍾會野心，因風借火，巧妙點拔。常璩在《華陽國志》中也說：「維教會誅北來諸將，既死，徐欲殺會，盡坑魏兵，還復蜀祚，密書與後主曰：『願陛下忍數日之辱，臣欲使社稷危而復安，日月幽而復明。』」適可旁證。《資治通鑑》在援引常璩之論後說：「姜維之心，始終為漢，千載之下，炳炳如丹。」

諸葛亮為何不用「子午谷奇謀」？

《三國演義》第九十二回說諸葛亮第一次北伐率軍到達沔陽時，忽報：「魏主曹睿派駙馬夏侯楙，調關中諸路軍馬前來抵抗。」魏延來到諸葛亮帳中獻計：「夏侯楙懦弱無謀，我願借精兵五千，取道出褒中，沿秦嶺向東，到子午谷再兵鋒向北，不到十天，便可抵達長安。夏侯楙一聽說我率軍突然來達，必然棄城向橫門邸閣而走。這時，我從東面而來，丞相你舉兵從斜谷而進，果如此，那麼咸陽以西之地，就可以一舉平定。」諸葛亮聽罷大笑道：「這並不是萬無一失之計。你以為中原無人才？倘若有人獻計在山間僻遠處用兵截殺，非但你五千兵馬受害，大軍也必然銳氣大傷，此計絕不可用。」魏延又說：「丞相率軍從大路進發，曠日持久。果如此，那麼，中原何時才能攻取呢？」諸葛亮說：「我從隴口取平坦之路，依法進法，何愁大事不成。」故此，未採納魏延之計。

那麼歷史上真的有「子午谷奇謀」嗎？《魏略》記載：「夏侯楙為安西將軍，鎮長安。亮於南鄭與群下計議，延曰：『聞夏侯楙少，主婿也，怯而無謀。今假延精兵五千，負糧五千，直從褒中出，循秦嶺而東，當子午而北，不過十日可到長安。楙聞延奄至，必乘船逃走。長安中唯有御史、京兆太守耳，橫門邸閣與散民之穀足周食也。比東方相合聚，尚二十許日，而公從斜谷來，必足以達。如此，則一舉而咸陽以西可定矣。』亮以為此懸危，不如安從坦道，可以平取隴右，十全必克而無虞，故不用延計。」《三國志．魏延傳》記載：「延每隨亮出，輒欲請兵萬人，與亮異道會於潼關，如韓信故事，亮制而不許。延常謂亮為怯，嘆恨己才用之不盡。」所以說歷史上確實有魏延獻上「子午谷奇謀」。羅貫中寫《三國演義》雖有所增飾，但以史為本據。

諸葛亮不用「子午谷奇謀」是個明智的選擇嗎？這個問題曾引起後世史家的濃厚興趣，並為之爭論不休。一些史家支持諸葛亮「安從坦道，可以平取隴右」的謀略，認為出兵子午谷雖是捷徑，但可行性極小，反對採用「子午谷奇謀」。其反對理由主要有四條：

一、子午谷道路險狹，危險係數極大，一旦魏軍卡住谷口，輕則勞而無功，重則全軍覆沒；

二、夏侯楙未必會棄城而逃；

三、就算攻下長安，也未必守得住；

四、萬一失敗，兵力本來就不足的蜀軍損失太大。

另一些學者認為，魏延獻策由他率精兵五千，直出褒中，由子午谷偷襲長安，諸葛亮率大軍出斜谷，趨長安會師，乃「奇謀」，「如此，則一舉而咸陽以西可定矣」。假如諸葛亮採用之，很可能北伐已經成功，可惜諸葛亮謹慎得近乎膽小。

那麼，諸葛亮以魏延計太「懸危」終不用「子午谷奇謀」，是否就是因為「膽怯」呢？有一種觀點認為：諸葛亮之所以不用「子午谷奇謀」，不是沒有原因的，用他當時的話來說，就是認為「子午谷奇謀」太「懸危」了。因為在此之前，就已發生過孟達掉以輕心而被司馬懿所擒之事，使諸葛亮好不容易進行的策反工作付之東流。應該說，孟達事件對諸葛亮不用魏延「子午谷奇謀」是有直接關係的。用蜀漢國小民少、兵員不多、經不起大的損失，來解釋諸葛亮「惜兵慎戰」的合理性也不成立。恰恰相反，正因為蜀漢國小民少、兵員不足，才應該儘量避免正面作戰。「相持不下，曠日持久」的正面作戰，必須以兵多物足為後盾，這些對蜀漢來說，都是不具備的。所以，蜀漢欲北伐成功，興復漢室，倒應兵不厭詐，多用奇兵奇謀。

「子午谷奇謀」的效果究竟如何，歷史沒有實踐，因而後人只能加以分析評論而已。

孫權「任賢舉能」是否善始善終？

孫權（西元一八二～二五二年），字仲謀，吳郡富春人，孫堅次子，孫策之弟，吳國的建立者。孫策早亡，十五歲的孫權即肩負吳主重任，據有江東六郡之地。他招賢納士，發展生產，鎮抚山越，逐步增強了實力。建安十三年（二〇八年）聯合劉備，大敗曹操軍於赤壁。隨後襲取荊州，擒殺關羽，敗劉備於夷陵。黃龍元年（二二九年），稱帝於武昌，國號吳，遷都建業（今南京）。凡是讀過《三國演義》的人，對孫權的印象都比較深，特別是在用人問題上。孫權深知能否有良才相輔，實在是國運盛衰的關鍵。史稱他初為吳主，即「開賓館於吳會，廣納賢士，謀臣良將，紛紛而至，江東稱得人之盛」。諸葛亮〈隆中對〉在為劉備分析天下大勢時，這樣分析說：「孫權據有江東，已歷三世，國險而民富，賢能為之所用。」被陳壽評為「超世之傑」的曹操，對孫權胸懷大志，用得賢才也讚嘆不已，曾發出「生子當如孫仲謀」的感慨。《三國志》作者陳壽對孫權的評語是：「屈身忍辱，任才尚計，有勾踐之奇，英人之傑矣。」對其「任才尚計」也給予了很高的評價。

孫權用人之道有三大特點：

其一是以才取人，不搞論資排輩。孫權在任命周瑜為大都督統管吳國兵馬時，周公瑾才三十四歲，當時就遭到曾經跟孫權的父親孫堅南征北戰的老將程普的反對，但孫權毫不動搖這個決定。魯肅在東吳的地位僅次於周瑜，周瑜死後，魯肅成為周瑜的繼任者。但魯肅年輕時不過是個「凡夫俗子」，投奔孫權時還是一個二十多歲的小夥子，前朝老臣張昭就對孫權說：「肅年少粗疏，未可用。」但孫權深知魯肅之才，仍然任命魯肅接替周瑜做了都督。後來出道的陸遜，原來也是一個無名之輩，孫權發現他有才能後，立即委以重任，雖然可能是因為「情勢所迫」（時蜀國大兵壓境，東吳暫無統帥之才），但孫權的大膽用人還是值得稱道的。

其二，全面了解下屬，教育培養下屬。東吳名將呂蒙出身於貧寒之家，自幼喪父，沒有受過教育，但他作戰十分英勇。在征黃祖一戰中，呂蒙一馬當先，不僅斬了黃祖的都督陳就，而且生擒了黃祖。因他屢立戰功，很快就得到了孫權的賞識，孫權立即提拔他為橫野中郎將，派他駐紮陸口，獨擋一面對付關羽，期間孫權常勸他多讀點書。此後，呂蒙就抓緊行軍作戰的空隙讀書，果然大有長進。

其三，充分信任下屬。諸葛亮的胞兄諸葛瑾一直被孫權重用，後來官至大將軍。在諸葛瑾代呂蒙領南郡太守時，就有人誣告他與劉備有勾結，但孫權聽了說：「孤與子瑜有生死不易之誓，子瑜之不負孤，猶孤之不負子瑜也。」短短數語，便可看出孫權「用人不疑，疑人不用」的真諦所在。

細讀《三國演義》就會發現，舉凡描寫孫權英雄特質和領袖才能之處，都是和聯劉抗曹或抗拒曹操聯繫在一起的。由於《三國演義》對後期孫權的言行以及用人之得失反映不多，致使人們對孫權用人形成了錯覺，彷彿孫權始終是一位能舉賢任能的開明君主。那麼，孫權是否始終做到了「舉賢任能」了呢？實際上，西元二二九年孫權稱帝後，開始對文臣武將不加信任，越來越剛愎自用。用人態度問題上的這一變化，使東吳統治在孫權稱帝後，已逐漸開始走下坡路。陳壽在《三國志》中有這樣的評說：「性多嫌忌，果於殺戮，暨臻末年，彌以滋甚。」孫權不僅對帶兵守邊的將領不信任，要他們交出妻子做人質，如有叛逃，即殺戮人質，甚至滅及三族；而且設「校事」、「察戰」官員，來監察文武百官，溢相糾舉，誣陷無辜，動輒慘殺。比如當時的中書典校呂一「性苛慘，用法深刻」、時常誣枉好人，太子孫登和陸遜、步騭等雖多次勸諫，仍沒有根本改變孫權的用人政策。呂一後來雖被殺，但大臣們仍是「危怖」而有「不自安之心」。就連孫權一手選拔出來的將才陸遜，也不再被信任，責備多於褒獎，後來陸遜憂憤而死，與此不無關係。

總之，孫權用人善始卻沒有善終。

「成也王允，敗也王允」有道理嗎？

董卓被殺後，王允錄尚書事，呂布為奮威將軍，封溫侯，與王允共秉朝政。這時元凶雖除，國家的局勢仍然非常複雜，主要是董卓的殘餘勢力還擁有重兵，存在著反撲回來的危險。王允剛愎自用，又不講策略，而關東勢力對於長安政權的態度也是各不一樣，諸侯勢力大多心懷鬼胎，王允對內對外都得不到強有力的支持，長安原本趨於安定的局勢又變得複雜起來。終於，初平三年（西元一九二年）九月，李傕、郭汜、樊稠、李蒙率兵圍攻長安，動盪再次來臨。

關於李傕、郭汜之反，《三國演義》第九回後半段「犯長安李傕聽賈詡」所講的大意是：董卓被殺後，李傕、郭汜、張濟、樊稠等人逃居陝西，派人到長安上表求赦。王允說：「卓之跋扈，皆此四人助之，今雖大赦天下，獨不赦此數人。」使者回報李，李說：「求赦不得，各自逃生可也。」謀士賈詡說：「諸軍若棄軍單行，則一亭長能縛君矣。不若誘集陝人，並本部軍馬，殺入長安，與董卓報仇。事濟，奉朝廷以正天下，若其不勝，走亦未遲。」李等人聽從了賈詡之計，便在涼州人中製造流言說：「王允將欲洗蕩此方之人矣。」因此人人驚恐，都隨之造反。他們聚集了十餘萬大軍，殺奔長安而來。

這件事，《三國演義》所寫和史實有出入。據史書記載：激起李傕、郭汜等人造反的原因，首先是一個赦免的問題。董卓被殺後，他的部屬們也感到大禍要臨頭了，希望朝廷能發出一道詔書，明令赦免他們。王允在開始時也有這種想法，但他後來又改變了初衷，認為：部屬是按照主人的命令來行事的，他們本身並沒有罪。如果把他們當做叛逆來赦免，那就表示他們還是有罪的，反而會增加他們的疑慮，不利於穩定局勢。他們既然沒有罪，當然就談不到赦免不赦免的問題了。其次是因為要解散董卓的軍隊，王允認為董卓的軍隊中多是涼州人，很不可靠，想把它解散了，用關東的軍隊來換防。涼州將士見王允既不明令赦免他們，又聽說要解散他們的軍隊，都感到很恐慌。李傕和郭汜都是董卓的女婿牛輔的部將，屯駐在陝縣（今三門峽市）。董卓被殺之前，二人被牛輔派往陳留、潁川二郡（皆在今河南省境內）去劫掠。董卓死後，二人回到陝縣，時牛輔已死，二人遣使到長安，請求明令赦免。王允未從，他們又聽到一個傳說，說王允要把涼州人完全殺掉，於是便採用了賈詡之計，造了反。綜觀史書所記載的上述過程，李傕、郭汜等人之反是由於王允對他們的政策不夠明朗，引起了他們的疑心，從而激化了矛盾。並不像《三國演義》所說的王允公開揚言不赦他二人。按照王允的本意，並沒有把他們趕盡殺絕的意思。

李傕、郭汜、樊稠、李蒙等造反以後，呂布等寡不敵眾，便派人叫王允與他一起出逃。王允見漢朝大勢已去，已作殉死準備，對來人嘆息道：「若蒙社稷威靈，得安國家，這是我的願望。萬一無成，則只有奉身以死。主人年幼，所恃唯我。臨難苟免，我不忍為。請替我傳語關東諸公，如能使國家易危為安，我死也瞑目了！」

關於王允之死，《三國演義》說是他與獻帝被包圍在宣平門門樓，他從門樓上跳下，當即被殺。但根據史書記載：王允跳樓後「數日被殺」。因為這時王允的親信同郡人宋翼和王宏在外面當太守，李傕、郭汜等人怕殺了王允會招來二郡征討，便假借皇帝的名義，徵召二人入朝。二人回來之後，李傕、郭汜馬上把他們和王允都抓捕起來，然後都殺害了。從初平三年（西元一九二年）六月一直到興平二年（西園一九五年）七月獻帝車駕東歸，李傕、郭汜等人控制朝政達三年之久，實際上是董卓軍事集團專擅朝政的繼續與延伸，可謂換湯不換藥。

可以說是王允沒有把握住局勢，以致釀成了大亂。具體說到王允的錯誤，其一是沒有很好地處理內部關係。王允掌權以後，捕殺了很多曾經依附董卓的朝中大臣，全然忘記了自己當年也是在董卓的關照下才得以生存。著名學者蔡邕因為聽到董卓被殺而嘆息了幾句，也被王允下獄身死。加上王允自恃功高，對待在刺董期間立有大功而且握有兵權的呂布，王允也是非常輕視，「以劍客遇之」，也就是說根本不把呂布當一回事，氣得呂布「既失意望，漸不相平」。如此一來，文臣武將都是離心離德，何以服眾？他犯下的第二個錯誤是不懂得籠絡人心。面對董卓死後留下的大量財富，呂布就提出「以卓財物班賜公卿、將校」，按說這是個正確的建議，對於穩定長安的局勢有積極作用，但王允卻不予採納。在對待西涼殘餘勢力上，毫無策略眼光、書生氣十足的王允犯下了第三個錯誤。原本剷除了董卓以後，其手下李傕、郭汜、樊稠、李蒙上表求赦，如果王允能正確地判斷形勢，赦免其四人的話，搖搖欲墜的東漢王朝或許能得到寶貴的喘息機會。而王允的回答是：「卓之跋扈，皆此四人助之。今雖大赦天下，獨不赦此四人。」心裡只想著除惡務盡，逼得這四人起兵造反。

曹操是否應該「得隴望蜀」？

建安二十年（西元二一五年）三月，曹操見劉備已取得益州，而漢中是益州門戶，「若無漢中，則無蜀矣」，劉備必然要攻取漢中。於是曹操搶先一步，率十萬大軍親征漢中張魯。七月，曹操大軍進至陽平關（今陝西沔縣西北）。張魯聽說陽平關失守，逃往巴中。曹操進軍南鄭，盡得張魯府庫珍寶。十一月，張魯出降曹操，漢中遂為曹操所有。曹操在獲得東川後，引用了東漢光武帝劉秀寫給岑彭信中「人苦不知足，既平隴，復望蜀」一語，來表示自己無意乘勝取西川。

關於這個問題，其記載見於《三國志．劉曄傳》：曄進曰：「明公以步卒五千，將誅董卓，北破袁紹，南征劉表，九州百郡，十併其八，威震天下，勢慴海外。今舉漢中，蜀人望風，破膽失守，推此而前，蜀可傳檄而定。劉備，人傑也，有度而遲，得蜀日淺，蜀人未恃也。今破漢中，蜀人震恐，其勢自傾。以公之神明，因其傾而壓之，無不克也。若小緩之，諸葛亮明於治國而為相，關羽、張飛勇冠三軍而為將，蜀民既定，據險守要，則不可犯矣。今不取，必為後憂。」而《晉書宣帝紀》記載：（司馬懿）從討張魯，言於魏武曰：「劉備以詐力虜劉璋，蜀人未附而遠爭江陵，此機不可失也。今若曜威漢中，益州震動，進兵臨之，勢必瓦解。因此之勢，易為功力。聖人不能違時，亦不失時矣。」魏武曰：「人苦無足，既得隴右，復欲得蜀！」言竟不從。那麼，劉曄、司馬懿的建議是否可行？曹操是否真的錯過了一舉收復蜀地的機會呢？這個問題歷來有兩種相反的意見。一種意見認為曹操確實錯過了大好時機，屬於策略性決策失誤，而另一種意見則認為曹操的決策是完全正確的，以當時的兵力和戰役準備，在短時間內根本不可能攻蜀成功。

我們認為如果從「知足者常樂，能忍者自安」的角度來看，「得隴望蜀」的行為無疑是不好的，因為它反映出一個人的貪得無厭、得寸進尺，而很多人就是因為欲壑難填，最後走上自我毀滅的道路。所謂「貪得者雖富亦貧，知足者雖貧亦富」，講的正是這個道理。但若從「人應不斷進取，不可半途而廢」的角度來看，則「得隴望蜀」卻是正確的。這裡的「隴」，指的是已經取得的成果，而「蜀」，指的是應該進一步爭取的目標。唯有不自滿於現狀，想要更上一層樓，人類才能發展，社會才能進步。就曹操當時所擁有的條件與整體局勢而言，「得隴望蜀」應該是一種競爭的策略，是乘勝追擊、不留後患的策略。但他竟放棄了這麼一個大好的機會，並告誡部屬要「知足」，實在是很可惜。

反對「得隴望蜀」的學者認為，曹操的決策是完全正確的。首先必須看到，在長期的行軍作戰之後，曹軍已經相當疲憊，讓急需修整的他們，深入益州腹地與蜀軍作戰，顯然很不現實，也很難令人對交戰前景持樂觀態度。其次，漢中剛剛攻克，根基不穩，在這種情況下遽然南進，既不能保證軍糧供應不發生任何困難，也不能保證作為後方基地的漢中，在曹軍遭遇困難的時候，不發生變亂。第三，分別在東線和中線虎視眈眈的孫權、關羽，都是不可不防的勁敵，假如曹軍過深地捲入益州事務而無法脫身，就很難保證中原萬無一失。事實上，就在曹軍攻占漢中後的次月，孫權就對合肥發動了大規模的攻勢，儘管曹操早就預料到孫權很可能會趁他遠征漢中之機攻打合肥，並且事先也做了必要的布置，然而，要不是張遼等守將應對有方、奮勇拚殺，合肥究竟能否守住真的很難說。第四，司馬懿、劉曄有關劉備益州政權脆弱不堪的論斷，並未建立在實地考察的基礎上，具有很大的主觀性、隨意性和盲目性。退一萬步說，即便曹軍能夠在短期內攻占劉備的地盤，也很難守得住，因為這時劉備已經率領主力部隊回到了巴郡境內的江州（今重慶市）。因此，曹操否定部下得隴望蜀的建議是合理的。

給《三國志》作注的裴松之對曹操的得隴不復望蜀，表示異議。他斷言：既取漢中而不順勢攻蜀，是曹操一生之中的又一重大決策錯誤。現在也有的學者認為，曹操「得隴不再望蜀」留下了禍患之根，最後給自己造成難以彌補的損失。對於劉備其人，曹操是很清楚的。當年青梅煮酒論英雄時，除了曹操自己以外，劉備被看做是唯一的英雄。曹操奪取東川時，劉備也剛剛奪取西川。劉備奪取西川之後所帶來的後果，曹操不會不知道。劉曄也說得很清楚：「若少遲緩，諸葛亮明於治國而為相，關羽、張飛勇冠三軍而為將，蜀民既定，據險守要，則不可犯矣。」然而，曹操給了劉備喘息的機會，讓劉備很快就羽翼豐滿，力量強大，到頭來，非但「不可犯」，而且還要前來進犯，這是曹操始料未及的。更甚者，劉備在奪取漢中後，竟然自稱「漢中王」，直接與自己相抗衡。所以有人說，三國鼎立局面的形成，與曹操這次失誤有直接的關係。

「賠了夫人又折兵」史有其事嗎？

《三國演義》寫道，魯肅幾番跟劉備討還荊州，都被諸葛亮用計謀說辭搪塞過去。萬般無奈，周瑜傳授魯肅一計：劉備不久前喪妻，於是就讓孫權許諾將妹妹嫁給他，「故將此為名，賺劉備來拘囚在此，要他把荊州來換；若其不從，先斬劉備。此是計策，非實意也。」但是諸葛亮識破了周瑜的計謀，傳授了三個錦囊給趙雲。到了東吳，劉備依計而行，娶了孫夫人，並且在孫夫人的幫助下離開了東吳。周瑜率領大軍圍追阻截，被孔明布置好的軍隊打得落花流水，周瑜落荒而逃。孔明得了便宜還賣乖，不忘記叫士兵齊喊「周郎妙計安天下，賠了夫人又折兵」羞辱周瑜一番。氣得他「大叫一聲，金瘡迸裂，倒於船上。」劉備招親的故事以其既有英雄美人戲，又有謀臣猛將戲的特點，在《三國演義》中堪稱是一段最精彩、最富戲劇性的章節。而「周郎妙計安天下，賠了夫人又折兵」則成為人人樂道的口頭禪。

不過，認真翻閱史書，我們發現，歷史事實與小說的描寫是大相逕庭的，其中有好多關鍵的地方被歪曲。《三國志．蜀書．先主傳》記載：赤壁之戰後，劉表之子劉琦曾領荊州牧，但不久病死，眾推劉備為荊州牧。劉備勢力的增長，使得「權稍畏之，進妹固好。先主至京（今鎮江市）見權，綢繆恩紀。」可見，劉孫聯姻，純粹是一種政治交易，孫夫人與劉備並非《三國演義》所寫美女見英雄。劉備東行至吳就婚是三國史上的一個重大的歷史事件。當時主動的一方是孫權，是他真心實意地提出和劉備聯姻，而小說的孫權以妹妹做誘餌，企圖加害劉備的陰謀純屬子虛烏有。又據《三國志．法正傳》，儘管劉備與孫夫人婚姻已經成了事實，但劉備仍隨時提防身邊的這名間諜，怕她加害自己。所以後來孫權聽說劉備要入西川，怕妹妹被帶到四川加害，忙派人迎回其妹，並想把甘夫人的兒子劉禪也帶走。趙雲「截江奪阿斗」故事由此發生。

為孫劉聯姻，劉備的確是「至京（今鎮江市）見權」相親了。《三國演義》說劉備到東吳後，孫權欲加害之，幸得吳國太、喬國老的暗中保護，才化險為夷，成其美事。實際上吳國太早在建安七年（西元二〇二年）死去，劉備過江招親之事在建安十四年（西元二〇九年），怎麼會得到已亡人的保護呢？據《三國志》周瑜、劉備本傳記載，赤壁之戰後，周瑜曾建議將劉備邀到吳國去，採取「美人計」「以娛其耳目」，關羽、張飛也要使其「各置一方」，使周瑜能「挾以攻戰」，成其大事。但孫權從共同對付曹操著眼，沒有採納，反而採取了「進妹固好」的聯姻政策。由此可見，劉備過江招親是天大的喜事，並無危險。

另外，劉備過江招親，「甘露寺相親」一節寫得最熱鬧，情節起伏跌宕，引人入勝。今鎮江北固山上的甘露寺相親樓，據說就是吳國太看女婿的地方。《大清一統志》也有這一記載。但據明嘉靖《鎮江志》、《北固山志》說，北固山上的「甘露寺」是唐寶歷年間李德裕建，此前的三國時期，北固山上沒有任何寺廟。所以，鄧拓在題〈甘露寺〉詩中就說：

孫吳甘露原無寺，寺建南梁武帝時。
遠昔廢興都莫問，流傳史事盡人知。

三國深喉嚨

趣聞×懸案×八卦×史料，深度追蹤被改寫的三國真面目

作　　者：劉燁，山陽
發 行 人：黃振庭
出 版 者：崧燁文化事業有限公司
發 行 者：崧燁文化事業有限公司
E-mail：sonbookservice@gmail.com
粉 絲 頁：https://www.facebook.com/sonbookss/
網　　址：https://sonbook.net/
地　　址：台北市中正區重慶南路一段六十一號八樓 815 室
Rm. 815, 8F., No.61, Sec. 1, Chongqing S. Rd., Zhongzheng Dist., Taipei City 100, Taiwan (R.O.C)
電　　話：(02)2370-3310
傳　　真：(02) 2388-1990
印　　刷：京峯彩色印刷有限公司（京峰數位）

定　　價：380 元
發行日期：2021 年 10 月第一版
◎本書以 POD 印製

國家圖書館出版品預行編目資料

三國深喉嚨：趣聞×懸案×八卦×史料，深度追蹤被改寫的三國真面目 / 劉燁，山陽著 . -- 第一版 . -- 臺北市：崧燁文化事業有限公司，2021.10
面；　公分
POD 版
ISBN 978-986-516-595-6(平裝)

1. 三國史 2. 通俗史話
622.3　　110002537

官網

臉書